거대한 후퇴

거대한 후퇴

불신과 공포, 분노와 적개심에 사로잡힌 시대의 길찾기

지그문트 바우만·슬라보예 지젝·아르준 아파두라이 외 지음
박지영·박효은·신승미·장윤경 옮김

살림

일러두기

- 이 책은 『Die große Regression』(Suhrkamp, 2017)을 우리말로 옮긴 것입니다.

하나의 세계질서가 붕괴하면
그때부터 그 질서에 대한 고찰이 시작된다.
_울리히 벡[1]

이 책의 구상은 2015년 늦가을 무렵에 떠올랐다. 그해 11월 13일 파리에서는 끔찍한 테러 공격이 발생했고, 그즈음 독일에는 수많은 난민이 유입되었다. 이러한 일련의 사건은 유럽뿐 아니라 전 세계를 뒤흔들었고, 이를 두고 사회 각계각층에서 뜨거운 논쟁이 벌어지기 시작했다. 이 새로운 현상에 대한 정치권과 미디어 그리고 대중의 담론을 살펴보면, 오늘날 세계질서는 갑자기 뒤로 물러나 안전과 안보만 확보하던 수준으로 뒷걸음치고 있는 것처럼 보인다.

테러리즘과 이주 같은 문제가 전 지구로 확산되고 있다는 사실은 현재 세계질서에 더 이상 국가성이 존재하지 않는다는 방증이기도 하다. 2016년 독일에 난민 신청을 한 사람들 대다수는 시리아, 아프가니스탄, 이라크 등의 국적을 가지고 있다. 이 세 나라는 미국의 비정부단체인 '평화기금'이 발표한 '취약국가 지수'에서 상위권에 자리한다.[2] 지난 몇 세기 동안만 하더라도 세계지도 위에서 미지의 공간은 점점 줄어드는 듯했다. 오늘날 우리는 구글 지도의 시대에 들어섰지만 오히려 세상에는 추측 만 무성한 미지의 영역들이 갈수록 늘어나고 있는 실정이다.

정치권에서는 테러 공격과 국제 이주 현상에 대해 '안보문 제화Securitization'와 '후기민주주의'로 상징되는 정치 대응으로 일 관하고 있다. 이를 테면 국경에 울타리를 세운 다음, 경계를 위 협하는 대상에게는 사격 명령까지 가능하도록 방어 태세를 취 하는 식이다. 한 예로 파리에서 테러 공격이 연이어 일어나자 프 랑스 대통령은 국가비상사태를 선포하고 테러와 전쟁에 나섰 다. 전 세계로 확산되고 있는 테러리즘과 국제 이주, 중산층 붕 괴와 불평등 확산 같은 문제는 장기적이고 구조적인 접근을 통 해 원인을 파악해야 한다. 그러나 많은 정치인이 오늘날 우리가 직면한 현실을 근시안으로 바라보면서, 문제 해결을 명목으로 내세우며 국내 법과 질서를 바로 세우고 다시금 '위대한' 국가 를 만들겠다는 약속을 공언하고 있다.[3] 엄격한 안보와 긴축 경 제를 내세우는 시대에 돌입하면서 노동자이자 사회 구성원, 그 리고 국가 주권자인 시민은 국가가 제공하는 기반 시설과 일자 리, 공공 서비스 등의 혜택으로부터 점차 멀어지고 있다. 경계를 강화하고 안보를 구축하여 과거 영광을 회복하겠다는 정치 노선이 대두하면서 정치·경제 활동의 중심축이 차츰 국경 안으로 옮겨지고 있다.

과거로 회귀하는 것처럼 보이는 징후는 세계 곳곳에서 다양한 모습으로 나타난다. 이는 탈지구화에 대한 갈망으로 분출되거나, 프랑스와 이탈리아 그리고 오스트리아 등지에서 급증하고 있는 외국인 증오와 이슬람 공포라는 형태로 발현된다. 이러한 변화의 물결이 범람하면서 권위주의 선동 정치가의 위세가 더욱 드높아지고 있다. 대표 사례로 필리핀의 로드리고 두테르테Rodrigo Duterte, 터키의 레제프 타이이프 에르도안Recep Tayyip Erdoğan, 인도의 나렌드라 모디Narendra Modi를 들 수 있다.

야만과 히스테리로 점철된 대중 담론 위에 미디어의 조직적 여론 형성이 더해지면서 2015년 늦가을 무렵부터는 더 집중적인 논쟁이 이루어지기 시작했다. 이제 사람들은 난민이나 이주 현상을 언급할 때, 자연재해나 전염병 개념과 같은 맥락으로 받아들이고 있다. 독일에서 테러나 난민 사건을 대하는 태도 또한 과거 실용주의 입장과는 크게 거리가 있다. 일련의 현상들을 역사의 한 흐름으로 간주하며 한 발짝 떨어져서 바라보는 대신, 현재 독일을 위협하는 가장 심각한 문제로 상정한다. 말하자면 테러 위험과 난민 유입은 제2차 세계대전 이후 독일에 닥친 제일 큰 도전인 셈이다. 아울러 최근 시위와 인터넷에 떠도는 왜곡된 정보들은 사회에 대한 불신 풍조를 조장하며 현 상황에 대한 위기감을 고조시킨다. 난민 수용을 주장하는 총리를 '독재자' '매

국노'로 폄훼하거나, 언론이 대중을 거짓말로 속인다고 주장하는 여론이 형성되어 빠르게 확산되고 있다.

이 책은 현재 국내외에서 발생하는 여러 현상들을 '거대한 후퇴grobe Regression'의 징후로 여기며 논의를 이어가고자 한다. 여기서 '후퇴'라는 개념은 사회 각 분야에서 벌어지는 퇴행 현상들이 마치 톱니바퀴 효과Ratchet effect처럼 서로 맞물려 지속적으로 역행하는 상태를 뜻한다. 이것은 이른바 사회 발전과 진보로부터 멀어지는 형국을 설명하기 위한 개념이다. 사회 '문명화' 단계에서 특정 수준 이하로 떨어지는 현상들이 발생할 때 우리는 거대한 후퇴의 전조 증상으로 특정할 수 있다(올리버 나흐트바이Oliver Nachtwey가 언급한 '퇴행하는 현대화Regressiven Modernisierung'[4]라는 개념을 참조했다). 물론 후퇴라는 용어로는 설명하기 어려운 모호한 현상들이 존재하는 것도 사실이다. 현재 세계경제는 활발한 성장기를 지나 침체기를 맞이하고 있으므로 지구화, 세계화는 이제 한 발짝 뒤로 물러나 후퇴의 길에 들어섰다고 판단할 수도 있다. 그러나 그 한 발짝은 지난 20여 년간 세계화가 이뤄낸 걸음에 비하면 보폭이 상대적으로 좁은 편이다. 따라서 후퇴에 대한 정의와 기준을 더 명확하게 규정할 필요가 있다. 그럼에도 오늘날 세계질서는 여러 면에서 기존의 진보하는 걸음을 멈추고 뒤로 물러서는 형국이다. 이미 10여 년 전 선견지명 있는 두 학자는 도널드 트럼프Donald Trump의 당선과 같은 현상을 경고했다. 사회학자 랄프 다렌도르프Ralf Dahrendorf는 한 논평에서 21세기는 '권위주의의 세기'가 될 것이라고 예견했으며,[5] 철학자 리처드 로티Richard Rorty는 『미국 만들기Achieving Our Country: Leftist Thought in Twentieth-Century America』라는 저서에서 지구화와 문화적 좌파의 확산에 문제를 제기하며 세계질서의 퇴행 현상을 미리 열거한 바 있다. 그 예로 리처드 로티는 '저급한 선동 정치가'가 부상하고 사회적·경제적 불평등이 확산되면서 '조지 오웰George Orwell식 디스토피아Dystopia 세계'가 도래할 것이라고 언급했다. 이와 더불어 기존 질서를 거역하는 병적인 '가학성' 세계로 회귀하여, 여성과 사회 소수자를 증오하고 경시하는 풍조가 만연할 것이라 예측했다.[6]

위에서 인용한 다렌도르프의 논평은 1998년 출간된 학술 모음집에 실렸다. 당시만 해도 세계화는 최고 정점을 찍으며 전 세계를 개발과 발전의 물결로 뒤덮고 있었다. 그러나 예리한 시선으로 지구화 현상을 고찰한 학자는 한발 앞서 그 이면을 파악하고 비판했던 것이다. 그의 저술은 오늘날 다시 펼쳐 봐도 될 만큼 명민한 비평으로 채워져 있으며, 현재 우리가 직면한 수많은 사건에 대한 탁월한 견해를 담고 있다. 또한 사회학자 빌헬름 하이트마이어Wilhelm Heitmeyer는 일찍이 '권위주의적 자본주의'와 '국가 주도 강압 정치' 그리고 '과격한 우파 포퓰리즘Populismus/Populism'을 경계했다.[7] 경제학자인 대니 로드릭Dani Rodrik은 『세계화의 경계Has Globalization Gone Too Far?』라는 책에서 지구화가 '사회 분열'을 야기할 것이라고 예언하며, 세계질서에 보호무역주의의 반격이 가해질 것이라고 경고했다. 비현실적으로 보였던 그의 시

나리오는 점점 현실이 되고 있다.[8]

이처럼 세계질서의 앞날을 추측한 학자들 상당수는 '폴라니의 역학'을 기반으로 거대한 전환기를 예고했다. 오스트리아-헝가리 출신 경제사학자인 칼 폴라니Karl Polanyi는 1944년 출간 저서 『거대한 전환The Great Transformation』에서 자본주의 산업사회의 미래를 구체적으로 그려냈다. 영국을 비롯한 유럽 사회는 19세기에 일어난 산업혁명을 발판으로 시장 중심 시대에 접어들었다. 이에 칼 폴라니는 모든 것이 상품화되는 '시장사회'를 경계하며, 시장 중심 사회는 과거 소규모 봉건주의 농경사회를 탈피하여 정치적·문화적·제도적 통합이 이루어지는 사회로 변환될 것이라고 주장했다. 그리하여 사회 모든 분야가 시장 논리에 따라 분해되고 파괴되어 결국 경제 질서 아래 복속된다고 보았다. 이러한 통합 과정에서 다양한 부작용이 발생하며, 시장 중심 산업사회에 반反하는 움직임이 일어날 것이라고 예측했다. 그로 인해 시장사회는 국가의 능동적 개입이 불가피해지고, 다시금 국가가 주도하는 복지국가에 대한 요구가 증가하리라 내다봤다.[9] 사회구조의 전환으로 인한 지리 공간의 변화는 오늘날 다시 반복되고 있다. 자본주의는 국민국가의 경계를 약화시켰고, 현재 우리 사회 곳곳에서는 그에 따른 수많은 부차적 문제와 저항운동이 발생하고 있다.[10] 일반적으로 저항운동이라고 하면 1998년 '국제금융관세연대ATTAC'나 1999년 '시애틀 전투Battle of Seattle' 그리고 2001년 포르투알레그리에서 열린 '세계사회포럼World Social Forum' 등 자본주의와 세계화에 반대하는 진보 성향 좌파 사회운동을 떠올릴 것이다.[11] 또는 우파 포퓰리스트Populist의 자리에서 세계화를 비판하며 바람을 일으키는 데 성공한 사건들도 생각해볼 수 있다. 1996년 미국 공화당 대통령 예비선거에서 강경 보수 노선으로 세간의 이목을 끌었던 팻 뷰캐넌Pat Buchanan, 1998년 오스트리아 총선에서 극우 성향 당수 외르크 하이더Jörg Haider가 이끈 오스트리아 자유당FPÖ이 선풍적인 지지를 받았던 일이 그런 예라고 하겠다.

자본주의 활황으로 사회 각 분야는 경제로 집중되고, 국경이 희미해진 세계질서 속에서 시장 중심 경제의 영향력은 국가 차원을 넘어 전 지구 영역에서 폭발하고 있다. 이에 대한 반향으로 발생한 여러 현상을 파악하고 해결하는 실마리를 칼 폴라니의 제안에서 찾아보는 것은 어떨까. 경제를 포함한 사회 영역 대부분이 전 지구 범주로 편입되었다면, 정치 영역 또한 국가를 초월한 제도 구축을 통해 그 무대를 옮겨야 할 것이다. 세계 문제의 답은 세계질서에서 찾을 수 있도록, 정치제도를 초국가적으로 통합함과 동시에 사회 구성원인 시민 또한 세계시민주의Kosmopolitismus/Cosmopolitanism에 입각해 '우리'라는 정서적 공감대로 연대해야 할 것이다.

칼 폴라니가 예견한 시장경제 중심 사회 통합과 그로 인한 세계화의 위기는 오늘날 모두 현실이 되었다. 국제 테러리즘과 기후변화, 금융과 화폐 위기, 그리고 대규모 이주 움직임까지.

이 모든 현상은 이미 오래전 예측 가능한 일이었음에도 우리 사회는 제도적·정치적으로 아무런 준비가 되어 있지 않았다. 사회를 이루는 시민 개개인 역시 마찬가지다. 세계화로 통합된 질서 속에서, 사람들은 '세계시민주의'식 공감대를 견고하게 확립하지 못한 채 여전히 '우리'와 '타자'를 나누고 있다. 오히려 오늘날에는 인종과 국가 그리고 종교를 기준으로 우리와 그들을 명확하게 구분 짓는 일이 더욱 빈번하다. 냉전 종식으로 세계는 이른바 '역사의 종언'을 맞이했지만, 냉전 시대 '적과 동지'라는 틀이 사라진 빈자리를 '문명의 충돌'이라는 논리가 빠르게 대체한 셈이다.

이러한 관점을 바탕으로 2015년 늦가을 이후 발생한 사건들을 살펴보면 세계질서가 확실히 후퇴하고 있음을 알 수 있다. 시리아 내전, 독일 내 우파 포퓰리즘 정당 '독일을 위한 대안Alternative für Deutschland, AfD'의 성공, 그리고 영국의 브렉시트Brexit(영국의 유럽연합 탈퇴. 영국Britain과 탈퇴Exit의 합성어-옮긴이) 투표 결과와 프랑스 니스에서 일어난 테러 공격, 여기에 터키에서 불발된 쿠데타 시도와 트럼프의 당선까지. 일일이 다 열거하기 힘든 사건들을 포함하여 최근 세계에서는 참담하고 우울한 일들이 파노라마처럼 펼쳐지고 있다.

지금까지는 지구화·세계화의 위기에 대해 논했다면, 이 책에 등장하는 글 상당수는 지구화에서 비롯된 '시장 근본주의'의 문제점에 초점을 맞춘다. 같은 맥락으로 '신자유주의Neoliberalismus

/Neoliberalism'의 위기를 강조하며 논의를 이어간다. 신자유주의와 시장 근본주의를 논하려면 이를 둘러싼 다양한 관점과 해석을 이해할 필요가 있다. 헌법학자 에른스트 볼프강 뵈켄푀르데Ernst-Wolfgang Böckenförde의 표현을 빌려 변주하자면, '신자유주의적 민주주의사회는 스스로를 보장할 수 없다는 전제조건 아래 존재한다'고 할 수 있다(뵈켄푀르데는 "세속화된 자유주의국가는 스스로를 보장할 수 없다는 전제 아래 존재한다"라고 언급했다).[12] 따라서 신자유주의적 민주주의가 스스로의 존재를 보장받으려면, 먼저 활발하게 기능하는 미디어와 다양성에 바탕을 둔 대중 여론이 든든하게 토대를 받쳐주어야 한다. 거기에 노동조합이나 정당, 사회단체 같은 공동체 연대가 사회 구성원을 조직적으로 결속시켜야 한다. 그러면 공동체에 속한 개개인은 그 안에서 자기효능감Selbstwirksamkeit/Self-efficacy(자기가 어떤 일을 잘해낼 능력이 있다고 믿는 기대와 신념-옮긴이)을 극대화하게 된다. 이런 조건이 충족된다면 좌파 정당들 역시 각기 다른 이해관계를 취합하고 대표하는 일에서 제 기능을 충실히 해낼 것이다. 교육제도 또한 경쟁과 성과 위주 교육에서 벗어나 '인적 자본'을 생산하는 수단이 아닌, 본래 제 역할을 감당하게 될 것이다.

현재 우리가 목도하고 있는 거대한 후퇴 기류는 세계화 위기와 신자유주의 위기가 동시에 발생하며 작용한 결과라고 할 수 있다. 전 지구적 상호 의존도가 높아지는 가운데 정치를 통한 조정과 통제가 점차 약화되었고 그에 따른 무수한 부작용과 문제점이 시민사회로 전이되었다. 그러나 시민사회는 세계화의 위기로 인해 생겨난 문제에 적절히 대응할 제도적·문화적 준비가 갖춰지지 않았다. 이 책은 1990년대에 이루어진 세계화 논쟁과 연계하여 그 맥을 이어나갈 것이다. 이 책을 공동으로 저술한 사회 여러 분야 지식인들은 오늘날 세계정세에 닥친 문제를 향해 다음과 같은 질문을 제기한다.

'어떻게 해서 우리는 지금의 상황에 빠지게 되었는가?'

'앞으로 5년, 10년, 그리고 20년 후, 우리는 어떤 상황에 놓일 것인가?'

'우리는 어떤 방법으로 전 지구적 후퇴, 퇴행 현상을 막을 수 있을까, 그리고 어떻게 다시 앞으로 나아갈 수 있을까?'

그리하여 이 책은 오늘날 급증하고 있는 '국제주의적 국가주의자들'에 대응하는 방법으로 3가지 시도를 해보고자 한다. 첫째는 여러 저자의 비평이 담긴 글을 통한 대응이다. 다음으로는 현상 분석과 연구를 통해 현실을 직시하는 것이다. 마지막으로 분석과 비평이 담긴 글을 전 세계에 배포하여 우리 시대의 문제를 국가를 넘어서서 고찰하기 위해 노력하는 것이다. 그런 까닭에 이 책은 여러 언어로 번역되어 세계 곳곳에서 동시 출간될 예정이다.

끝으로 이 책을 위해 협력해준 모든 분에게 감사를 전하고 싶다. 가장 먼저 책 기획과 출판이 가능하도록 힘써준 여러 저자들에게 깊은 감사를 표한다. 상대적으로 짧은 일정 속에 진행되었음에도 내용이 충실하고 풍성한 글을 써준 작가들 덕분에 이 책이 무사히 완성될 수 있었다. 더불어 이 프로젝트를 기획할 수 있도록 신뢰와 조언을 아끼지 않은 제휴 출판사와 관계자에게도 고마움을 전한다. 특히 마크 그레프Mark Greif와 존 톰슨John Thompson의 도움이 컸다. 또한 이 프로젝트는 주르캄프Suhrkamp Verlag 출판사 동료들이 없었더라면 아마 불가능했을 것이다. 다방면에서 도와준 동료들, 에디트 발러Edith Baller, 펠릭스 담Felix Dahm, 안드레아 엥겔Andrea Engel, 에바 길머Eva Gilmer, 페트라 하르트Petra Hardt, 크리스토프 하젠잘Christoph Hassenzahl, 크리스티안 하일브론Christian Heilbronn, 노라 머큐리오Nora Mercurio 그리고 야니카 뤼터Janika Rüter에게 진심으로 감사드리며 머리말을 마친다.

2016년 12월 베를린에서
하인리히 가이젤베르거

차례

제 1 장

민주주의의 약화

Democracy Fatigue

아르준 아파두라이 Arjun Appadurai

우리 시대의 핵심 질문은, 세계적으로 자유민주주의를 거부하는 현상과 자유민주주의가 일종의 포퓰리스트 권위주의로 대체되는 현상이 일어나고 있느냐, 하는 것이다. 이런 경향의 뚜렷한 징조가 트럼프가 이끄는 미국, 푸틴이 이끄는 러시아, 모디가 이끄는 인도, 에르도안이 이끄는 터키에서 발견되고 있다. 게다가 이미 기존 권위주의 정부(헝가리의 오르반 정부, 폴란드의 두다 정부)와 프랑스·오스트리아를 비롯한 유럽연합EU 국가의 권위주의 우익 통치를 지지하는 주요 정치인 사례도 허다하다. 이런 국가들의 총인구는 세계 인구의 거의 3분의 1에 달한다. 이처럼 전 세계에서 나타나는 우경화에 대한 불안감이 커지고 있지만 이 상황을 제대로 파헤친 설명은 별로 없다. 따라서 나는 이 글에서 이런 상황에 대해 설명하고, 대안을 찾기 위한 유럽식 접근법을 제시하고자 한다.

지도자와 지지자

우리는 주변에서 대두하고 있는 새로운 포퓰리즘에서 지도자와 지지자의 관계를 다시 생각해봐야 한다. 전통 분석 방식으로 보면 자칫 정치 영역에서 주된 사회적 경향은 통솔력, 선전, 이데올로기 같은 요소와 관계가 있으며, 이 모든 요소가 지도자와 지지자 사이에 강한 연결고리를 이룬다고 여기기 쉽다. 물론 오늘날에도 지도자와 지지자는 연결되어 있다. 하지만 현재 이 연결은 지도자의 야망·전망·전략과 지지자의 두려움·상처·분노 사이의 우발적·부분적 겹침에 바탕을 두고 있다. 새로운 포퓰리즘 운동의 물살을 타고 급부상한 지도자들은 대개 외국인 혐오·가부장주의·권위주의 경향이 있다. 그들을 지지하는 사람들은 이런 경향 중 일부를 공유하기도 하겠지만, 또한 동시에 사회가 자신들에게 해온 또는 자신들을 위한다고 해온 일들에 대해 두려움, 억울함, 분노를 품고 있다. 이런 정서는 당연히, 특히 선거에서 (부정하게 조작되거나 세심히 관리되어) 결집된다. 그러나 이런 결집의 장을 이해하기란 쉽지 않다. 왜 인도와 미국의 일부 이슬람교도가 선거에서 모디와 트럼프를 뽑을까? 왜 미국의 일부 여성이 트럼프를 좋아할까? 왜 구동독 출신 집단이 오늘날 선거에서 우익 정치인들을 뽑을까? 이런 난문제를 다루려면 새로운 포퓰리즘의 지도자와 지지자에 대해 따로따로 생각해봐야 한다.

위로부터 메시지

새로운 포퓰리스트 지도자들은 국권이 위기에 처한 시대에 국가 대표직을 노린다는 사실을 인정한다. 국권 위기에서 가장 두드러지는 증상은 현대의 어떤 국민국가도 자국의 이른바 국가 경제를 통제할 수 없다는 점이다. 이는 부유한 국가와 빈곤한 국가 모두에 똑같이 문제다. 미국 경제는 실질적으로 중국 손에 달려 있고, 중국은 아시아 여러 국가는 물론 아프리카와 라틴아메리카의 원자재에 절대적으로 의존하며, 모든 국가가 중동의 석유에 어느 정도 의지하고, 현대의 모든 국민국가가 사실상 소수 부유한 국가의 군비에 의존한다. 국권의 기반으로서 경제 주권은 늘 미심쩍은 원칙이었다. 오늘날 경제 주권은 갈수록 무의미해지고 있다.

오늘날 국가가 보호하고 발전시키겠다고 주장할 수 있는 국가 경제가 없는 상황이라, 효율 위주 국가와 야심에 찬 많은 포퓰리즘 운동에서 문화적 다수결주의, 민족국가주의, 내부의 지적·문화적 반대 의견에 대한 억압을 지향함으로써 국권을 행사하려는 경향이 세계적으로 나타나는 것은 놀라운 일이 아니다. 다시 말해 세계적인 경제 주권 상실 때문에 문화 주권을 강조하는 쪽으로 바뀌었다. 국권 자리를 대신하는 문화로 무게중심이 이동하는 형태는 여러 가지로 나타난다.

블라디미르 푸틴Vladimir Putin이 권력을 잡은 러시아를 예로 들어보자. 2014년 12월, 푸틴은 "러시아는 유럽이 아니다"라는 원칙을 중심으로 한 러시아의 국가 문화 정책 수립 결정에 서명했다. 푸틴이 다분히 성적 표현인 "중성적이고 불임"[1]이라는 말로 규정한 서양 문화와 유럽의 다문화주의에 대한 노골적 적대감을 반영한 이 원칙은 러시아의 남성성을 정치적 힘으로 동원한다. 이런 표현은 러시아의 전통 가치관으로 회귀하라는 명백한 요구로, 슬라브인 숭배 정서와 친러시아 문화 정책의 오랜 역사에 근거한다. 이 문서의 가장 가까운 배경은 2014년 우크라이나의 미래를 둘러싼 싸움과 이 사태를 둘러싸고 러시아 정부 반대편에 선 록 가수 안드레이 마카레비치Andrey Makarevich의 콘서트 취소였고, 멀게는 오랜 골칫거리였던 2012년 반정부 록 그룹 푸시 라이엇Pussy Riot 사건이 계기가 되었다. 이 정책은 러시아 곳곳에 '통일된 문화 공간'이 필요하다고 촉구하며, 러시아의 문화 고유성과 일관성이 자국내 문화 소수집단과 해외 정적들에 대항하는 결정적 도구임을 명확히 한다.

또한 레제프 타이이프 에르도안이 통치하는 터키도 문화를 주권의 무대로 바꿔놓았다. 에르도안의 전략에서 주요한 수단은 오스만제국의 전통, 언어 형태, 위엄으로 돌아가자는 주장이다(이는 에르도안 비판가들이 '신오스만주의'라고 부르는 이데올로기다). 이 포부는 터키의 세계적 야망, 러시아의 중동 개입에 대한 터키의 저항, 유럽연합에 가입하고자 하는 터키의 염원도 표현한다. 이러한 신오스만주의 태도는 근대 터키의 우상인 케말 아타튀르크Kemal Atatürk의 세속 국가주의를 더 종교적이고 제국주의적인 통치 방식으로 대체하려는 에르도안의 시도에서 핵심 요소다. 터키에서는 예술과 문화 단체에 대한 강력한 검열이 지속되어 왔으며, 2013년에는 게지 공원에서 일어난 반정부 시위를 강제 진압하기도 했다.

여러 면에서 새로운 권위주의 지도자가 포퓰리즘 전략을 만들고 유지하는 양상을 가장 잘 보여주는 사례는 현재 인도 총리면서 우파의 이론적 지도자인 나렌드라 모디다. 모디는 오랫동안 인도 내 힌두교 신자의 권익 신장을 위해 정당원과 운동가로 활동했다. 2001년부터 2014년까지 인도 구자라트 주 수석장관을 역임한 그는, 일부 이슬람교도가 힌두교 순례자가 탄 구자라트를 지나가는 기차를 공격한 것을 계기로 2002년에 구자라트 주 전역에서 벌어진 대규모 이슬람교도 집단 학살 사건에 연루되었다. 여전히 많은 진보 성향 인도인은 모디가 이 집단 학살을 적극 주도했다고 믿지만, 모디는 여러 차례 재판과 세간의 비난을 용케 모면하고 2014년 선거에서 승리해 총리로 선출되었다.

모디는 인도의 통치 이데올로기로 힌두트바Hindutva(힌두 민족주의)를 공개 옹호하며, 현재 전 세계에서 대두되는 많은 권위주의 포퓰리스트들과 마찬가지로 극단적인 문화 국가주의를 신자유주의 정책과 사업에 결합시킨다. 모디가 통치한 거의 3년 동안 인도에서 성적·종교적·문화적·예술적 자유에 대한 공격이 전례 없이 많이 일어났는데, 이는 자와할랄 네루Jawaharlal Nehru의 세속주의·사회주의 유산과 마하트마 간디Mahatma Gandhi의 비폭력주의를 조직적으로 해체하는 과정에서 비롯되었다. 모디가 정권을 쥔 현재, 파키스탄과 전쟁이 언제 일어날지 모를 일촉즉발 상황이며, 인도 내 이슬람교도들은 갈수록 커지는 생명의 위협에 나날이 시달리고 있고, 달리트Dalit(인도 카스트제도의 4개 계급보다 더 아래 최하 계급인 '불가촉천민')는 매일 공개 공격과 굴욕을 당한다. 모디는 민족 순수성이라는 말에 청결과 위생이라는 담론을 결합시켰다. 디지털 현대성과 힌두교 정통성의 조합을 강조하는 인도의 해외 문화 이미지와 국내 힌두교 통치는 인도 주권의 토대다.

최근에 일어난 악몽 중 하나인 2016년 11월 8일 미국 대선에서 도널드 트럼프의 승리도 마찬가지다. 아직 얼마 되지 않은 일이어서 분석학 자료가 부족하기는 하지만, 이미 트럼프는 당선 직후부터 선거 공약을 바탕으로 내각 지명자들과 더불어 활동에 돌입했다. 선거에서 이겼다고 해서 트럼프의 스타일이 누그러지리라고 기대하면 오산이다. 최근 역사에서 전례가 없을 정도로 심각한 여성 혐오, 인종차별, 외국인 혐오, 과도한 권력욕이 뒤섞인 트럼프의 메시지는 2가지 극단에 집중되어 있다. 하나는 함축적이고 다른 하나는 노골적이다. 노골적인 메시지는 "미국을 다시 위대하게Make America Great Again" 만들자가 트럼프의 목표라는 것이다. 이를 위한 방침은 미국의 대외 군사 활동 선택권을 늘리고, 미국의 부와 위신을 약화시킨다고 여기는 각종 무역협정을 재협상하며, 미국 회사들을 다양한 세금과 환경 규제에서 풀어주는 것이다. 무엇보다 미국 내 모든 이슬람교도를 '등록'시키고, 모든 불법체류자를 강제 추방하며, 미국 국경 경비를 강화하고, 출입국관리를 대폭 강화한다는 공약을 지키겠다고 강조한다. 함축적인 메시지는 인종차별주의로, 정치·경제에서 우월한 위치를 흑인과 라틴아메리카인과 이주자에게 뺏겼다고 느끼는 미국 백인을 대상으로 한다. 트럼프가 수사적 표현에서 거둔 가장 큰 성공은, '미국'의 위대함이라는 트로이 목마에 '백인 우월주의'를 태운 것이다. 이를 통해 미국을 다시 위대하게 만드는 것이 미국 백인이 다시 위대해지는 길이라고 강조한다. 미국의 세계 패권에 대한 메시지가 백인을 다시 미국 지배계급으로 올려놓기 위한 개 부르는 호각dog whistle(정치인이 논란의 여지가 많은 메시지를 좋아하지 않을 다수 유권자의 기분을 상하게 하지 않으면서 특정 유권자에게만 전달하는 방식-옮긴이)이 된 것은 이번이 처음이다. 미국 경제를 구원하자는 메시지가 백인을 구원하자는 메시지로 변형된 셈이다.

이는 새로운 권위주의 포퓰리즘 지도자들이 공통으로 가진 특성이다. 즉 이들은 외국 투자자, 세계 협약, 다국적 금융, 유동적인 노동자와 자금에 좌우되는 자국 경제를 통제할 수 없음을 인식하고 있다. 그래서 이들 모두 국가 문화를 깨끗이 정화하는 것이 세계 정치권력 확보로 가는 길이라고 약속한다. 이들 모두 인도나 터키나 미국이나 러시아를 성공시킬 나름의 전망을 가지고 있으며 신자유주의 자본주의에 우호적이다. 이들 모두 소프트 파워(정신과 문화 같은 무형의 힘―옮긴이)를 하드 파워(군사력과 경제력 같은 물리적 힘―옮긴이)로 바꿀 방법을 찾으려 한다. 그리고 모두가 아무 거리낌 없이 소수자와 반체제 인사를 탄압하고, 언론 자유를 억압하고, 반대자를 제거하기 위해 법을 이용한다.

이런 전 세계적인 현상은 유럽, 테리사 메이Theresa May가 이끄는 영국, 빅토르 오르반Viktor Orbán이 이끄는 헝가리, 안드레이 두다Andrzej Duda가 이끄는 폴란드, 그리고 사실상 다른 모든 국가들 내의 갈수록 목청을 돋우는 '주류' 우익 정당들에서 분명히 보인다. 유럽에서 이런 추세의 발화점은 최근 거세진 이주 물결에 대한 두려움, 주요 도시에서 일어난 각종 테러 공격에 따른 분노와 충격, 그리고 빼놓을 수 없는 브렉시트 투표 결과의 충격이다. 이렇듯 포퓰리스트 권위주의 지도자들과 선동 정치가들이 구대륙 곳곳에서 발견되며, 또 그들 모두는 이 글에서 논한 주요 사례들처럼 신자유주의, 맹목적 문화 우월주의, 이주 반대자들의 분노, 다수결주의자들의 격노라는 동일한 조합의 운용을 선보인다. 따라서 이는 새로운 권위주의 포퓰리즘 지도자들과 그들의 매력을 살펴볼 수 있는 한 가지 방법이다. 그렇다면 지지자들은 어떨까?

민중의 소리

나는 앞에서 전 세계에서 포퓰리스트 권위주의가 성공하고 있다고 해서 지지자들이 지도자들의 신념을 오롯이 지지하거나 복제한다고 생각해서는 안 된다고 말했다. 물론 이런 지도자들이 비난하거나 약속하는 대상과 믿거나 두려워하는 대상 사이에는, 공통되거나 공존 가능한 부분이 있기는 하다. 하지만 공통 특징은 일부에 불과하다. 유럽의 메이, 오르반, 두다는 물론이고 모디, 푸틴, 에르도안, 트럼프가 권력을 잡고 유지할 수 있도록 해준 대중 지지자들은 나름의 신념과 감정과 동기를 가지고 있다. 이 세계가 어떠한지 파악하기 위해 정치 경제학자이자 철학자인 앨버트 O. 허시먼 Albert O. Hirschman이 훌륭한 책 『떠날 것인가, 남을 것인가 Exit, Voice, and Loyalty』[2]에서 제안한 유명한 개념을 소개한다. 허시먼은 인간이 생산과 조직과 국가의 퇴보에 반응하는 양상을 잘 보여준다. 이런 경우에 인간은 계속 충성심을 유지하거나, 이탈하거나, 개선을 바라는 마음으로 머물면서 반대나 저항이나 불평을 표현해 퇴보에 항의한다. 허시먼의 분석에서 대단히 독창적인 점은 소비자 행동을 조직과 정치 행동에 연결시킨 것이다. 그의 접근법은 보통 사람들이 브랜드나 소속 조직이나 국가를 바꾸기 전에 제품 또는 서비스에 대한 실망을 얼마나 오랫동안, 그리고 어떤 환경에서 참을 수 있는지를 이해하는 데 필수다. 1970년에 출간된 허시먼의 책은 세계화가 국가 경제, 공동체, 장소를 기반으로 한 정체성 논리를 무너뜨리기 훨씬 전에 이미 현대 자본주의 민주주의에 대한 깊은 통찰을 담았다. 그러나 이 책은 인터넷과 소셜미디어가 급부상하기 전에 저술되었기 때문에 21세기 세계에 팽배한 실망과 항의의 속성을 예상할 수는 없었다.

　그럼에도 허시먼이 내놓은 개념은 브렉시트의 핵심이 특히 이탈이며 이탈은 늘 충성심 및 의견 표현voice과 관계있다는 점을 상기시킨다. 허시먼이 사용한 이런 용어들이 오늘날 우리에게 어떤 도움을 줄까? 내 생각에 트럼프, 모디, 에르도안을 비롯하여 권위주의 포퓰리즘에서 이미 유명하거나 새로 떠오르는 인물을 추종하는 대중 지지자들의 관점에서 볼 때, 오늘날 지나치게 많은 사람들이 지지하는 이탈은 대안이 아니라 의견 표현의 한 형태다. 더 구체적으로 말하자면 선거가 시민이 의견을 표명하고 지도자에게 얼마나 실망했는지 또는 만족했는지 보여주는 주요한 방법이라는 허시먼의 생각은 옳았다. 아주 좋은 예인 최근 미국 선거에서 볼 수 있듯이, 오늘날 선거는 정치를 바로잡고 민주적으로 토론하는 것이 아니라 민주주의 자체에서 이탈하는 수단이 되었다. 트럼프를 뽑은 거의 6,200만 명에 달하는 미국인은 트럼프에게 찬성표를 던짐과 동시에 민주주의에 반대표를 던졌다. 이런 의미에서 그들은 '이탈'에 찬성했다. 모디의 선거, 에르도안의 선거, 푸틴을 지지한 사이비 선거도 마찬가지였다.

이 모든 경우와 유럽의 많은 포퓰리스트 지역에서 민주주의 자체의 약화가 일어나고 있다. 민주주의 약화는 각 국가별 민주주의 형태에서 자유와 심사숙고와 폭넓음이라는 요소를 폐기하겠다고 공약한 지도자가 당선되는 토대다. 모든 포퓰리스트 지도자가 민주주의에 대한 이런 불만을 자양분 삼아 성공하고 출세했고, 스탈린과 히틀러와 페론을 비롯해 각자의 시대와 장소에서 민주주의 실패를 이용한 20세기 전반기의 다른 많은 지도자의 전철을 밟는다고 한다면 반론의 여지가 있을 것이다. 그렇다면 오늘날 민주주의 약화에서 새로운 점은 무엇일까?

오늘날 민주주의 자체에 진저리를 치는 정서가 독특한 논리와 맥락을 갖는 방식은 3가지가 있다. 첫째, 갈수록 증가하는 인터넷과 소셜미디어 이용 인구와 웹 기반 동원, 선전, 정체성 형성, 친구 찾기의 유용성이 누구나 원하는 대로 또래, 동료, 동지, 친구, 협력자, 전향자를 찾을 수 있다는 위험한 착각을 불러일으켰다. 둘째, 모든 개별 국민국가가 어떤 형태로든 경제 주권을 유지하려는 노력에서 설자리를 잃었다. 셋째, 이방인과 외국인과 이주자가 어디로 이동하든 냉정한 반응과 가혹한 상황에 부딪치겠지만 인권이 전 세계로 확산된 덕에 사실상 모든 국가에서 그들에게 최소한이나마 발을 디딜 토대가 제공된다. 이 3가지가 결합해 민주주의 체제에 늘 필요한 정당한 법 절차, 신중하고 합리적인 행동, 정치적 인내심에 대한 알레르기 증상이 전 세계에서 심해졌다. 여기에 세계경제 불균형의 악화, 전 세계 사회 복지의 붕괴, 우리 모두가 재정 재앙에 빠질 위험에 처해 있다는 생각의 확산 덕분에 번창하는 금융산업의 세계적인 침투까지 더해지면, 민주주의의 더딘 행보에 대한 조급증은 끊임없는 경제공황 분위기로 인해 더욱 악화된다. 그런데 번창을 약속한 포퓰리스트 지도자들은 흔히 고의로 이런 공포를 조성한다. 최근 고액지폐인 500루피와 1,000루피의 유통을 전면 중단해 인도 경제에서 '검은 돈(과세되지 않은 현금 재산)'을 뿌리 뽑기로 한 나렌드라 모디의 결정은 의도된 경제적 고통과 금융공황의 좋은 사례다. 현재 인도에서 500루피와 1,000루피 지폐는 각각 7유로와 14유로(약 8,500원과 1만 7,000원 내외-옮긴이) 정도 가치를 지니기 때문에 빈곤층과 중산층 노동자, 소비자, 작은 가게 주인의 일상 생활에서 필수다.

따라서 권위주의 포퓰리즘의 세계적인 이야기에 새로운 장이 작성되고 있으며, 이는 지도자들의 야망, 약속과 지지자들의 사고방식 사이의 부분적인 교집합을 바탕으로 형성된다. 이런 지도자들은 자신들의 편집광적인 권력 추구에 걸림돌이 되기 때문에 민주주의를 싫어한다. 그들을 지지하는 사람들은 민주주의 약화의 피해자로, 그들은 선거 정치가 민주주의 자체가 존재하는 최선의 길이라고 여긴다. 이들의 혐오와 탈진은 자연스럽게 문화 주권 공간에서 공통 기반을 찾으며, 소프트 파워의 가능성을 통한 분노한 다수의 인종적 승리, 국가의 민족적 순수성, 세계적인 재기라는 대본을 짠다. 필연적으로 이런 문화적 공통 기반은 권위주의 지도자들의 신자유주의 경제정책, 족벌 자본주의와 대규모 지지자들의 경제적 고통과 불안 사이의 심각한 모순을 감춘다. 또한 이는 새로운 배척 정치의 지대로, 배척 대상은 이주자나 국내 소수민족 또는 둘 다 포함된다. 일자리와 연금과 소득이 계속 줄어드는 한, 진보 좌파에서 소득과 사회복지와 공공 자원과 관련한 설득력 있는 정치 메시지가 나오기 전까지는 국내 소수자와 이주자는 명백한 희생양으로 남을 것이다. 현실적으로 보자면 이 문제는 단기 프로젝트가 아닌 중기 프로젝트의 최우선 순위가 되어야 한다. 그런 면에서 유럽이 선두에 서 있기 때문에 구대륙 이야기로 돌아가서 이 이야기의 결론을 내리려 한다.

유럽은 어디로 향하는가?

브렉시트 투표의 결과가 여전히 영향을 미치고 있다. 어쨌든 이 투표 결과는 세계적인 우경화 경향 그리고 유럽연합에 대한 많은 회원국들의 상반된 감정 증가와 관련한 유럽 내 분위기를 보여준다. 영국 정치의 세부 사항은 제외하더라도 일반적인 논쟁점 몇 가지가 있다.

첫째, 브렉시트는 유럽이 어떤 존재며 어떤 의미가 있는지에 대해 오랫동안 반복되는 논쟁의 가장 최신판일 뿐이다. 이 논쟁은 유럽이라는 개념만큼이나 역사가 깊다. 유럽의 경계, 정체성, 임무에 대한 의문은 아직까지 풀리지 않았다. 유럽은 서양 기독교 국가들의 프로젝트일까? 유럽은 로마법과 로마제국의 산물일까? 아니면 그리스의 합리성과 민주주의 가치관의 산물일까? 또는 르네상스 인문주의와 세속주의의 산물일까? 아니면 계몽주의 보편성과 세계시민주의의 산물일까? 이처럼 서로 다른 이미지들은 수세기 동안 다투어왔으며 여전히 심각한 분열을 일으키는 주제다. 여러 시대에 걸쳐 각기 다른 이미지가 각기 다른 계층, 종교, 국가, 지식인의 지지를 받았으며 어떤 이미지도 완전히 패권을 장악하지는 못했다. 그리고 어떤 이미지도 서로 전적으로 관련이 없지는 않았다. 또한 이들은 피로 물든 내전, 대규모 종교 분열, 소수자와 이방인과 이교도와 반정부 인사를 제거하려는 잔혹한 시도와 공존해왔다. 이런 요소들의 조합은 오늘날에도 여전히 관련이 있다.

기존 이주자는 물론이고 새로운 이주자에 대한 두려움이 폴란드, 헝가리, 슬로베니아공화국뿐 아니라 프랑스, 네덜란드, 독일 같은 주요 국가에서 최근에 일고 있는 유럽연합 반대론에서 중요한 부분이라는 점을 쉽게 알 수 있다. 이런 국가들은 난민과 이주자의 나라별 수용 할당 수와 그 기준, 법률 범주를 정하려는 유럽연합 브뤼셀 본부 지도부의 노력에 분개한다. 유럽연합의 새로운 이주자 대응책을 향한 이런 분개는 유럽연합 회원이라는 신분 때문에 자국의 경제 복지에 순손실이 일어난다는 생각으로 인해 악화된다. 이렇게 해서 생긴 이탈은 경제 주권을 되찾으려는 희망 없는 노력이다. 경제 주권은 현재 세계화 시대에서 회복하기가 불가능하다. 사실 이주자에 대한 논쟁은 (흔히 유럽의 우익 정치 운동과 강령의 최전선에서) 경제 주권의 쟁점을 문화 주권의 쟁점으로 옮기는 아주 좋은 사례다. 지금까지 설명한 그러한 변형과 이동이 전 세계에 불어 닥치고 있는 우익 포퓰리즘 증가 추세의 핵심에 자리한다.

유럽에서는 유럽연합 '이탈'을 지지하는 다양한 운동이, 바로 지금까지 설명한 미국, 인도, 러시아, 터키의 경우처럼 민주주의에서 이탈하기 위해 선거 과정을 이용하는 예다. 유럽의 민주주의 약화에서 가장 주목할 점은, 많은 정치 집단과 운동이 민주주의에 대한 부담 없이 세계화의 이득을 얻고자 바란다는 것이다. 영국의 경우 유럽연합 회원국이라는 자격은 국내에서 자유민주주의 이데올로기와 연결되었다.

따라서 최근 테리사 메이 영국 총리가 나렌드라 모디 인도 총리와 회담하기 위해 인도를 방문한 것은 민주주의라는 부담에서 벗어난 세계적인 신자유주의의 미래를 언뜻 보여준다. 두 지도자는 국경을 넘어선 테러리즘(즉 파키스탄)에 대해서는 합의

했지만, 영국 내 인도인의 학생 비자 할당제와 영국에서 비자 기간보다 오래 '체류'한 인도인의 신분에 대한 문제에서는 서로 거친 말이 오갔다. 이에 따라 브렉시트 투표 덕에 힘을 얻은 토리당 대표와 인도 우파의 포퓰리스트 권위주의자는 비자와 이주자에 대해 현실적 합의를 하는 한편으로 국제 자본의 자유로운 흐름을 조화시킬 방법을 이미 고민하고 있다. 이는 국내에서 민주주의에 의한 부담이 더 이상 없을 때, 새로운 권위주의 지도자가 민주주의의 약화로 고통받는 다수의 지지자들에 의해 권력을 얻었을 때, 세계의 새로운 권위주의 지도자들 사이에서 일이 처리되는 방식을 조금이나마 보여준다. 트럼프와 푸틴은 이미 친밀한 유대 관계를 맺었으며 미국 내 인도인 가운데 모디 지지자들과 트럼프 지지자들은 이미 긴밀한 연합 체제를 형성했다.

유럽의 자유민주주의가 위험스러운 위기에 처하기 직전이다. 민주주의 약화가 유럽에서 이미 발생했고, 스웨덴에서 이탈리아, 프랑스에서 헝가리에 이르는 여러 국가에서 그 약화가 드러나고 있다. 유럽에서도 선거는 자유민주주의에 대한 거부 의사를 표명하는 수단이 되고 있다. 이런 시나리오에서 독일은 중대하고 위험한 갈림길에 서 있다. 독일은 자국의 놀라운 부, 경제 안정, 역사적 자각을 이용해 유럽연합의 이상을 수호하고 아프리카와 중동의 난민을 환영하고 세계 정치의 위기에 맞서 평화로운 해결책을 강구하고 독일과 유럽 내에서 등가 범위를 확대해 유로화의 위력을 활용하는 쪽을 선택할 수 있다. 아니면 독일도 유럽연합에서 이탈하고 국경을 닫고 자국의 부를 비축하고 나머지 유럽 국가(와 세계)가 각자 문제를 해결하도록 방치하는 쪽을 선택할 수도 있다. 후자는 독일 우익의 주장이다. 그러나 이는 어리석은 선택이 될 것이다. 세계적 상호 의존은 우리 생활의 일부며 다른 나라와 마찬가지로 독일의 부는 세계경제에 의존한다. '이탈' 해결책은 독일에 좋은 결과를 가져오지 않을 것이다. 독일은 유럽의 민주주의를 위해 노력하는 것 외에는 선택의 여지가 없으며, 유럽의 민주주의는 전 세계에서 권위주의 포퓰리즘과 벌이고 있는 고투에서 필수 자원이다. 그러나 이런 독일 시나리오가 성공하려면 특히 남유럽과 동유럽에서 긴축재정과 금융 규제를 실시하자는 의견이 대두하지 않도록 독일이 유럽연합의 회원국을 설득해야 한다. 다시 말해 이민자와 문화적 관용tolerance에 대한 관대한 정책은 그리스, 스페인, 이탈리아 같은 국가의 유럽 내 부채와 재정 주권의 급격한 감소에 대한 냉혹한 접근법과 상반된다. 이는 까다로운 문제다. 독일의 부 역시 유로 강세에 의지하고 있고 독일의 부가 없으면 독일의 자유주의가 살아남을 가능성이 별로 없기 때문이다. 여기에서 문제는 우파로 이동하라고 위협하는 유럽 국가들 내에 존재하는 자유민주주의 세력을 독일이 지지할 수 있느냐, 그리고 이 일이 유럽의 주도권을 장악하는 패권국 역할을 (또다시) 독일에게 맡기지 않고도 실현 가능하느냐 하는 것이다. 이 딜레마를 해결할 쉬운 답은 없지만 피해야 할 딜레마 또한 아니다. 독일의 자유민주주의는 유럽의 권위주의 포퓰리즘에서 살아남을 수 없다. 따라서 결국 나아갈 길은 하나뿐이며 유럽의 진보 대중(노동자, 지식인, 활동가, 정책 입안자)이 경제적·정치적 자유주의를 옹호하기 위해 유럽 내 공통 목표를 설정해야 한다. 우리에게는 진보 대중이 필요하다. 그들만이 최근 유럽을 비롯한 각지에서 부상하고 있는 퇴행 대중에 대한 답이다.

목표와 이름 찾기의 증상들

Symptoms in Search of an Object and a Name

지그문트 바우만 Zygmunt Bauman

트럼펫 소리가 들리자 하인에게 저 소리가 무슨 뜻이냐고 물었다.
하인은 아무것도 몰랐고 아무 소리도 듣지 못했다.
하인이 문가에서 나를 막아서며 물었다.
"주인님, 어디로 가십니까?"
"모른다." 내가 말했다.
"그냥 여기서 나갈 거다. 여기서 나갈 거야.
여기서 나가려는 것뿐이다. 그것만이 내 목표에 이를 수 있는 길이야."
"그럼 주인님은 목표를 아시나요?" 하인이 물었다.
"알고말고." 내가 대답했다.
"방금 말했지 않느냐. 여기서 나가는 것. 그게 내 목표다."

_프란츠 카프카, 「출발」[1]

갈수록 많은 사람들이 트럼펫 소리를 듣고 안절부절못하다
가 도망치고 있는데 이때 필요한 질문은 두 가지다. 이들이 '어
디에서' 도망치는가? 그리고 '어디로' 도망치는가? 프란츠 카프
카 Franz Kafka가 보여줬듯이, 하인들은 주인들이 안다고 여길 것이
고, 주인들에게 목적지를 물으며 알려달라고 고집을 부릴 것이
다. 그렇지만 주인들, 적어도 그들 중에서 가장 신중하고 책임
감 있고 무엇보다 가장 선견지명 있는 사람들은 자신이 감히 설
명할 수 있는 범위가 '어디에서'뿐이라고 생각하며 명확한 대답
을 피할 공산이 크다(가장 선견지명이 있는 사람이란 파울 클레 Paul Klee/
발터 벤야민 Walter Benjamin의 「역사의 천사 Angel of History」 속 쓰라린 경험을 통
해 배우고 싶어하는 사람들을 가리킨다. 작품 속 역사의 천사는 불가항력

으로 미래를 향해 나아가나 얼굴은 과거를 향해 있고, 눈앞에 보이는 건 파국이 남긴 잔해다. 잔해 더미가 계속 쌓이는 가운데 천사의 시선은 과거와 현재의 역겨움과 어리석음과 공포에 고정되어 있고, 기껏해야 목적지에 대해 추측과 공상만 할 뿐이다). 그들은 도망갈 이유가 차고 넘치지만, 목적지를 예상하기에는 너무 적은 실마리를 지닌 채 '위대한 미지'를 등지고 달린다. 하지만 그런 대답에 하인들은 어찌할 바를 모른다. 어쩌면 하인들은 불안과 울화가 치밀어서 극심한 공포와 분노 상태로 치달을지 모른다.

오늘날 우리는 최근까지 효과적으로 사용한 모든 수단과 전략의 유효일이 지났거나 곧 지날 것이라고 느낀다. 그러나 그런 수단과 전략을 무엇으로 대체할지는 거의 알지 못한다. 역사를 인간이 통제하려는 바람과 이에 따른 행동 결정은 거의 의미가 없어졌다. 인류 역사의 잇따른 비약적 발전은 예상과 통제가 불가능한 자연재해와 각축을 벌였고, 마침내 이를 능가했다.

우리가 여전히 (결코 뻔한 결론이 아닌) '발전'을 믿는다면, 이제는 발전을 축복과 저주의 혼합으로 보는 경향이 있다. 이 경우 축복은 갈수록 줄어들고 드물게 나타나는 반면 저주는 꾸준히 증가한다. 최근의 우리 선조들은 희망을 투자할 가장 안전하고 유망한 곳이 미래라고 믿었지만, 지금 우리는 주로 다양한 두려움과 불안과 우려를 안고 미래를 예상하는 경향이 있다. 미래에는 일자리 부족이 증가하고, 소득이 떨어져 자녀를 위한 삶의 기회가 줄어들고, 사회적 지위가 대폭 하락하고, 삶의 성취가 일시적이고, 마음대로 이용 가능한 도구와 자원과 기술에서 격차가 갈수록 커지고, 중대한 도전에 직면하게 되리라고 말이다. 무엇보다 삶의 통제권이 우리 손아귀에서 빠져나가서, 우리 요구에 무관심한 모르는 사람들 손에 좌우되어 앞뒤로 움직이는 장기판 졸의 신세로 전락한다고 느낀다. 그나마 이 정도면 나은 신세다. 심하면 장기판을 좌지우지하는 사람들이, 대놓고 적대시하거나 잔인하게 굴지는 않는다 치더라도, 자신들의 목표를 추구하려고 우리를 희생시킬 수도 있다. 얼마 전까지만 해도 미래는 더 편하고 덜 불편하리라 생각했는데, 이제는 업무에 서투르고 부적합한 사람으로 파악되거나 분류되어 가치와 위엄이 부정되고 그런 이유로 하찮은 존재로 취급받고 소외되고 따돌림당하는 섬뜩하고 위협적인 상황이 자주 떠오른다.

현 상황의 증상들 중 하나인, 최근에 벌어졌고 끝나려면 십중팔구 까마득한 '이주 공포'라는 드라마에 초점을 맞춰보기로 하자. 이 증상을 우리 상황에 감춰져 있는 무시무시한 측면을 밝혀낼 수 있는 창문으로 여겨보자.

우선 이주를 뜻하는 단어로 'emigration/immigration'(어디로부터/어디로)가 있다. 'migration'(어디로부터, 그런데 어디로?)도 있다. 이 말들은 각기 다른 법과 논리의 지배를 받으며, 이것들의 차이는 뿌리의 갈래에 따라 결정된다. 그래도 이 이주들의 결과 사이에는 유사성이 있으며 이는 도착한 국가에서 사회심리적 조건의 속성에 좌우된다. 차이점과 유사점 둘 다 계속되는 이주 진행에 의해, 그리고 막을 수 없는 경제와 정보의 세계화에 의해 확대된다. 전자는 실재하는 또는 추정하는 고유 영토를 '소통 용기communicating vessels'로 바꾸어놓는다. 이 용기 속 여러 관의 수위가 동일해질 때까지 계속 흐르는 것이다. 후자는 자극 확산, 모방 행동, '상대적 박탈'의 영역과 척도를 완전히 지구 전체 규모로 뻗어가게 한다.

탁월한 선지자인 움베르토 에코Umberto Eco는 오늘날 같은 사람들의 이주가 시작되기도 전에 다음처럼 잘 지적했다. 이주immigration 현상은 "정치적으로 관리되거나, 제한되거나, 장려되거나, 계획되거나, 수용된다. 이동migration은 그렇지 않다"[2]라고 말이다. 이어서 에코는 결정적인 질문을 던진다. "지구 전체가 사람들이 교차 이동하는 영토가 되는 때에 이주와 이동을 구분할 수 있을까?" 그리고 답에서 이렇게 제안한다. "유럽이 이주로 취급해서 대처하고 있는 것은 사실 이동이다. 제3세계가 우리 문을 두드리고 있고, 우리가 동의하지 않더라도 제3세계는 들어올 것이다. (……) 유럽은 다민족 대륙 또는 '유색인' 대륙이 될 것이다(……). 좋든 싫든 그렇게 될 것이다." 여기에 덧붙이자면, '그들' 모두가 좋아하든 또는 '우리' 모두가 분개하든 상관없이 그렇게 될 것이다.

어느 시점에 이주emigration/immigration가 이동migration으로 바뀔까? 어느 시점에 우리 문을 두드리고 있는 정치적으로 감당할 수 있는 소규모 이주가 서둘러 마련한 정치적 지원을 받는 표면상 자립적이고 자주적인 대규모 이주로 바뀔까? 어느 시점에 양적 증가가 질적 변화로 바뀔까? 이런 질문들에 대한 답은 나중에 생각해보면 분수령이었다고 여겨질 순간을 훨씬 지나서도 이론이 분분할 것이 틀림없다.

두 현상을 나누는 것은 '동화assimilation'다. 이주 개념에는 동화가 고유하게 존재하는 반면, 이동 개념에는 명백히 동화가 부재한다. 빈 공간은 처음에는 '용광로' 또는 '잡종' 개념으로 채워졌고, 이제는 갈수록 '다문화주의' 개념으로 채워진다. 다문화주의는 당분간 지속될 문화 분화와 다양성 개념이며, 문화적 동질성으로 이동 중인 단계라기보다는 본질상 그저 일시적으로 거슬리는 것에 지나지 않는다.

현존하는 상황과 그 상황을 해결하기 위한 정책 사이의 혼동을 피하기 위해('다문화주의' 개념은 혼란스럽기로 악명 높다) 다문화주의를 '디아스포라 현상diasporization' 개념으로 대신하는 것이 바람직하다(디아스포라는 고국을 떠나 흩어진 사람들이라는 뜻으로 유대인이 대표 사례다-옮긴이). 이는 이동의 결과로 최근에 빚어지고 있는 상황의 2가지 핵심 특징을 암시해준다. 하나는 하향식 규제에 의존하기보다는 일반 대중의 움직임과 영향에 훨씬 더 좌우되는 상황, 다른 하나는 이주민 사이의 상호작용이 문화 융합보다는 노동 분배에 더 많이 근거하는 상황이다.

에코는 1997년에 앞에서 인용한 글을 발표했다. 이 글에서 든 예에 따르면 1990년 뉴욕 시 인구 중 '백인'이 43퍼센트, '흑인'이 29퍼센트, '히스패닉계'가 21퍼센트, '아시아인'이 7퍼센트였다. 그런데 20년 후인 2010년 '백인'은 33퍼센트에 불과해 소수집단으로 전락할 위기에 처해 있다.[3] 민족, 종교, 또는 언어 범주로 분류할 때 매우 비슷한 수치가 모든 대륙의 주요 도시에서 발견된다. 더불어 짚고 넘어가자면 역사상 처음으로 인류 대부분이 도시에서 살지만, 도시 인구 대부분은 또 대도시에 밀집해 있다. 지구 나머지 지역의 생활 패턴이 대도시에 의해 매일 정해지고 바뀐다.

좋든 싫든 도시 거주자인 우리는 날마다 '차이'와 더불어 살아가는 기술을 개발해야 하는 상황에 놓여 있다. 문화의 동화(일방) 또는 수렴(쌍방)과 그에 뒤따르는 실천을 꿈꾸어온 지 2세기가 지난 현재, 우리는 많고 다양한 정체성 사이에 상호작용과 마찰이 혼재할 가능성이 있음을 받아들여야 한다. 문화적 이질성을 도시 공동생활에서 제거할 수 없고 이 이질성이 사실상 고질인 특성이 되고 있지만, 그런 가능성을 실제로 깨닫기란 쉽지 않다. 그래서 나오는 첫 반응이 부정이다. 또는 단호하고 강경하고 공격적인 거부다. 에코는 이렇게 제안한다.

불관용intolerance은 어떤 원칙보다 우선한다. 이런 의미에서 불관용은 생물학적 뿌리가 있다. 그것은 동물들 사이에서 텃세로 드러나며, 대체로 피상적인 감정 반응을 바탕으로 한다. 우리는 자신과는 다른 사람들을 견디지 못한다. 그들의 피부가 다른 색이기 때문이다. 그들이 우리가 알아듣지 못하는 언어로 말하기 때문이다. 그들이 개구리, 개, 원숭이, 돼지나 마늘을 먹기 때문이다. 그들이 몸에 문신을 하기 때문이다.[4]

에코는 보편 상식과 극명하게 어긋나는 이러한 반대의 주요 원인을 더욱 강조하기 위해 거듭 말한다. "차이 원칙이 통제되지 않는 불관용을 낳는 것이 아니다. 오히려 정반대로 차이 원칙은 기존의 널리 퍼져 충분히 비축되어 있는 불관용을 이용해먹는다."[5] 이 설명은 차이 인식 때문에 경계선이 그어지는 것이 아니라 오히려 그 정반대라는 노르웨이의 위대한 인류학자 프레드리크 바르트Fredrik Barth의 주장과 아주 비슷하다. 두 사상가에 따르면, 원칙은 "이미 존재하고 대부분의 경우 단단히 자리 잡은 비우호적이고 못마땅하고 적대적이고 분개하고 호전적인 감정들을 '이성적으로' 설명하고 정당화하기" 위해 구성된다.

에코는 불관용의 '가장 위험한 형태'는 아무런 원칙도 없는 상태에서 일어나는 것이라고 말한다.[6] 어쨌든 뚜렷이 표명된 원칙이 있으면, 그 원칙이 내세우는 확고한 주장이 잘못되었음을 입증하고 그 원칙에 내재된 근거 없는 추정을 하나씩 밝히기 위해 논쟁을 벌일 수가 있다. 그렇지만 근원적인 충동은 그런 논쟁으로부터 격리되어 있으며 영향을 받지 않는다. 근본주의자, 통합주의자integralist(통합주의는 국가를 유기적 통일체라고 여기는 이데올로기다-옮긴이), 인종차별주의자, 민족 우월주의자, 선동 정치가는 정치적 이익을 위해 기존의 '근원적인 불관용'을 이용해먹으며, 그렇게 함으로써 파문을 확대하고 병적 상태를 악화시킨다고 비난받을 수 있으며, 또 비난받아 마땅하다. 그러나 그들이 불관용이라는 현상을 유발한다고 비난할 수는 없다.

그렇다면 그런 현상의 기원과 주요 동기를 어디에서 찾아야 할까? 바로 '미지의 것'에 대한 두려움이다. 그중에서 (당연히 알려진 정보가 부족하고 아직 제대로 이해하지 못하며 자신의 말이나 행동에 대한 상대방의 반응을 거의 예측할 수 없는) '이방인' 또는 '외국인'이 가장 뚜렷한 상징이다. 가까이 있고 눈에 잘 띄기 때문에 가장 구체적이다. 우리의 목적지와 그곳으로 가는 길을 표시한 세계지도에 그들은 표시되어 있지 않다(다시 한번 당연한 말이지만, 그들이 표시되어 있다면 이방인이 아닌 다른 범주로 옮겨졌을 것이다). 기이하게도 그들의 신분은 고대 지도에서 사람이 살고 있거나 살기에 적합한 땅(오이쿠메네οἰκουμένη) 바깥에 적혀 있는, "여기에 사자가 있다hic sunt leones"라는 경고문이 표시된 지위를 연상시킨다. 단 여기에는 단서가 달린다. 이해하기 힘들고 불길하고 위험한 짐승인 사자가 이동 대열에 합류해서 머나먼 고향을 떠나와 이제 옆집에 몰래 숨어들어 있다는 것이다. 이 지도가 작성되던 시대였다면 사려 깊게 사자 수굴 근처에 가지 않고 간단한 계략으로 분쟁을 피할 수도 있었겠지만, 이제 더 이상 그런 선택을 할 수 없다. 지금 '짐승'은 우리 문턱에 와 있으며, 우리가 거리로 나가든 나가지 않든 그들과 만나는 일을 피할 수 없다.

요컨대 우리가 사는 세상에서 이주는 통제하려고 시도할 수 있지만(성과는 적을 것이다), 이동은 우리가 뭘 하든 상관없이 자체 논리를 따르게 되어 있다. 이 과정은 앞으로 오랫동안 지속될 것이다. 더불어 우리가 처한 상황에서 더 폭넓고 중대한 변화가 하나 더 있다. 20세기에서 21세기로 전환하는 시기의 인간 상황에 분명하게 잠재하는 동향과 예측 가능한 전망을 잘 밝혀낸 위대한 사회 분석가 울리히 벡Ulrich Beck이 말했듯이, 이 문제는 이미 가까워진 세계적인 역경과 세계적인 인식·사고방식·태도의 부재 사이에서 빚어지는 모순이다. 이 모순은 현재 대부분의 진퇴양난 상황과 불안한 우려의 뿌리에 자리 잡고 있다. 벡이 말한 '세계적인 역경'은 이미 전 세계에 퍼져 있는 인간의 물질적·정신적 상호 의존, 즉 세계화다. 이 역경과 전례 없는 요구에 적응해 행동하는 우리의 능력 사이에, 메울 수 없는 넓고 긴 틈이 나 있다. 우리는 자율성과 독립과 주권을 지키기 위해, 영토 자치권과 주권의 상호 의존·침식·약화에서 오는 골칫거리(본질적으로 불가능한 임무!)를 해결하기 위해, 여전히 과거에 만들어진 도구를 사용한다.

인류의 이야기를 요약·단순화해서 개관할 수 있는 타당한 방법들은 많이 있다. 그중 하나가 때로는 단편적이고 때로는 갑작스러운 '우리'의 확대 이야기다. 이는 수렵·채집인 무리(고생물학자들에 따르면 약 150명을 넘지 않았다)에서 시작하여, 부족과 제국을 거쳐, 현대의 국민국가 또는 연방이나 연립 형태의 '초국

제2장 • 목표와 이름 찾기의 증상들

가_{super-state/supra-state}'에까지 이른다. 그렇지만 현존하는 어떤 정치 형태도 진정한 '세계적' 기준에 부합하지 않는다. 모든 정치 형태가 '우리'와 '그들'을 맞서게 한다. 서로 대립하는 양쪽의 각 구성원은 연합 또는 통합 기능을 구분·분리 기능과 결합시킨다(사실은 양쪽 모두 주어진 두 가지 기능 중 하나에서 벗어날 때 다른 한 기능을 수행할 수 있다).

인간을 '우리'와 '그들'로 나누는 것(둘 사이의 대치와 적의)은 역사상 인간의 생존 방식에서 불가분한 특징이었다. 우리와 그들은 머리와 꼬리처럼 연결되어 있다. 동전의 양면과 마찬가지다. 그리고 한 면만 존재하는 동전이란 어법상 모순된다. 대립하는 양쪽의 구성원들은 서로 간에 '부정적으로 정의'된다. '우리가 아닌 사람'은 그들이고 '그들이 아닌 사람'은 우리다.

이런 메커니즘은 정치적으로 통합된 집단들이 서서히 확대되는 초기 단계에는 효과가 있었다. 그러나 새로운 '세계화된 상태'에 따라 정치 쟁점이 좌우되는 후기 단계에는 잘 들어맞지 않는다. 사실 이 메커니즘은 인류 통합의 역사에서 '마지막 도약', 즉 우리라는 개념과 인류의 공동생활, 협력, 결속을 인류 전체 수준으로 끌어올리는 단계를 위해서는 몹시 부적합하다. 마지막 도약은 양적으로만이 아니라 질적으로 독특하고 전례 없으며 검증되지 않은 활동이라는 면에서 과거의 소규모 도약들로 이루어진 기나긴 역사에서 몹시 두드러진다. '소속감(자기 동일시)'이라는 쟁점을 영토 또는 정치 주권이라는 쟁점에서 확실히 분리해야 한다. 이는 100여 년 전에 오토 바우어Otto Bauer, 카를 라이너Karl Reiner, 블라디미르 메넴Vladimir Menem 같은 사람들이 오스트리아-헝가리 제국과 러시아 제국의 다국적 상황을 두고 한 이야기지만 정치 용어나 관례에 도입되지 않은 가설이다.

이 가설의 적용은 가까운 미래에 이루어질 것 같지 않다. 이와 반대로 현재의 증상들[7] 중 대부분은 갈수록 강렬해지는 '그들' 찾기를 암시한다. 노골적이며 구제할 수 없을 정도로 적대적인 이런 케케묵은 태도는 정체성 강화, 경계선 긋기, 장벽 쌓기에나 적합하다. 영토 주권에 서서히 침식을 일으킬 세력의 증가에 대한 '자연 발생적이고' 충동적이고 판에 박힌 반응은, 자기네가 한 초국가 약속을 지키지 않거나 자원 이용과 정책 조정에 관한 사전 동의를 철회하는 방식으로 나타나는 경향이 있다. 그리하여 전 세계적 곤경을 비슷한 수준의 프로그램과 프로젝트로 보완하고 조화시키는 활동에서 더욱 멀어진다. 이런 상황은 현존하는 정치권력 기관들의 완만하지만 꾸준한 무능력화를 뒷받침하는 세계적 혼란을 가중시킬 뿐이다. 주요 승자는 국제 자본가, 투자 기금, 원자재 무역업자다. 주요 패자는 세계 인구 중 (아마 대대수를 차지할) 대부분이며, 더불어 경제적·사회적 평등, 국가 내 그리고 국가 간 사법 원칙이다.

각국 정부는 그 결과로 초래되는 실존적 두려움을 뿌리 뽑기 위한 성실하고 일관되고 협력하는 장기 활동 수행에 착수하지 않았다. 그러는 대신 오히려 사회 서비스 공급을 축소하고,

사회문제를 '안보문제화securitization'함으로써, 그리하여 결국 정치적 사고와 행동을 안보문제화함으로써 '국가들의 가족공동체family of nations'를 조직하려던 전후의 노력을 폐기했는데, 이런 방식을 통해 뒤에 내팽개쳐둔 합법성의 공백을 메울 기회를 재빨리 낚아챘다. 정치 엘리트와 대량 정보와 오락 매체가 긴밀히 연합하여 조장하고 지원하고 사주하고 불러일으킨 선동의 물결에 자극받은 대중의 두려움은 사실상 정치적 이익을 위해 끝없이 가공 생산되어 새롭게 공급되는 자원으로 적합하기 때문에 가장 소중한 원석으로 환영받는다. 대중의 두려움은 고삐 풀린 상업 권력들, 그들의 정치 로비, 더 정통적인 여러 가지 것들을 갈망하는 관리자들이 무척 탐내는 자본이다.

서로 간의 선험적인 불신, 의심, 과열 경쟁의 분위기가 사회의 상층부에서 하층부까지 형성된다. 이런 분위기에서는 공동체 의식과 상호 협조의 싹이 짓눌리고 시들고 사라진다(아예 싹을 틔우기 전에 잡아 뜯기기도 한다). 공동 이익을 위한 연대 행동이 나날이 가치를 상실하고 잠재 영향력이 낮아지는 가운데, 공통 이익의 처리와 협력에 대한 관심이 대부분 식고 상호 인정, 존경, 진정한 이해를 목표로 한 대화에 참여하도록 이끄는 자극제가 자취를 감춘다.

"국가들이 커다란 이웃을 이룰 경우, 그 이웃은 작은 국가들이 될 가능성이 커진다. 그 구성원들은 이방인들로부터 지역 정치와 문화를 지키기 위해 단결할 것이다. 역사적으로 이웃은 국가가 개방될 때마다 (······) 폐쇄적이거나 편협한 공동체로 바뀐다." 30년 전에 마이클 왈저Michael Walzer는 축적된 과거 경험에 근거해 이런 결론을 내리면서 임박한 미래에 이 형태가 반복될 것임을 예견했다.[8] 이제는 현재가 된 그 미래는 왈저의 예상과 진단이 사실임을 보여주었다.

크고 작고를 떠나서 국가라는 존재는 동일하고 단순한 의미를 가지고 있다. 그것은 영토 주권, 즉 다른 나라의 지배를 받지 않고 자국 영토 내 주민들이 바라는 대로 통치하는 권능이다. (즉시는 아니지만 곧 닥칠 미래에 인간의 문화·법률·정치의 단일화와 통합이 이루어지리라 예상되는) 이른바 국민국가들이 더 큰 단위 속으로 녹아들거나 녹아들 운명으로 보이는 이웃의 시대가 되고 나면, 큰 나라가 작은 나라에 또는 국가가 지방이나 '교구'에 장기전을 선언하고 나면, 우리는 '계열화'의 시대로 진입한다. 국가들이 자기네 의무와 책임 그리고 (세계화와 새롭게 대두한 세계 상황 덕분에 생긴) 혼란을 질서로 재구성하는 힘든 과제를 떠넘기려고 기를 쓰는 반면, 어제의 지방들과 교구들은 그런 책임을 부여잡고 더욱더 사투를 벌이기 위해 줄을 선다. 현 시점에서 가장 뚜렷하고, 갈등에 차 있고, 폭발 가능성이 커 보이는 표지는, 인류의 시민 연합(금융, 산업, 무역, 정보, 모든 법률 위반의 발전되고 확대된 세계화라는 현실과 겹친다)이 곧 이루어지리라는 칸트의 전망으로부터 후퇴하려는 의도다. 그것과 밀접히 관련되어 있는 것이 '작지만 내 것'이라는 사고방식 및 정서와, 갈수록 세계적인 존재

상태가 되어가는 현실 사이의 대립이다.

실제로 오늘날 국가들은 세계화와 그로 인한 권력과 정치의 분리 결과 덕분에 다소 더 큰 이웃으로 변하고 있다. 흐릿하게 그어진, 구멍투성이에다 제 몫을 못하는 국경 속에 억지로 끼워 넣어진 채 말이다. 반면에 과거의 이웃(한때 모든 중간 권력들과 함께 역사의 뒤안길로 사라진다고 여겨졌다)은 '작은 국가'의 역할을 맡고자 몸부림치고 있다. 유사 지역 정치의 남은 것을, 그리고 한때 경계하며 지키려고 했던, '우리'를 '그들'과 분리해주었던 국가의 양도할 수 없는 독점적 특권의 남은 것을 최대한 활용하면서 말이다. 이런 작은 국가들에 '앞으로'라는 말의 뜻은 결국 '부족으로 회귀'가 된다.

부족들이 거주하는 영토 내에서, 갈등 관계에 있는 양측이 서로를 설득하거나 전향시키거나 개종시키는 것을 완고히 피하고 단념한다. 다른 나라 부족원의 열등함은 영원하고 구제 불능이거나 운명적인 결점이고 또 그런 것으로 남아야 한다. 또는 적어도 그렇다고 보거나 취급해야 한다. 다른 부족의 열등함은 지울 수 없고 바로잡을 수 없는 조건이며 씻을 수 없는 오명이다. 갱생하려는 어떤 시도도 거부해야 한다. 그런 규칙에 따라서 우리와 그들 사이의 구분이 시작되면, 적대자들 간 만남의 목적은 더 이상 완화가 아니다. 오히려 그런 완화는 도리에 어긋나며 논외의 문제라는 증거를 찾고 만들기 위한 것이 된다. 긁어 부스럼 만들지 않고 불행을 피하기 위해 노력하는 가운데, 우열을 가르는 순환 고리에 갇힌 서로 다른 부족의 구성원들은 서로에게 말을 걸지 않고 그저 스쳐 지나간다.

한편 회색 국경 지대의 거주자들이나 그곳으로 추방된(망명한) 사람들의 경우, '미지의 존재고 따라서 위협적인 존재'라는 그들의 조건은, '질서'와 '정상'의 구성 요소 역할을 한다는 인지 범주에 대한 그들의 타고난 또는 그들에게 덧씌워진 저항 또는 회피의 결과물이다. 그들의 심각한 실수나 용서할 수 없는 죄는 정신적·실질적 무능력의 원인이며, 그들이 일으킬 수밖에 없는 행동 혼란에 따른 결과 자체다. 여기에서 루트비히 비트겐슈타인Ludwig Wittgenstein이 이해란 계속 나아갈 방법을 아는 것이라고 정의한 말이 떠오른다. 게다가 그 죄는 속죄를 막는 엄청난 장애물에 부딪친다. 최초의 이해 불가능에 맞서 극복하려는 목표를 가진 채 '그들'과 대화에 나서기를 '우리'가 완강하게 거부하는 것이다. 회색 지대grey zone(중동 지역처럼 어느 초강대국에 속하는지 모호한 지역-옮긴이)로 배정되는 것은 대화의 실패 또는 거부로부터 시작되고 강화되는 자체 추진 과정이다. 이해의 어려움을 신 또는 역사가 미리 규정한 도덕 명령과 의무의 등급으로 끌어올리는 것은, 결국 '우리'를 '그들'과 구분하는 경계선을 긋고 요새화하는 근본 원인이자 가장 중요한 자극제다. 둘 사이의 접점으로서 모순되고 모호한 회색 지대는 필연적으로 '우리'와 '그들' 사이에 무자비한 적대감이 발생하고 싸움이 이루어지는 주요한(그리고 너무 흔히 유일한) 영토를 구성한다.

* * *

프란치스코 교황(전 세계에서 유일하게 오늘날의 악, 혼란, 무기력의 근원을 파헤쳐서 드러낼 용기와 투지를 지닌 권위자)은 2016년 샤를마뉴 상 수상에 즈음하여 이렇게 선언했다.

우리가 절대 싫증내지 않고 반복해야 하는 말이 하나 있다면 그것은 대화입니다. 우리는 가능한 모든 수단을 통해 대화의 문화를 촉진해서 사회구조를 재건해야 할 소명이 있습니다. 대화의 문화는 우리가 다른 사람을 타당한 대화상대로 보게 하고, 외국인과 이주자와 다른 문화 출신자를 경청할 가치가 있는 사람으로 존경하게 하는, 견습 기간과 훈련을 요구합니다. 오늘날 우리는 "대화를 만남의 한 형태로 특별 대우하는 문화"를 형성하고, "공정하고 민첩하게 대응하고 모두를 포괄하는 사회라는 목표를 추구하는 한편 동의와 합의를 이끌어내는 수단"을 만드는 작업에 사회의 모든 구성원을 시급히 참여시켜야 합니다.(『복음의 기쁨』, 239) 우리가 아이들을 대화로 무장시키고 만남과 협상이라는 유익한 싸움을 하도록 가르치는 그런 정책을 펼치는 한 평화는 지속될 것입니다. 그럼으로써 우리는 아이들에게 죽음이 아니라 삶의 전략을, 배제가 아니라 포용의 전략을 창안할 능력이 있는 문화를 물려주게 될 것입니다.[9]

그리고 프란치스코 교황은 대화의 문화와 뗄 수 없는 관계에 있으며 사실상 필수 불가결한 조건인 또 다른 메시지가 포함된 문장을 덧붙인다. "이 문화는 (······) 학교 교육의 구성 요소가 되어야 하며, 우리가 익숙해져 있는 것과는 다른 방식으로 갈등을 해결할 수 있는 수단을 어린이들에게 안겨주어야 합니다."

대화의 문화를 교육과 교사의 임무로 받아들인다는 것은 현재 우리를 계속 괴롭히는 문제들이 앞으로도 오랫동안 사라지지 않을 것임을 의미한다. 우리는 '익숙해져 있는 방식'으로 이 문제들을 해결하려고 헛고생을 하겠지만, 대화의 문화는 더 인간적인(그리고 물론 더 효과적인) 해결책을 찾을 가능성이 있다. 오래되었지만 결코 고루하지 않은 중국의 민중 지혜가 있다. 바로 1년을 내다보며 곡식을 심고, 10년을 내다보며 나무를 심고, 100년을 내다보며 사람을 교육한다는 지혜다.

현재 우리가 맞닥뜨린 문제들은 요술 지팡이나 지름길이나 즉각 치유가 통하지 않는다. 이런 문제들에는 다름 아닌 또 다른 문화 개혁이 요청된다. 따라서 장기 구상과 계획이 필요하다. 순간의 억압 아래에서 살아가는 우리의 조급한 삶 속에서 거의 잊힌, 좀체 가동되지 않는 기술이 발동되어야 한다는 말이다. 우리는 이런 기술을 재소환해서 다시 배워야 한다. 그러자면 냉철한 머리, 강인한 심장, 큰 용기가 필요하다. 무엇보다 온전하고 진정한 장기 전망, 그리고 엄청난 인내가 필요하다.

제 3 장

후기신자유주의에서 나타나는 진보 정치와 퇴행 정치

Progressive and Regressive Politics in
Late Neoliberalism

도나텔라 델라 포르타 Donatella della Porta

2016년 미국 대선에서 도널드 트럼프의 당선은 진보 운동에 대한 퇴행 운동의 승리를 가리키는 신호로 널리 인식되었다. 마찬가지로 브렉시트 투표는 한때 지배적이던 세계시민주의 정서를 약화시키는 지역주의의 공세를 나타내는 지표로 받아들여졌다. 21세기로 전환하는 시기에 국제 정의 운동 같은 좌익의 강력한 집결이 출현했고(이른바 '시애틀 전투'라고 불리는 1999년의 WTO 각료 회의 반대 시위, '다른 세계도 가능하다'라는 모토로 2001년에 열린 제1회 세계사회포럼, 또는 1998년 국제금융관세연대 같은 조직의 등장을 생각하면 된다) 2008년 금융 위기로 월가 점령 시위와 스페인의 '분노한 사람들' 시위 같은 긴축정책 반대 운동이 표면화된 반면, 지난 몇 년은 정치의 어두운 면이 재출현한 양상이 뚜렷했다. 그렇지만 반동 보수 운동의 초기 징후들이 이미 15년 전에 유럽에서 두드러졌다는 사실을 잊으면 안 된다. 1999년 오스트리아 총선에서 외르크 하이더의 극우 정당인 오스트리아 자유당이 2위를 차지하면서 오스트리아 국민당의 볼프강 쉬셀Wolfgang Schüssel 의장 아래 우익 연립정부의 수립을 촉발했다. 몇 년 후인 2002년에는 극우주의자 장마리 르펜Jean-Marie Le Pen이 프랑스 대선에서 2위를 차지하면서 결선 투표에 진출했으나 결국 자크 시라크Jacques Chirac에게 패했다. 이런 점들을 고려하면 신자유주의 세계화에 대한 불만이 꽤 오랫동안 좌익과 우익 모두에서 나타났다고 봐도 될 것이다.

연구에 따르면 (좌익) 시위의 사회 기반은 전통적으로 노동 운동을 주도한 산업 노동자계급에서 1960년대와 1970년대에 새로운 사회운동의 핵심 역할을 한 신흥 중산층으로 이동했다. 그런데 국제 정의 운동은 최근 몇 십 년의 특징인 만연한 신자유주의 발달의 패자들이 주도한 동원으로 관심을 되돌렸다. 사회적 관점에서 보면, 이 운동은 신세대와 구세대는 물론이고 사무직 노동자와 생산직 노동자, 실업자와 학생의 연대를 결집해 냈다.[1] 그렇지만 동시에 (세계화의 다양한 측면과 관련된 불만과 갈등을 바탕으로 한) 우익 포퓰리스트도 더 강력해졌다. 수많은 학자들이 세계화의 승자와 패자 사이에서 새로운 분열의 등장을 확인했으며, 대체로 패자는 배타적인 형태의 국가주의로 수렴되는 외국 혐오와 이민자 반대 주장을 통해 문화 영역에서 세계화

에 반대했다.[2]

위기의 순간들도 정치적·사회적 양극화를 일으킨다는 사실은 놀라운 일이 아니다. 사실 사회운동은 흔히 좌익과 우익에서 동시에 일어났다.[3] 그렇지만 브렉시트나 트럼프의 선거전을 표퓰리스트 정치 형태가 아니라 표퓰리스트 '운동'으로 받아들여도 될지는 두고 봐야 한다.

이어서 먼저 자본주의의 변화로 생긴 주요한 사회문제들을 파악할 것이다. 둘째, 그런 사회문제들이 지금까지 진보 정치와 퇴행 정치에서 불러일으킨 반응들 간 차이점을 살펴볼 것이다. 셋째, 두 정치 행태 중 하나의 발달에 더 도움이 되었을지 모르는 몇 가지 정치 상황을 제시할 것이다.

도전으로서 신자유주의 세계화

신자유주의와 그 위기는 정치경제학자 칼 폴라니가 자본주의 발전의 이중 운동으로 설명한 틀로 이해하면 된다. 첫째, 사회가 자유시장경제로 전환한 뒤에는 사회보호social protection를 요구하는 대항운동countermovement이 등장한다. 폴라니는 영향력 있는 책 『거대한 전환』(1944)에서 19세기의 자유주의 물결을 설명하는데,[4] 20세기 후반 수십여 년에 걸쳐 일어난 신자유주의 변화와 유사한 점들이 분명히 보인다. 폴라니는 노동, 토지, 화폐의 무분별한 상품화가 결국 사회를 붕괴시킬 것이라고 경고했다. 미국 사회학자 마이클 부라보이Michael Burawoy는 이를 아래와 같이 설명한다.

> 부상이나 질병, 실업이나 과잉 고용, 최저 생활 임금 이하 하락에 대비한 보호 장치 없이 노동력을 교환하면 필연적으로 심각한 갈등이 고조될 것이다. 뽑아낼 수 있는 노동의 질이 빠르게 하락하고 쓸모없어질 것이다. 마찬가지로 토지 또는 넓게 말해서 자연이 상품화의 대상이 되면 인간 생활에 기본 필수품을 더 이상 제공하지 못할 것이다. 마지막으로, 예를 들어서 환투기와 같이 돈을 상품으로 삼아 수익을 올리면 돈의 가치가 너무 불확실해져서 더 이상 교환 수단으로 사용될 수 없어 잇따른 폐업에 이은 경제 위기를 초래할 것이다.[5]

폴라니는 대항운동(예를 들어 신자유주의가 일으킨 것과 같은 각종 변화에 배신감을 느낀 사람들의 결집)이 전개되는 여러 형태에 초점을 맞춰서 분석했다. 폴라니의 주장에 따르면 대항운동은 사실 반동 운동으로, 방어적이고 과거로 돌아가려는 태도를 취한다. 실제로 반동 운동은 흔히 사회 전반에 대한 시장의 우위를 전파하는 이데올로기에 저항하기 위해 형성된다. 두 가지 예만 들어보겠다. 많은 경우에 소작농의 봉기는 시장의 변덕에 맞서 자신들에게 적어도 최소한의 보호를 제공하던 암묵적 사회계약이 침해되었다고 느낄 때 일어났다. 비슷하게, 식량 폭동은 공유지가 폐쇄되고 빵과 같은 기본 물품을 파는 시장의 규제가 철폐되는 과정에서 도덕 경제moral economy의 붕괴에 대한 반발로 흔히 해석되어왔다. 전통적으로 보장받던 권리를 되찾으려는 대항운동은, 한편으로는 진보적인 서사narrative를 내놓고 더 포용적이고 참여적인 전망을 제시할 수 있지만, 또 한편으로는 퇴행적인 모델과 배타적·국민투표제식 사고에 의지할 수도 있다는 교훈을 역사는 보여준다.

　　신자유주의경제 신조의 정치적 실천은 폴라니가 묘사한 '거대한 전환'과 유사한 점들을 드러냈다. 만연하는 시장 근본주의에 대한 저항이 성공해 국민국가 내 사회보호의 확대(이른바 '제1세계'의 사회민주주의와 '제2세계'의 '기존 사회주의'를 포함)를 이끌어낸 이후 주요 추세는, 복지국가의 전반적인 축소 그리고 사회 불평등을 조장하는 국가의 개입에 대한 더 폭넓은 공격이 되었다. 신자유주의로의 전환과 더불어, 자본주의는 다른 방식이기는 하지만 마르크스가 '원시 축적'이라는 전형적인 형태로 구분한 강탈(예를 들어 시민 권리를 보호하고 금융시장을 규제하는 법률 폐지)에 의한 축적 형태에 다시 의지하기 시작했다.[6] 노동과 토지와 화폐의 상품화가 노동시장의 규제 철폐와 노동자 보호의 폐지, 토지 수탈, 금융자본의 새로운(그리고 종합적인) 규제 철폐를 통해 다시 추구되었다.

　　또다시 대항 세력counterforce(폴라니가 말한 대항운동과 비슷하다)이 등장했고, 이는 두 방향으로 전개되었다. 한 부류는 진보적·포괄적이고 세계적인 개념에서 시민 권리 확대를 추구하며, 다른 한 부류는 퇴행적이고 내부의 제한된 일부만이 보호받는 과거 질서를 동경한다. 신자유주의에 반대하는 '반동적' 대항운동이 어떻게 등장할 수 있었는가 하는 질문에 답하기 전에, '진보적' 변이 형태에 대한 몇 가지 관측을 살펴보자.

신자유주의 세계화에 반대하는 진보 운동

2010~2014년에 일어난 경제 위기 반대 시위들은 대중 정치와 제도 권력 사이의 분리라는 면에서 정치적 강탈에 대한 반발이었다. 2008년 '냄비와 프라이팬pots and pans' 혁명으로 알려진 아이슬란드의 저항운동에서 시작해 2011년 '아랍의 봄' 운동과 '점령' 운동 또는 2013년 게지 공원 시위에 이르기까지, 이 시위들은 시위가 일어난 각 나라의 국제 관계를 인식하고는 있었지만 기본적으로 국내 상황에 초점을 맞췄다. 이런 운동의 와중에서 (기존 이데올로기가 사회·정치 조직의 매력적인 대안 제시에 대체로 실패한 사실뿐 아니라) 이질적인 사회 기반을 단결시켜야 한다는 필요성이 다원적이고 포용적인 정체성의 발전에 기름을 부었다. 이는 참여적이고 심의 기능이 있는 의사 결정 모델 만들기를 통해 조직 차원에 반영되었다.[7]

그렇지만 신자유주의 위기는 오늘날 진보 정치에도 영향을 미쳤다. 1999년과 그 이후 벌어진 만연한 신자유주의에 대한 첫 번째 저항의 물결과 비교할 때, 국내 차원에서 보장된 전통적 권리의 방어에 대해 재개된 관심 집중, 부도덕한 자본주의를 막는 도덕적 보호의 강조 등 사회 기반 측면에서 변화를 감지할 수 있다. 때로 프레카리아트precariat(불안정한 고용과 노동 상황에 놓인 노동자-옮긴이)라고 불리는, 긴축정책에 반대하는 사람들은 스스로를 신자유주의 정치의 패배자라고 여기는 다양한 계층과 사회집단 연합을 대변했다. 확실히 불안정성은 운동에 참여한 많은 사람들의 사회문화적 조건이다. 그들 중 다수가 높은 실업률과 불완전 고용을 특징으로 하는 세대에 속한다. 젊은이들 중 가장 소외된 계층이 아랍의 봄에서 선두에 섰고, 금융 위기의 영향을 받은 사람들(포르투갈에서 이들은 스스로를 '미래가 없는' 세대라고 규정한다)이 남유럽에서 다양한 형태로 결집했다. 전통적으로 이런 젊은이들은 패자로 간주되는 부류가 아니다. 오히려 이들은 고등교육을 받고 유동성이 높다. 이들은 한때 세계화의 '승자'로 묘사되었지만 오늘날에는 그런 자아 인식과 거리가 멀다.

그렇지만 고등교육을 받은 젊은이들이 시민권과 사회권에 대한 신자유주의의 공격 앞에 패배한 유일한 사회집단은 아니다. 예를 들어 퇴직자와 공무원은 한때 특히 강력하게 보호받는다고 간주되던 두 집단이다. 다소 정도의 차이는 있지만, 이들의 생활 실태(의료, 주택, 교육과 같은 기본 상품에 대한 접근성 포함)가 대단히 불안정해졌다. 마찬가지로 크든 작든 규모에 상관없이, 또는 폐쇄 위험에 처했든 처하지 않았든 상관없이, 공장의 육체노동자들이 시위 물결에 동참했다. 젊은이들과 고등교육을 받은 시민들의 높은 참여율과 더불어, 시위는 긴축정책에 영향을 가장 많이 받은 사람들 중 '3분의 2'를 거리로 불러냈다.[8]

지그문트 바우만이 분명히 보여준 대로,[9] 신자유주의는 강제된 유동성 및 연계된 불안정성을 통해 개인과 단체와 정치의 정체성에 관한 과거 기반을 파괴하는 액체 사회liquid society를 만든다. 그런 다음 변모하는 신자유주의의 문화에 의해 강력하게 추동되는 정체성 확립 과정을 거쳐 또다시 중심 역할을 떠맡는다. 노동운동이 (복합적인 이데올로기로 뒷받침되는) 뚜렷한 정체성을 개발하고 새로운 사회운동이 성 권리나 환경 보호 같은 특정 사안에 초점을 맞춘 반면, 긴축정책 반대자들의 정체성 확립 과정은 두려움과 배타주의뿐 아니라 개인화에 도전하면서 대신에 포괄적인 시민권을 촉구하는 듯했다. (시민, 사람, 또는 99퍼센트의 일원으로서) 스스로를 긴축재정 반대 활동가로 규정함으로써, 복지 보호의 회복을 촉구하는 도덕 담론을 발전시켰지만, 또한 전체 체제의 불공정에 분연히 도전하기도 했다.

그들은 흔히 국가를 공동체 결속의 기반으로 거론하면서도 [예를 들어 국가를 흔들거나 포데모스Podemos(2014년 설립된 스페인 좌파 포퓰리즘 정당-옮긴이)처럼 조국을 사랑하자고 강조한다], 포괄적 국가주의를 세계 차원에서 세계 문제의 해결책 모색이 필요하다는 인식과 결합시킨 세계시민주의를 발전시켰다. 또한 강력한 도덕적 틀은 신자유주의의 무도덕성 그리고 공공 서비스 상품화 이데올로기 선전과 갈수록 차이가 커졌다. 각자 스스로 생존을 도모해야 한다는 냉소적인 신자유주의 관점과 이기적 동기가 이롭다는 선언은 기존에 존재하던 권리의 이름으로 지탄받았으며 재정립 요구로 이어졌다. 연대하고 공동 이익으로 관심을 되돌리자는 요청은 불공평하고 비효율적이라고 여겨진 신자유주의 정책과 맞섰다. 경제 위기가 정치적 합법성 위기를 동반하면서, 갈수록 많은 사회집단들이 대기업 손에 좌우되는 기관은 그들의 이익을 제대로 대변하지 못한다고 느끼게 되었다. 경제권력과 정치권력의 유착에 대한 비판이 나날이 거세졌다.[10] 오늘날 시위자들은 국가 정부의 주권 상실을 포함하여, 대기업과 (이해할 수 없는) 국제기구의 권력을 강력하게 비판한다. 게다가 이들은 민주주의를 강탈당한 주된 책임이 자국 정부와 정치 계급에 있다고 본다. 그렇지만 이들은 반민주주의 태도를 취하는 것이 아니라 참여민주주의를 촉구하고 대중의 관심을 공익으로 돌리자고 강조한다. 세계 정의 운동이 유권자 확대를 모색하며 소수집단과 연대를 통해 스스로를 드러낸 반면,[11] 긴축정책 반대 운동은 대다수 주류 시민을 아우름으로써 자신들의 집단 정체성을 폭넓게 규정했다.

이러한 상황에서 긴축정책 반대 시위는 특히 1960년대와 1970년대에 '제1세계' 민주주의뿐 아니라 '제2세계' 사회주의국가와 '제3세계' 개발도상국에서 발전한 권리들의 방어를 주장했다.[12] (선거로 설명할 수 없는) 세계 엘리트들에 의한 시민 권리의 강탈에 맞서 국권에 초점을 맞추는 특징이 있었지만, 2011~2014년의 긴축재정 반대 시위는 정치적·사회적 권리를 '인권'으로서 옹호했다. 상위 1퍼센트의 부패에 대한 맹렬한 비난(과 99퍼센트의 방어)은 소수 집권층의 손에 경제·정치권력이 집중되는 것에 맞선 투쟁으로 표현되었다. 어떻게 보면 긴축정책 반대 시위는 상실된 권리의 부활을 촉구하고 민주주의의 타락을 격렬하게 비난했다는 점에서 과거 복고적이었다. 그렇지만 사회적 권리에 대한 우려를 문화 포용주의에 대한 희망과 결합시켰다는 면에서 미래 지향적이기도 했다.

기존 대의기관에 대한 극도로 낮은 신뢰도를 고려해볼 때, 이런 운동은 국가에 대해 강력한 요구를 표명하는 한편 참여·심의 민주주의의 대안 모델을 실험했다. 마드리드의 푸에르타 델 솔 광장에 텐트를 치고 벌인 농성에서 처음 시작된 '캠핑 시위acampadas'는 스페인에서 새로운 형태의 민주주의를 실험하는 장이었다. 그렇지만 도전받은 것은 민주주의 자체가 아니라 민주주의의 퇴행이었다. 한 분노한 시위자의 팻말에는 "그들은 민주주의라고 하지만 그것은 민주주의가 아니다"라고 적혀 있었다. 2011년의 스페인에서처럼 진정한 민주주의를 요구하는 운동가들은 다른 (심의·참여) 민주주의 전망을 제시했으며 그 과정에서 자체 조직 형태를 개발했다. 신자유주의가 포디즘 자본주의의 사회 협약을 주도한 협동조합주의 실행자들(처음에는 조합들. 그러나 이뿐 아니라 사회보호 규정에 통합된 많은 시민사회 단체들)을 공격하는 가운데, 새롭게 대두한 운동들은 시민 스스로 주도하는 직접 민주주의라는 희망을 품기 시작했다.

사회운동의 이런 진보적인 면은 경우에 따라 덜 두드러지지만 확실히 건재하다는 것만은 사실이다. 특히 남유럽에서 이런 시위의 정치적 영향력은 정당 제도의 깊은 변화뿐 아니라 사회 전체의 폭넓은 정치화에 반영된다. 각종 운동의 관심사에 대한 더 폭넓은 대변이 스페인의 좌파 정당 포데모스에서부터 포르투갈의 좌익 정당인 좌파 블록Bloco de Esquerda 또는 이탈리아의 오성운동Movimento 5 Stelle(코미디언 출신인 베페 그릴로가 직접민주주의를 주창하며 만든 정당으로 다섯 개의 별은 공공 수도, 인터넷 접속 권리, 지속 가능한 교통수단, 지속 가능한 개발, 생태주의를 가리킨다-옮긴이)에 이르기까지 각 나라 국회에서, 또는 심지어 그리스의 급진 좌파 연합 시리자Syriza처럼 정부 자체에서 발견된다.[13] 반동 포퓰리즘으로 전환이 가장 극명하게 드러난 두 나라인 영국과 미국에서마저 점령 시위가 정당정치에 영향을 미쳤다. 제러미 코빈Jeremy Corbyn이 노동당 당수로 선출되고 버니 샌더스Bernie Sanders가 민주당 경선에서 놀라운 성공을 거뒀다. 그럼에도 좌익의 이런 진보 운동은 대중 토론에서 우익 정당의 성공에 가려 빛을 잃었다.

퇴행 운동?

우리가 '거대한 전환'을 목격하고 있다는 느낌은 브렉시트 투표와 트럼프의 대통령 당선 같은 사건들로 인해 고조되었다. 또한 호주, 스칸디나비아 국가들, 폴란드와 헝가리에서뿐 아니라 극우 정당인 '국민전선Front national'이 오랜 역사를 가진 프랑스, 극우 정당인 '독일을 위한 대안AfD'이 급속히 성장한 독일에서도 이런 현상은 강화되었다. 미국의 보수운동 단체인 티파티Tea Party, 독일의 극우 단체인 페기다PEGIDA(서양의 이슬람화를 반대하는 애국 유럽인Patriotische Europäer gegen die Islamisierung des Abendlandes), 영국의 반이슬람 극우 단체인 영국수호동맹English Defence League, 프랑스의 반이슬람 극우 단체인 정체성 연합Bloc identitaire, 이탈리아의 파시스트 단체인 카사파운드CasaPound는 모두 사회운동 형태를 띤 우익 정치의 예로 등장했다. 이런 퇴행 이동을 정교하게 분석하기에는 경험 증거가 아직 너무 적지만, 적어도 일부 유의미한 질문을 던질 수는 있다. 첫째, 우리는 정치의 우경화를 부채질한 신자유주의 아래에서 생긴 불만의 사회 기반을 다뤄야 한다. 사회정치학자들은 세계화의 결과로 등장한 새로운 분열을 확인했다고 주장한다. 이런 분열은 승자(이탈 선택권이 있는 사람)와 패자(이탈 선택권이 없는 사람)를 갈라놓는다.

세계화의 승자가 될 사람은 국제 경쟁에 열려 있는 분야의 사업가와 그 분야에 적합한 직원, 세계시민주의 시각을 가진 시민이다. 이에 반해 세계화의 패자는 전통적으로 보호받는 분야의 사업가와 그 분야에 적합한 직원, 부적격한 직원, 국가 사회와 자신을 강하게 동일시하는 시민이다.[14]

그렇지만 브렉시트와 미국 대선 관련 초기 자료는 육체노동자와 신분 하락 중산층이 유럽연합 '탈퇴' 운동과 도널드 트럼프의 유일한(또는 주된) 지지자는 아니라는 점을 보여준다. 오히려 부유층과 고학력자도 그들의 강력한 지지 기반이었다. 이러한 우익의 승리에는 돈이 결정적인 역할을 했다. 대기업과 풍부한 자금 지원을 받는 두뇌 집단이 먼저 보수 단체 '티파티'를 지원한 데 이어 트럼프 선거전을 지원했다. 뻔뻔스러울 정도로 거짓투성이인 단순한 메시지를 전하는 언론전에 돈이 투입되었고, 이런 언론전은 미국에서 공화당의 전통 보수주의 사회 기반 조직을 동원하는 한편 대중의 분노를 다양한 희생양에게 돌리고 두려움에 호소했다. 이것이 전부는 아니지만 중요한 요소이기 때문에 잊으면 안 된다. 과거와 마찬가지로, 퇴행적인 대항운동은 99퍼센트와 연대를 표명하는 척하면서 권력을 가진 상위 1퍼센트의 지지를 만끽한다(트럼프의 승리에 대한 주식시장의 반응이 이를 분명히 보여준다).

두 번째 질문은 이런 불만이 우익 성향을 띠는 형태를 다룬다. 이런 형태는 사회정치적 내용 면에서뿐 아니라 조직 모델 면

에서도 좌익에서 볼 수 있는 형태와 매우 달라 보인다. 우익 포
퓰리즘에 대한 연구는 오래전부터 정치적 좌익과 우익을 나누
는 문화적 경계(한쪽은 세계시민주의, 다른 한쪽은 외국인 혐오주의)를
확인했다.[15] 이는 오늘날 상황과 아주 유사하다. 게다가 우익 정
치는 시민 참여가 아니라 개인의 강력한 리더십을 바탕으로 형
성되는 특정한 조직 형태를 특징으로 한다. 진보 운동과 분명히
구별되는 점이다.

　최근 진보 운동 역시, 부패한 엘리트들에게 영합하는 것이
아니라 시민의 의지에 호소하기 때문에 포퓰리즘으로 간주되기
도 한다. 하지만 포퓰리즘에 대한 이런 이해는 너무 '얄팍한' 것
으로 보인다. 결국 사람에게 호소하지 않는 정당이나 운동이 있
을까? 대신에 우리는 포퓰리즘에 대해 다른 개념화, 즉 포퓰리
즘을 대중 주체성이라는 형태로 정의하는 개념화를 받아들여야
한다. 정치학자 케네스 로버츠Kenneth Roberts가 말했듯이, 사회운동
은 "자발적인 시민 집단이나 조직에 의한 자율적인 집단행동에
서 생겨나며, 포퓰리즘은 사회동원의 표현 수단과 주기와 조직
형태를 통제하는 주도적인 인물에 의해 대중 주체성이 사용"된
다. 한편 포퓰리즘에 대한 로버츠의 정의는 트럼프의 선거전과
같은 현상을 아주 적절하게 설명한다

　포퓰리즘에서는 총선 또는 국민투표에서 표를 행사하는 것을
넘어서서 대중 유권자들이 집단행동에 참여하는 것을 일절 요

구하지 않는다. 대중 주체성의 두 형태 모두 기존 엘리트들에게 이의를 제기하지만, 사회운동이 그런 논쟁을 아래로부터 동원하는 반면에 포퓰리즘은 신흥 대항엘리트 리더십의 배후에서 상의하달 방식으로 대규모 유권자를 동원한다.[16]

사회운동과 포퓰리즘 간 대비는 국민과 지도자 사이 국민투표 대 참여 관계를 고려하면 특히 강하게 드러난다.

이런 결합 관계는 궁극적으로 몹시 다른 형태의 대중 주체성과 집단행동을 구현한다. 참여 결합 또는 참여 주체성 유형은 기존 엘리트 계층에 이의를 제기하거나 정책 입안 과정에 참여하는 역할을 시민에게 직접 제공한다. 이런 결합은 공식 제도 통로 안팎에서 대중에 뿌리를 둔 자율적·자체적 집단행동 형태에 의존하는 경향이 있다. 그에 반해 국민투표 결합 또는 국민투표 주체성 유형에서, 대체로 조직화되지 않은 대규모 유권자는 위로부터 동원되어 막강한 실세에게 환호를 보내거나 자기네 지도자의 정치적 주도권을 응원한다. 이런 환호는 흔히 투표소나 국민투표에서 머물며 대중의 자율적 집단행동이라는 형태에 근거하지 않는다. 사실 투표를 통한 호소는 흔히 포퓰리스트 인물과 모래알 같은 대규모 유권자 사이의 직접적인 관계에 의존한다.[17]

주체성의 두 형태 모두 '국민'을 언급하고 엘리트 계층을 비난하지만, 포퓰리즘은 국민 전체가 아니라 개별 지도자에게 권한을 주는 국민투표와의 결합에 의지한다. 이런 국민투표로의 전환은 '국민'을 참여시키는 것이 아니라 조종하는 한편 지도자가 반체제 담론을 통해 대중에게 호소하는 퇴행 정치로 볼 수 있다.

셋째, 퇴행 저항운동이 어떤 정치 상황 아래에서 발전할 수 있는가 하는 문제는 앞으로 다뤄야 할 질문이다. 대개 사회운동을 연구하는 학자들은 정치적 기회와 위협이 저항의 규모와 특징에 영향을 미친다고 보았다. 진보 운동에 대한 연구는 신자유주의와 그것의 위기 아래에서 불만의 구체적 특징이 대침체에 대한 정치적 대응에, 각별히 중도좌파(특히 정당) 정치의 전략에 영향받는다는 사실을 분명히 보여줬다. 이는 라틴아메리카에서 벌어진 긴축정책 반대 시위에 대한 연구에서 뚜렷이 드러났는데, 모든 주요 정당이 신자유주의 정책을 지지하는 가운데 신자유주의 반대 의견이 표출될 통로를 정당정치가 제공하지 못한 곳에서 가장 체제 전복적인 시위의 물결이 일어났다.[18] 비슷한 상황이 유럽에서 일어나는 듯하다. 좌익이 자유시장을 옹호하고 좌익의 대안이 부족하다고 인식될 때, 사회보호의 전망을 (독점으로) 제시한 우익 쪽으로 무게중심이 극적으로 이동했다.[19]

운동과 대항운동: 몇 가지 결론

신자유주의에 대한 불만과 신자유주의의 위기는 다양한 정치 형태를 낳는다. 좌익에서는 시위가 조직화된 사회운동 형태를 취한 반면, 우익에서는 새로운 정당이 출현하고 다른 정당은 지도자와 지지자 간 국민투표를 통한 결합이라는 전개를 통해 변화했다. 역사에서 흔히 볼 수 있듯이, 좌익에서는 불만의 근원이 세계시민주의와 계급의 담론으로 표현되었다. 그러나 우익에서는 동일한 불만이 대부분 배타주의와 외국인 혐오주의 담론에 자리를 잡았다. 그렇다고 해서 퇴행 운동이 딱히 더 성공적이라는 의미는 아니다. 과거처럼, 특히 경제 위기 때처럼 오히려 좌익의 발전은 강력한 저항을 받는다(이를테면 노동운동의 승리에 뒤이어 반동적인 역행이 일어나듯이).

진보 정치가 아직 살아남아 건재한 가운데, 최근 두드러지는 우익의 성공은 현 상황이 좌익에 제기하는 여러 도전을 가리켜 보인다. 첫째, 사회 기반 조직의 붕괴는 진보 정치에 분명한 문제다. 불만의 표출이 여러 논리를 동시에 따를 것으로 보이기 때문이다. 이를테면 상품화(가장 전통적인 노동 갈등에서처럼)에 맞선 투쟁뿐 아니라 재상품화(재화와 용역의 사유화 형태에서)와 전前상품화(대량 실업과 노동 불안정화를 통해 시장에서 배척당하는)에 맞선 투쟁을 들 수 있다.[20]

동시에 세계 정의 운동이 전성기를 누리고 있는 가운데, 좌익은 더 초국가적인 조율이 절실히 필요하며 이는 이전에 일구어놓은 동원 구조를 약화시킬 가능성이 있다. 기존 권리의 박탈에 대한 지역의 저항이 세계화된 금융자본주의를 통제하려는 전 세계적 필요성과 충돌할지 모른다.

마지막으로, 대체로 강한 규범적 신념을 지니며 세련된 담론에 익숙한 진보 활동가와 유권자는 일반적인 호소나 새빨간 거짓말로 설득하기가 훨씬 어렵다. 따라서 이들은 최근의 상황 전개에서 정치적으로 참패자였던 중도좌파의 신자유주의 호소로는 동원하기가 대단히 어렵다. 동시에 특히 진보 사회운동이 가장 널리 확산된 곳에서 극좌파가 갈수록 강해진 반면, 드문 경우에만 사회운동 정당은 국가기관에서 의사 결정권을 획득할 수 있었다. 그런 경우에 (볼리비아나 그리스에서처럼) 이들은 자국 안팎에서 엄청난 저항에 부딪친다.

이런 문제들을 다루려면 어김없이 인내심이 필요하지만, 과거 진보 운동에서 흔히 그랬던 것처럼, 투쟁 과정에서 서로 만나고 학습할 장 또한 마련해야 한다.

제 4 장

진보 신자유주의 대 반동 포퓰리즘: 홉슨의 선택

Progressive Neoliberalism versus
Reactionary Populism: A Hobson's Choice

낸시 프레이저 Nancy Fraser

일련의 극적인 정치 반란 중 하나.
그렇다면 '하나'는 일련이 아니라 반란을 뜻한다.

    도널드 트럼프의 당선은 신자유주의 패권의 붕괴를 암시하는 일련의 극적인 정치 반란 중 하나를 대변한다. 이런 반란으로는 영국의 브렉시트 투표, 이탈리아의 렌치Matteo Renzi 총리 개혁에 대한 거부, 버니 샌더스의 미국 민주당 대선 후보 경선 참가, 프랑스의 국민전선 지지자 증가를 들 수 있다. 이데올로기와 목적은 서로 다르지만 이 선거 반란들은 공통된 목표를 가지고 있다. 모두가 기업의 세계화와 신자유주의 그리고 그것들을 조장한 기존 정치권에 대한 거부를 표명한다. 모든 경우에 유권자들은 오늘날 금융자본주의의 특징인 긴축재정, 자유무역, 약탈적 부채, 불안정한 저임금 일자리 같은 요소들의 치명적인 결합에 대해 '반대'를 외치고 있다. 이들의 투표는 이런 자본주의 형태의 객관적 구조 위기에 대한 주관적 정치 대응이다. 한동안 지구온난화와 결부된 '더딘 폭력'과 사회적 재생산에 대한 전 세계에 걸친 공격에서 분명히 드러난 이런 구조 위기는, 세계 금융 질서가 거의 붕괴하는 사태와 더불어 2007~2008년에 전면 폭발했다.

그렇지만 최근까지 이 위기에 대한 주된 반응은 '사회적' 저항 운동이었다. 이는 확실히 극적이고 활기찼지만 대체로 수명이 짧았다. 그에 반해 적어도 미국, 영국, 독일 같은 자본주의 강대국에서 '정치' 체제는 위기에 비교적 영향을 덜 받으며 여전히 정당 소속 관리들과 권력을 쥔 엘리트들 손에 좌우되는 듯 보였다. 하지만 현재 여러 선거의 충격파가 국제금융의 요새를 비롯하여 전 세계로 요란하게 퍼져나가고 있다. 브렉시트에 찬성한 사람들이나 이탈리아의 개혁에 반대한 사람들과 마찬가지로 트럼프를 뽑은 사람들은 자국의 정치 지배자들에 반대하여 들고 일어났다. 그들은 기득권 정당을 조롱하면서 지난 30년 동안 자신들의 생활환경을 속 빈 강정으로 만든 각종 합의를 거부했다. 놀라운 점은 그들이 실행에 옮겼다는 것이 아니라 실행하기까지 그토록 오랜 세월이 걸렸다는 것이다.

그럼에도 트럼프의 승리는 국제금융에 맞서는 저항만은 아니다. 트럼프를 뽑은 사람들이 거부한 것은 신자유주의가 아니라 '진보' 신자유주의였다. 모순된 소리 같겠지만, 이야말로 미국 선거 결과와 다른 국가에서 일어나는 상황을 이해할 수 있는 핵심인 정치 연대다. 미국식 진보 신자유주의는 한편으로는 새로운 사회운동의 주류 경향[페미니즘, 인종차별 반대주의, 다문화주의, 성소수자LGBTQ(레즈비언Lesbian, 게이Gay, 양성애자Bisexual, 트랜스젠더Transgender, 퀴어Queer 또는 성정체성이 불확실한 사람Questioning을 통칭하는 용어-옮긴이) 권리 옹호]과, 다른 한편으로는 고가의 서비스 기반 사업 분야(월가, 실리콘밸리, 할리우드)와 연합한다. 이런 연합에서 진보 세력은 인지 자본주의cognitive capitalism 세력, 특히 금융화 세력과 사실상 손을 잡는다. 그런데 전자는 부지불식간에 후자에게 자기네 권위를 빌려주고 만다. 이론상 다른 목표들에 이바지할 수 있는 다양성과 권력 분산 같은 이상들이 이제는 제조업과 중산층의 삶을 파괴해온 정책들을 호도한다.

진보 신자유주의는 미국에서 지난 30여 년 동안 발달했고 1992년 빌 클린턴Bill Clinton의 당선으로 승인되었다. 클린턴은 토니 블레어Tony Blair가 이끄는 영국 신노동당의 미국판인 '신민주당'의 기관장이자 창도자였다. 클린턴은 노동조합에 가입된 생산직 노동자와 아프리카계 미국인과 도시 중산층의 뉴딜 연합 대신에, 사업가와 교외 거주자와 새로운 사회운동과 젊은 층, 다양성과 다문화주의와 여성 권리를 포용함으로써 자신들의 현대적이고 진보적인 진실성을 보여주는 모든 이들로 새로운 연합을 구축했다. 그런 진보적인 생각을 지지하는 순간에도, 클린턴 정부는 월가의 환심을 사려 했다. 클린턴 정부는 미국 경제를 골드만삭스에 넘겨준 채 은행 규제를 철폐했고 제조업의 쇠퇴를 가속화한 자유무역협정을 체결했다. 이 과정에서 포기한 것은 러스트 벨트Rust belt(자동차, 철강 등 제조업의 사양화로 극심한 불황을 맞은 오대호 주변 지역-옮긴이)였다. 한때 뉴딜 사회민주주의의 중심지였으나 이제는 도널드 트럼프를 뽑는 지역이 되었다. 이 지역은 남부의 공업 중심지와 더불어 지난 20년 동안 폭주한 금융화의 타격을 심각하게 받았다. 버락 오바마를 포함한 클린턴의 후임자들이 지속한 클린턴의 정책은 모든 노동자의 생활 여건을 저하시켰는데 특히 공업 생산에 종사하는 노동자들의 생활을 악화시켰다. 요약하면 클린턴주의는 노조의 약화, 실질임금의 하락, 일자리의 불안정성 상승, '맞벌이 가족' 증가에 막대한 책임이 있다.

앞서 말한 대로 사회보장에 대한 공격은, 새로운 사회운동에서 차용한 해방을 위한 통솔력이라는 겉모습으로 포장되었다. 페미니즘의 승리라고 묘사되었지만, 맞벌이 가족이라는 이상 뒤의 현실은 비참하다. 임금수준이 하락하고, 고용 보장이 나빠지고, 생활수준이 떨어지고, 가구당 노동시간이 급격히 늘어나고, 2교대가 3교대 또는 4교대로 악화되고, 여성 가장 가정이 증가하고, 돌봄노동carework을 특히 가난하고 인종차별을 받는 이주 여성들에게 기를 쓰고 전가하려 들었다. 게다가 제조업이 파탄 난 수년 동안 미국에서는 '다양성' '여권 신장' '차별 철폐 운동'이라는 말이 요란하게 터져 나왔다. 이런 표현은 평등에 반하는 능력주의를 진보와 동일시함으로써, 승자 독식 기업 위계

질서에서 '재능 있는' 여성, 소수자, 동성애자의 부상을 해방과 동일시했다. 진보에 대한 이런 자유개인주의liberal-individualist 관점은 점차 1960년대와 1970년대에 번성한 더 포괄적이고 반계급적이고 평등주의적이고 반자본주의적인 해방에 대한 해석을 대신했다. 좌익이 약해지면서 자본주의사회에 대한 좌익의 구조적 비판이 서서히 사라지고 미국 특유의 자유개인주의 사고방식이 다시 영향을 발휘했으며, '진보주의자'와 자칭 좌파의 포부가 알아차릴 수 없을 정도로 위축되었다. 하지만 상황을 종료시킨 것은 이러한 상황 전개와 신자유주의 부상의 동시 발생이었다. 자본주의경제를 자유화하려고 작정한 한 정당은, '적극적으로 달려들기leaning in'와 '유리천장 깨기'에 초점을 맞춘 능력주의 기업 페미니즘에서 자신들의 완벽한 짝을 찾았다.

이런 전개의 이면에는 1970년대에 시작되어 현재 파탄 나고 있는 자본주의의 획기적인 변화가 있었다. 이 변화의 구조적 측면은 잘 알려져 있다. 과거의 국가 통제 자본주의 체제는 정부가 사기업의 단기 이익보다 지속 축적이라는 장기 목표를 더 중시하도록 한 반면, 현재 체제는 개인 투자가의 즉각적 이익을 위해 정부와 국민을 통제할 권한을 국제금융에 부여한다. 한편 이 변화의 정치적 측면은 잘 알려지지 않았는데, 그 특징을 칼 폴라니의 설명을 빌려 표현할 수 있다.

대량생산·대량소비를 공공재 공급과 결합시킨 국가 통제 자본주의는 폴라니가 정반대라고 여긴 두 가지 프로젝트인 자유사시장경제화와 사회보호를 독창적으로 조합해냈다. 그러나 두 프로젝트는 세 번째 프로젝트를 희생하며 하나가 되었다. 체제 전체가 제3세계에서 진행되고 있는 (신)제국주의 약탈, 가족 임금제를 통한 여성 의존성 제도화, 인종차별에 따른 농업 노동자와 가사 도우미의 사회보장제도 배제에 의존하는 한, 세 번째 프로젝트는 해방이다. 1960년대에 이 소외된 사람들은 다른 사람의 안전과 번영에 대한 대가를 대신 치러야 하는 흥정에 반대하며 적극 행동에 나섰다. 당연한 일이었다! 하지만 그들의 투쟁은 다른 투쟁 노선과 숙명적으로 교차했으며 그 후로 수십 년 동안 평행선을 달렸다. 그 다른 투쟁 노선은 떠오르는 자유시장주의 정당과 기울어가는 노동운동이 서로 맞서 싸우게 만들었다. 자유시장주의 정당은 자본주의경제의 자유화와 세계화에 열중했으며, 노동운동은 자본주의 핵심 국가들에서 한때 사회민주주의의 가장 강력한 지지 기반이었지만 이제는 수세에 몰렸거나 아예 패배했다. 이런 상황에서 성별과 인종에 근거한 위계질서의 전복을 목표로 하는 새로운 진보 사회운동은, 금융 경제 세계화의 위협에 맞서 기존 생활 영역과 특권을 지키려는 사람들과 서로 격돌하게 되었다. 이 두 투쟁 노선의 충돌은 새로운 무리를 만들어냈는데, 바로 '사회보호를 받어하기 위해 금융화의 열렬한 지지자들과 협력하는 해방 지지자들'이었다. 이 결합의 산물이 진보 신자유주의였다.

진보 신자유주의는 해방의 불완전한 이상과 금융화의 치명적인 형태를 뒤섞는다. 트럼프를 뽑은 사람들이 거부했던 게 바로 이 혼합이다. 멋진 세계시민주의 신세계에서 뒤처진 사람들 중 으뜸은 명백히 산업 노동자지만, 거기에는 실업과 약물로 파괴된 농촌 사람들뿐 아니라 관리자, 소규모 사업가, 러스트 벨트와 남부의 산업지대 사람들도 포함된다. 이런 사람들이 볼 때, 산업 공동화로 인한 상처는 진보 도덕주의가 가하는 모욕으로 더욱 악화되는데, 툭하면 그들을 문화적으로 낙후되었다고 치부한다. 또한 트럼프를 뽑은 사람들은 자유 세계시민주의를 거부한다. (비록 전부는 아니지만) 그들 중 일부에게 그것은 자신들의 악화된 상황을 정치적 올바름(차별·편견 철폐 운동), 유색 인종, 이주자, 이슬람교도의 탓으로 돌릴 수 있는 간편한 수단이다. 그들이 보기에 페미니즘과 월가는 힐러리 클린턴Hillary Clinton을 중심으로 완벽하게 담합한 유유상종 무리였다.

이런 결합을 가능하게 만든 것은 진짜 좌익의 부재였다. 월가 점령 시위 같은 주기적인 폭발(오래 못 가는 것으로 드러났다)에도 불구하고, 미국에서 수십 년 동안 계속 살아남은 좌익은 없었다. 또한 좌익은, 한편으로는 금융화에 대한 입에 발린 비판, 다른 한편으로는 인종·성·계급 차별 반대와 더불어, 트럼프 지지자들의 정당한 불평을 분명히 대변해주는 어떤 그럴듯한 서사도 내놓지 못했다. 마찬가지로 엄청난 폭발력을 가진 노동운동과 새로운 사회운동 사이의 유대 가능성은 시들어가도록 방치했다. 서로 쪼개진 좌익의 양 진영은 멀찍이 떨어진 채 서로 반대쪽이 되어 대치할 때까지 손 놓고 기다렸다.

버니 샌더스는 적어도 예비선거 때까지는 '흑인의 목숨도 소중하다Black Lives Matter' 운동에서 나온 호소를 받아들여 대치하는 양측을 화해시키려고 노력했다. 군림하는 신자유주의 상식을 타파하면서, 그는 지난 30년 동안 대규모 부와 소득을 극소수 부유층에 편중되게 재분배해온 '조작된 경제'에 반대하는 선거전을 펼쳤다. 또한 민주당원들과 공화당원들이 구조 개혁을 위한 중대한 제안을 억압하기 위해 수십 년 동안 결탁해온 가운데, 그런 조작된 경제를 지원하고 보호해온 '조작된 정치체제'를 비판의 표적으로 삼았다. 샌더스는 '민주사회주의democratic socialism'라는 기치를 내걸고 월가 시위 이후로 잠복해 있던 정서를 강력한 정치 봉기로 결집시켰다.

샌더스의 반란은 민주당 처지에서는 트럼프의 반란과 유사했다. 트럼프의 반란이 공화당의 기득권을 뒤엎고 있던 바로 그 순간에, 샌더스는 민주당 내 모든 권력을 쥔 오바마의 후임자를 이기기 직전까지 갔다. 샌더스와 트럼프는 미국 유권자 중 대다수를 자극했다. 그러나 트럼프의 포퓰리즘만 살아남았다. 트럼프가 거액 기부자들과 정당 당수들이 선호하는 인물들을 포함한 공화당 경쟁자들을 쉽게 궤멸시킨 반면, 샌더스의 반란 사태는 덜 민주적인 민주당에 의해 확실하게 저지되었다. 총선 무렵 좌익 대안 세력은 이미 진압된 상태였다.

남은 것은 반동 포퓰리즘과 진보 신자유주의 사이 '홉슨의 선택Hobson's choice(아무 대안 없이 주어진 것 중에서만 받아들일지 말지를 결정해야 하는 상황-옮긴이)'뿐이었다. 하찮은 설교하기로 재빨리 방향을 바꾼 힐러리 클린턴은 트럼프의 '비도덕성'을 알리는 선거운동에 집중했다. 물론 트럼프가 갈수록 더 심한 도발을 끊임없이 내놓고, 샌더스가 제기한 쟁점을 회피하는 핑계를 지칠 줄 모르고 내세우는 재능이 있는 것은 사실이었다. 그러나 클린턴은 판에 박은 방식으로 행동했고 미끼를 물었다. 클린턴은 트럼프의 이슬람교도에 대한 공격과 여성 편력에 초점을 맞춘 채, 샌더스의 지지자들은 대수롭지 않게 여기면서 '조작된 경제'와 '정치 혁명'의 필요성, 신자유주의 자유무역과 금융화로 발생하는 사회비용, 그런 비용의 극심한 불평등 배치와 관련한 모든 언급을 중단했다. 또한 클린턴은 일련의 정권 교체, 북대서양조약기구NATO의 미래, 러시아의 악마화에 대한 의혹을 비롯한 미국 외교 정책에 대한 트럼프의 반대 의견에 타당성이 없다고 봤다. 클린턴은 자신과 같은 자격을 갖춘 후보가 도널드 트럼프처럼 거칠고 준비되지 않은 사람에게 질 수 없다고 확신한 채, 자신에게 필요한 것은 도덕적 분노를 불러일으키고 우세를 유지하기 위해 시간을 끄는 것뿐이라고 예상했다. 여느 때와 같은 공포 분위기 조성 전술을 내놓은 클린턴의 대리인들은 샌더스의 지지자들에게 압력을 가했다. 그들은 '파시스트'의 위협을 막기 위해 어쩔 수 없이 클린턴 후보에 대한 비판을 중단하고 차악을 지지해야 했다.

그러나 이런 전략은 처참한 결말을 맞았다. 힐러리 클린턴이 패했기 때문이 아니었다. 트럼프의 급부상을 가능하게 한 상황에 대처하는 데 실패했기에, 클린턴의 선거전은 트럼프의 지지자들과 그들의 우려를 무가치한 것으로 치부해버렸다. 그 결과는 진보주의자들에 대한 인식을 국제금융의 협력자로 굳혀버린 것이었다. 이런 시각은 골드만삭스에서 한 클린턴의 연설문 공개로 힘이 실렸다. 일부 꺼림칙해하던 지지자들의 바람대로 '클린턴을 왼쪽으로 밀어붙이지'는 못하고, 받아들이기 힘든 두 가지인 반동 포퓰리즘과 진보 신자유주의 중에서 가혹한 선택을 하도록 했을 뿐이었다.

사실 그나마 덜 나쁜 쪽을 고르는 '차악주의'는 새로운 것이 아니었다. 이는 미국 좌익의 습관적인 태도로 4년마다 재등장했다. 부시나 트럼프에 대한 두려움 때문에 진보적 목표는 복화술로 말하고 스스로를 억눌렀다. 우리를 '최악'으로부터 구하는 것이 목적이라지만, 그런 전략은 사실상 갈수록 더 위험한 새로운 악당들이 싹틀 땅에 거름을 주는 격이다. 결국 악순환이 계속 반복된다. 클린턴이 대통령에 당선되었다면 월가와 상위 1퍼센트를 공격했을 것이라고 믿는 사람이 있을까? 포퓰리스트의 분노를 부추기는 것이 아니라 가라앉혔을 것이라고 믿는 사람이 있을까? 사실 트럼프의 많은 지지자들이 느끼는 분노 중 대부분이 현재 이주자들과 또 다른 희생양들에게로 잘못 향하고 있기는 하지만, 그들의 분노 자체는 상당히 타당하다. 적절한 대응은 도덕적 비난이 아니라 정치적 검증이며, 아울러 분노의 방향을 금융자본의 전면 약탈 쪽으로 향하게 하는 것이다.

이런 대응은 파시즘을 피하기 위해 신자유주자들과 결속을 강화해야 한다고 촉구하는 사람들에게 답을 주기도 한다. 문제는 반동 포퓰리즘이 아직 파시즘이 아니라는 점이다. 그뿐만이 아니다. 자유주의와 파시즘이 하나는 옳고 다른 하나는 그르다는 식으로 서로 완전히 분리되어 있는 것 또한 아니다. 이 둘은 자본주의 체제에서 밀접하게 관련된 양면이다. 두 가지는 규범적으로 결코 동등하지 않지만, 둘 다 전 세계에서 생활 영역과 거주지를 위태롭게 하고 개인의 해방과 말 못할 고통을 동시에 불러일으키는 무절제한 자본주의의 산물이다. 자유주의는 개인의 해방을 주장하는 반면, 말 못할 고통과 관련된 분노와 시련에 대해서는 얼버무리고 넘어간다. 대안의 부재 속에서 곪아터진 그런 감정은 딱 파시즘에 해당하거나 파시즘과 완전히 거리가 먼 각종 권위주의를 부채질한다. 다시 말해 좌익이 없으면 자본주의 '발전'의 대혼란은 자유주의 세력과 권위주의 대항 세력을 만들어낼 뿐이며, 이 둘은 왜곡된 공생 관계를 유지한다. 따라서 (신)자유주의는 파시즘에 대한 해독제가 아니라 공범자다. 파시즘을 막는 진정한 부적은 박탈당한 사람들의 분노와 고통의 방향을 전면적인 사회 구조조정과 민주정치 '혁명'으로 돌리는 좌익의 프로젝트다. 아주 최근까지 그런 프로젝트는 볼 수조차 없었던 터라 신자유주의 상식은 숨 막힐 듯한 헤게모니hegemony

를 휘둘러댔다. 그러나 샌더스와 영국 노동당Labour Party 당수 제러미 코빈Jeremy Corbyn, 그리스의 급진 좌파 연합인 시리자와 스페인 좌파 정당 포데모스 덕분에(모두가 불완전하다), 우리는 다시 확장된 가능성을 마음에 그릴 수 있다.

그러므로 이제부터 좌익은 진보 신자유주의와 반동 포퓰리즘 사이의 선택을 거부해야 한다. 우리는 정치권이 제시한 말을 그대로 받아들이는 것이 아니라, 갈수록 증가하는 현 질서에 대한 엄청난 혐오감을 바탕으로 다시 정의하는 작업에 들어가야 한다. 사회보호에 맞서 금융화 겸 해방의 편을 드는 것이 아니라, 금융화에 맞서 해방과 사회복지를 새로 결합하는 활동에 초점을 맞춰야 한다. 샌더스의 프로젝트를 기반으로 하는 이 프로젝트에서 해방이란 기업의 위계 제도를 다각화한다는 뜻이 아니라 폐지한다는 뜻이다. 그리고 번영이란 주가나 기업 이익의 상승이 아니라 모든 사람이 풍족한 생활을 할 수 있도록 물질적인 필요조건이 갖춰진다는 뜻이다. 이런 결합이야말로 현 국면에서 가장 원칙적이고 성공적인 대응이다.

나는 진보 신자유주의의 패배를 안타까워하지 않는다. 인종차별주의에다 이주자를 반대하고 생태계를 해치는 트럼프 정부에 대해 걱정할 일이 훨씬 많다. 우리는 신자유주의 패권의 붕괴 또는 민주당을 장악한 클린턴주의의 붕괴를 애석해하면 안 된다. 트럼프의 승리는 해방과 금융화의 위태로운 동맹이 패배했다는 사실을 드러낸다. 그러나 트럼프 대통령은 현재의 위기에 대한 어떤 해결책도, 새로운 정권에 대한 어떤 약속도 내놓지 않는다. 그런 점에서 오히려 우리는 최고 지도자의 공백기에 맞닥뜨렸다. 누구나 전폭적 지지를 차지할 수 있는 불안정하고 개방된 상황이다. 이 상황에는 위험뿐 아니라 기회 또한 있다. '새로운 좌익'을 구축할 가능성 말이다.

이 가능성의 실현 여부는 부분적으로 클린턴의 선거운동에 참여했던 진보주의자들의 진지한 자기 탐구에 달려 있다. 그들은 블라디미르 푸틴과 FBI의 도움을 받은 '개탄스러운 사람들(인종차별주의자, 여성 혐오주의자, 이슬람 혐오주의자, 동성애 혐오주의자)'에게 패배했다는 데서 위안을 얻겠지만, 이런 거짓된 믿음은 버려야 할 것이다. 그들은 능력주의, 다양성, 권한 분산이라는 측면에서 해방을 잘못 이해했기 때문에 사회보호, 물질적 행복, 노동자계급의 존엄성이라는 대의명분을 희생시킨 자신들의 실수를 인정해야 할 것이다. 그들은 금융화된 자본주의 정치경제를 바꾸고, 샌더스의 좌우명인 '민주사회주의'를 부활시키면서 21세기에 이 말의 의미가 무엇인지 알아낼 방법을 심사숙고해야 할 것이다. 무엇보다 그들은 인종차별주의자도, 열렬한 우익도 아니고 '조작된 체제'의 피해자일 뿐인 사람들, 되살아난 좌익의 신자유주의 반대 활동에 영입되어야 하는 사람들인 대규모 트럼프 지지자들에게 다가가야 한다.

그렇다고 해서 인종차별주의나 성차별주의와 관련한 시급한 문제들을 묵살하라는 뜻이 아니다. 오히려 오늘날 금융화된 자본주의에서 오랜 세월에 걸친 역사적 억압이 어떻게 새로운 표현과 영역을 찾아내는지를 보여줘야 한다는 뜻이다. 우리는 선거운동을 지배하는 생각, 즉 한쪽이 이익을 보면 다른 쪽이 손해를 본다는 거짓된 생각을 반박하고, 여성과 유색 인종이 당하는 피해를 트럼프를 뽑은 사람들이 겪는 피해와 결합해야 한다. 이렇게 하면 되살아난 좌익은 모든 사람을 위한 정의를 구현하는 싸움에 전념하는 새롭고 강력한 연합체의 토대를 구축할 수 있을 것이다.

제 5 장

해방의 역설에서 자유주의 엘리트의 종말까지

From the Paradox of Liberation to
the Demise of Liberal Elites

에바 일루즈 Eva Illouz

세상이 거의 하룻밤 사이에 무질서 상태에 빠져버린 듯하다. 자유민주주의 사회에서 제2차 세계대전 이후 대체로 자유주의 질서를 받아들이고 따르던 사람들의 급진화 경향이 두드러지게 나타나고 있다. 미국, 프랑스, 영국, 오스트리아, 독일, 헝가리, 이스라엘에서 대다수 사람들이 이제 자유주의의 핵심 원동력에 이의를 제기하는 듯하다. 이런 원동력으로는 종교와 민족 다원주의, 경제 교류와 국제기구를 통한 국가의 세계질서 통합, 개인과 집단의 권리 확대, 성 다양성 포용, 국가의 종교적·민족적 중립성이 있다. 전통적인 서양의 자유주의 세계 밖에서는 상황이 더 암울하다. 러시아, 터키, 필리핀에서는 호전적이고 잔혹하고 맹목적 애국주의 형태의 리더십, 법과 인권의 무분별한 경시가 나타나고 있다.

우리는 근본주의를 서양과 '다른 쪽'의 생각과 행동에 속하는 특성으로 여기는 데 익숙하며, 이런 맥락에서 대체로 이슬람 근본주의를 서양과 다른 쪽으로 기술해왔다. 그러나 얄궂게도 최근에 등장한 시공간상으로 가장 가까운 '다른 쪽'은 우리 안에서 나오고 있다. 이 글은 이처럼 가까운 근본주의, 즉 서양 또는 서양식 민주주의국가에 살면서, 자기네 문화와 문명과 종교와 국가의 '근본'으로 돌아가려는 열망에 따라 움직이는 사람들의 근본주의에 초점을 맞추자고 한다. 이 근본주의는 분명히 종교와 전통에 힘입은 바가 크지만, 본래 종교는 국민의 순수성과 급진적인 국가관을 방어하는 데 동원된다.

나는 이 글에서 눈에 잘 안 띄는 지구 한구석, 이스라엘의 한 지역에서 등장한 내부 급진화 과정에 대해 주로 살펴볼 것이다. 현재 전 세계가 포퓰리즘에 빠져들고 있는 현상(프랑스 저널리스트 크리스토프 아야드Christophe Ayad는 이를 두고 "세계의 이스라엘화"[1]라고 했다)이 나타나기 적어도 10년 전에 이스라엘이 반동 포퓰리즘 정치로 이행한 터라, 이스라엘 내부의 급진화 과정은 이 전반적인 무질서에 대한 논의에 흥미로운 소재다. 이러한 반동 정치는 여러 가지 방식으로 드러난다. 구체적인 예를 들자면, 현재 정권을 잡고 있는 리쿠드당Likud(이스라엘의 중도우파 우익 정당-옮긴이)의 2009년 선거 승리 이후 급진화와, 아랍인에 대한 유대인의 지배권을 구축하려는 공공연한 목적으로 극우주의 대안우파alt-right 정책으로 전환한 것이 있다(최근 리쿠드당 소속 유명 국회의원은 아랍계 시민의 선거권을 박탈하자고 제안했다). 10년 전만 해도 순전히 미친 짓으로 여겨지던 태도인『성경』속 위대한 이스라엘의 부활을 주장하는 극단주의 정치인들의 주류화도 있다. 현재 많은 공직자들이 '반역' 행위라고 부르는 좌익 진영 의견의 대중적 권위 실추도 있다(예컨대 이스라엘에 대한 보이콧·투자 철회·제제 운동BDS 을 지지하자는 요청 같은, 일부 좌익 진영 의견은 완전히 불법으로 치부된다). 사생활 권리와 소수자 권리 침해를 정당화하는 끊임없는 안보 논리의 적용, 아랍인을 고용하지 말고 아랍인을 고용한 가게에 대해 불매 운동을 벌이자는 랍비들의 촉구도 있다. 셸던 애덜슨Sheldon Adelson(현 이스라엘 총리 네타냐후와 트럼프에게 수백만 달러를 기부한 유대인 억만장자)이 소유한 일간지 「이스라엘 하욤Israel Hayom(이스라엘 오늘)」이 최근 고등학교 2~3학년에 재학 중인 이스라엘 유대인 청소년을 대상으로 실시한 설문 조사는 이런 심각한 경향을 잘 담고 있다. 답변자 중 59퍼센트가 자신이 정치적으로 우익이라고 답했으며 13퍼센트만이 좌익이라고 생각한다고 답했다. 이 설문 조사는 애국심이 놀랄 정도로 높다는 사실도 보여준다. 85퍼센트가 "조국을 사랑한다"라고 답했으며 65퍼센트가 1920년 전쟁에서 사망한 시오니즘의 영웅 요세프 트룸펠도르Joseph Trumpeldor가 한 말로 알려진 "조국을 위해 죽는 것은 옳은 일이다"에 동의한다고 말했다.[2]

자유주의국가에서 자유주의 시민 가치와 국제법 무시라는

특징을 지닌 포퓰리즘의 국가로의 이행은 오슬로 협정(1993년 이스라엘의 라빈 총리와 팔레스타인해방기구PLO의 아라파트 의장이 체결한 협정-옮긴이), 와이 협정(1998년 미국 주도로 네타냐후 이스라엘 총리와 아라파트 팔레스타인 대통령이 체결한 협정-옮긴이), 캠프데이비드 협정(1978년 중동 평화를 위해 미국의 중재로 캠프데이비드에서 맺은 이집트와 이스라엘의 협정-옮긴이)의 실패에서 기인했으며, 그 후 팔레스타인인들은 이스라엘의 에후드 바라크Ehud Barak 좌익 정부가 내놓은 영토권 제안을 거부했다고 비난받았다. 의심할 여지 없이 이는 우익의 안보 논리를 더 공격적이고 더 타당한 것으로 만드는 데 중요한 역할을 했다. 그러나 이것만으로는 이스라엘의 정치적 정체성의 뚜렷한 변화, 시민 문화와 가치관의 이행을 설명할 수 없다.

나는 이러한 변화에서 성패가 달렸을지 모르는 문제를 이해하기 위해 마이클 왈저의 최신작이자 알제리와 이스라엘과 인도 내부의 급진화 과정을 조사한 『해방의 역설The Paradox of Liberation』을 참고하여 논의를 이어갈 것이다. 이 책의 핵심 질문은 이것이다. "최근에 식민주의 강대국으로부터 독립을 쟁취한 세 국가 모두에서, 국민을 해방시켰던 운동이 그토록 빠르게 종교 근본주의자들로부터 도전받고 그에 대한 대응에 그토록 무기력했던 이유는 무엇일까?" 내가 왈저의 논지를 지지하기 때문에 그를 인용하는 것은 아니다. 왈저는 우리 시대에 가장 저명한 정치철학자다. '무엇이 잘못되었는가'에 대한 그의 해석은, 그가 대단히 중요한 위치를 차지하고 있기 때문에, 그리고 그가 뚜렷한 진단상의 실수를 저질렀기 때문에 중요하다.

해방의 역설

이 대목에서는 왈저의 주장을 다른 말로 바꿔 표현하면서 그의 논증을 긴밀히 따라갈 것이다. 그의 책에서 핵심 화두는 이것이다. "각기 서로 다른 종교를 가진 세 나라에서 시간표가 놀라울 정도로 비슷하다. 독립 후 대략 20년에서 30년 만에 세속국가가 전투적인 종교운동의 도전을 받았다."[3] 왈저가 말한 역설은 해방운동가들이 자신들이 해방시키고자 한 국민들과 교전을 벌였다는 것이다. 국민은 종교적이었던 반면에 해방운동가들은 세속적이었기 때문이다.

왈저는 인도의 사례를 든 작가 V. S. 나이폴V. S. Naipaul을 인용하는데, 나이폴이 '힌두교'에 대해 쓴 글에서 초기 시오니스트가 '디아스포라 유대교'에 대해 가진 생각을 쉽게 읽어낼 수 있다.

힌두교는 (……) 우리에게 수천 년간 패배와 침체를 경험하게 했다. 힌두교는 다른 사람들과 접촉에 대해 아무것도 알려주지 않았고 국가에 대해 아무것도 알려주지 않았다. 힌두교는 인구 중 4분의 1을 노예로 만들었고 항상 모든 것을 분열되고 허약한 상태로 내버려두었다. 힌두교의 은둔 철학은 사람을 지적으로 약화시켰고 도전에 대응하는 수단을 갖춰주지 않았다. 힌두교는 성장을 억눌렀다.[4]

그에 반해 민족 해방은 세속화되고 현대화되고 발전된 신조다. 정확히 말하자면 지금은 전 세계에서 도전받고 있는 신조다. 민족 해방 반대자들이 말하듯이, 민족 해방은 '서양'의 신조며, 해방이 가까워진 나라에는 완전히 새로운 무엇이다. 실제로 새로움은 해방자들의 강령이다. 그들은 억압받는 사람들에게 새로운 시작, 새로운 정치, 새로운 문화, 새로운 경제의 전망과 약속을 제시한다. 그들은 새로운 남자와 여자를 창조하는 것을 목적으로 삼는다. 왈저는 이스라엘의 첫 총리면서 가장 오랫동안 재임한 다비드 벤구리온David Ben-Gurion의 말을 인용한다. "이스라엘 땅의 일꾼은 추방된 유대인 일꾼과 다르다. (……) [그는] 오랜 전통에 접붙인 새로운 가지가 아니라 새로운 나무다."[5]

그럼에도 "세 나라 모두에서 종교는 해방운동 기간과 해방의 여파가 남아 있는 동안 일상생활에 계속 영향을 미쳤다."[6] 그래서 이 나라들은 새로운 시민을 규정하려고, 자신들이 품었던 의미의 주요한 근원인 종교에서 사람을 분리했고, 종교는 나중에 복수의 힘으로 돌아와 해당 통치 조직을 계속 괴롭히는 문제가 된다.

왈저의 해석은 적어도 두 가지 질문을 불러일으킨다. 첫째,

이스라엘(또는 이 문제에서 인도와 알제리) 같은 최근에 수립된 비기독교 국가들의 세속 국가주의가 그가 주장하는 것처럼 실제로 절대주의, 세속주의, 보편주의였을까? 둘째, 그러한 '절대주의' 세속 문화가 종교를 위해 국민의 요구를 거부하는 종교 부흥주의에 책임이 있었을까?

왈저가 올바르게 주장하듯이, 시오니즘은 처음에 전투적인 세속 운동이었다. 세속적이었던 것은 시오니즘이 사람들을 광적인 신앙심의 무기력에서 깨어나게 만들려고 했기 때문이기도 하지만, 유대인이 살던 러시아·독일·프랑스·영국 같은 나라들의 고급문화가 가진 세속성을 애정과 열정으로 포용했기 때문이다. 유대인은 오래전부터 서양의 일부였으며, 왈저가 언급한 식민지 국가 국민들보다 양가감정이 훨씬 덜했고 훨씬 더 스스럼없이 동화되었다. 이런 점에서 유대인은 인도인이나 알제리인과 달리 '식민화'되지 않았다. 오히려 그와는 반대로 18세기와 19세기에 유대인은 서양을 공생 관계로 받아들였으며, 보편성이라는 개념이 모든 인간을 구원한다고 약속했기 때문에 그저 계몽주의가 강조하는 어떤 과정으로 받아들였다. 유대인이 유럽을 떠나 영국이 위임통치 하는 팔레스타인으로 갔을 때, 시오니스트들은 자신들을 그러한 문화의 대변자로 여겼다. 시오니스트들의 목표는 특정한 사람들에게 국권을 제공하는 동시에 서유럽의 세속 문화를 중동에 전하는 것이었다. 그런 면에서 시오니즘은 식민주의면서 해방이었으며, 따라서 인도나 알제리의 해방보다 훨씬 복잡한 국책 사업이었다.

세속 문화와 종교 국가라는 야누스 얼굴

국가를 세우려고 싸운 유대인 대다수가 세속적이었다는 왈
저의 말은 옳지만, 그들의 세속주의는 시오니스트 국가주의의
결과만은 아니었다. 그들의 세속주의는 유대 국가주의 이전에
시작된 현대화 과정의 결과였다. 유대인의 세속화가 국가주의
활동을 육성한 것이지 그 반대가 아니었다는 뜻이다. 사실 시오
니즘은 시오니스트가 숭배한 유럽의 전망에 동화되고 싶은 소
망과 유대인의 정체성을 정치 주권 형태로 재개해서 유지하고
싶은 소망 사이의 역사적 대타협이었다.

이런 측면에서 이스라엘의 모든 또는 대부분의 국가 상징
(예를 들어 이스라엘 국기에 그려진 두 개의 파란색 가로 줄무늬는 기도
할 때 어깨에 걸치는 숄인 탈릿tallit을 나타내며, 파란색과 흰색은 『성경』에
서 언급된다), 시온으로 돌아가자는 말, 공용 달력이 종교 상징주
의에서 직접 차용되었다는 것은 놀랄 일이 아니다. 게다가 시오
니즘은 신성한 유대교를 결코 부인하지 않고, 정부 기구 자체에
서 유대교에 크게 양보했다. 1947년, 벤구리온 총리는 아슈케나
지Ashkenazi(중유럽과 동유럽에 퍼져 살던 유대인-옮긴이) 정통 유대교를
대표하는 조직인 아구다트 이스라엘Agudat Israel(이스라엘 연합)에 유

명한 편지를 보내 집단생활에서 정부는 네 가지 주요 종교 측면에 전념하겠다고 알렸다. 이 네 가지 측면은 안식일 준수, 군대 내 카슈룻kashrut(유대교 음식 규정의 준수), 랍비에 의한 가족법 통제, 종교교육 제도의 자율성이다.[7]

더욱 극적이고 중요한 것이 있다. 귀환법The Law of Return은 유대인으로 규정된 모든 사람에게 자동으로 시민권을 부여했으며(1970년에 조부모가 유대인인 사람으로 대상이 확대되었다), 이로써 시민권을 민족과 혈통을 근거로 규정하는 길이 열렸다. 아울러 이스라엘 내에서 랍비만이 유대인인지 아닌지를 규명하는 권한을 가졌고, 이에 따라 랍비가 유대인으로서 누리는 특권을 요구할 수 있는 사람의 정체성을 결정했다(예를 들어 정통파 랍비가 금지하기 때문에 비유대인 여성은 유대인 남성과 결혼할 수 없다. 또한 이들의 자녀는 유대인으로 간주되지 않는다). 그리하여 종교는 국가에서 가장 권위 있는 특권을 행사했다. 누가 시민이 될 수 있는지 없는지, 받을 수 있는 특혜가 무엇인지를 종교가 결정했다. 뛰어난 임기응변 지략을 선보인 시오니즘은 국민 생활에서 가장 근본이 되는 요소에 대해서는 믿기 힘들 정도로 상상력이 부족했다.

이런 모든 권한 양보를 '유대교와 한 약속'이라고 부르지는 않았을 왈저는, 이것을 국가주의 혁명가들의 진심 어린 정신이 담기지 않은 힘겨운 정치 타협으로 봤을 것이다. 하지만 왈저는 당시의 이스라엘 사람들과 동일한 오류를 저질렀다. 왈저는 공식 고급문화(사실상 대단히 세속화된)와 제도 구축을 혼동했다. 머지않아 제도 구축이 훨씬 중요해졌고 고급문화를 뒤엎어버렸다. 초기 시오니스트들은 세계문학 보편 언어와 사회주의식 재분배라는 마르크스주의 언어에 능숙했고, 인권과 시민권이라는 자유 보편주의 언어에는 훨씬 서툴렀다. 그들이 새로운 국가의 경계를 종교에 의해 그어진 경계 외의 다른 측면에서 생각하기를 꺼렸기 때문이다. 따라서 이스라엘의 정치 형태는 공식 문화와 최고 정치 기관인 국가 사이의 간극을 특징으로 했다. 이러한 단절과 부재가 완고한 광신자와 근본주의 단체가 권력을 잡을 수 있게 했다.

그렇기에 나는 국가주의와 종교 사이의 연관성이 딱히 필수적이지 않다는 왈저의 의견에 동의하지만(프랑스 사례 참고), 이스라엘 사례에서 이 연관성은 처음부터 존재했다. 또한 프랑스 저널리스트 장 비른바움Jean Birnbaum이 주목할 만한 책인『침묵의 종교Un silence religieux』에서 보여주듯이,[8] 나는 이 점이 알제리 사례에도 들어맞는다고 생각한다. 이런 연관성은 정치 전략,『성경』에 뿌리를 둔 종교와 문화에 대한 습관적이고 무의식적인 언급과 경의, (관습적인 기독교 자유주의의 얄팍한 정체성과 상당히 다른) 강한 국민 정체성의 조합을 통해 형성되고 영향받았다. 국민 정체성이 강했던 것은 유대인다움과 시민권, 유대인다움과 국가가 모호한 등가를 이루었기 때문이다. 그처럼 강한 국민 정체성은 이스라엘을 서양의 자유주의국가와, 종교와 민족성에 근거한 주변 이슬람 국가 구성원 사이에 위치한 정치 범주에 자리 잡게 한다. 서양의 자유주의국가와는 다르고 주변 이슬람 국가와는 많이 비슷하게, 이스라엘은 국가와 종교 간 제도 차이를 흐릿하게 했다. 프랑스 사상가 에티엔 발리바르Étienne Balibar가 『세기Saeculum』에서 말했듯이, 세속성을 종교와 분리하는 것은 국가가 자유롭게 공통 시민 문화를 전파하는 데 아주 중요하다.[9] 국가가 이런 기능을 자유롭게 완수하지 못하면, 자칫 한 집단이 스스로를 유일하게 합법적인 대표자로 여기게 되고 구성원 사이에 계급을 만들게 된다.

이렇듯 이스라엘 국가의 역사에 새겨진 것은 혈통과 종교에 기반을 둔 시민에 대한 규정이었으며, 이는 국가주의의 주요한 역사적 약속, 즉 포괄성을 약화시켰다. 그래서 이스라엘은 이상한 국가였다. 군사적으로 골리앗처럼 강했지만 내부적으로 약했다. 최고 특권을 종교 성직자에게 기꺼이 넘겨줌으로써 국가가 약해졌을 뿐 아니라 내부 모순에 편승하게 되었다.

이스라엘 정치의 빅뱅

이스라엘의 국가 형성은 세속적이지도, 보편적이지도 않았지만 아랍인 인구를 고려하면 서양 식민주의 요소를 포함했다는 점이 분명해진다. 결국 그 후 모든 이스라엘 포퓰리즘 정치가 유래한 중심적이고 결정적인 사건이 되는 또 다른 경우에서 이

점은 더욱 명백하고 뚜렷해진다. 서양 국가에서와 마찬가지로, 이는 이주자들과 관련이 있었으며 제도권 엘리트들이 이주자들을 다루는 방식과 관련이 있었다.

1948년에 독립 선언을 하고 몇 년 후 중동과 북아프리카 출신 유대인들이 이스라엘로 모여들기 시작했는데, 이들은 사회 권력이 집중된 중요한 영역에서 즉시 배제되었다. 중유럽과 동유럽 출신 유대인들은 부가 창출되는 도심지에 배치되었다. 예멘·모로코·이라크 출신 유대인들은 사회·경제·문화의 통합이 상당히 더딘, 완곡하게 '주변부'로 불리는 먼 지역으로 보내졌다(이들과 이스라엘이나 캐나다·프랑스 같은 다른 국가 내 유대인들을 비교 분석한 연구는 이스라엘 사회에서 이들에 대한 극심한 배제를 보여준다).[10] 결정적으로 시오니스트 지배층은 아랍 국가 출신 유대인을 '미즈라히Mizrahi' 유대인이라는 단일 범주로 분류했다. 미즈라히 유대인은 서유럽과 동유럽 출신인 아슈케나지 유대인과 근본적으로 다른 정체성을 부여받았다.[11] 미즈라히 유대인의 운명은 프랑스의 마그레브(북아프리카의 모로코·알제리·튀니지에 걸친 지방) 출신 노동자, 영국의 식민지 출신 주민, 독일의 터키인처럼 유럽 국가로 이주한 노동자들의 운명과 기묘하게 겹친다. 유럽의 지배층과 마찬가지로, 아슈케나지 시오니스트는 노동자계급 일자리를 미즈라히 유대인에게 할당했다. 남자는 트럭 기사나 나무꾼이나 공장 노동자로 일했고, 여자는 하녀나 공장 노동자로 일했다.

아랍 국가 출신 유대인은 모든 면에서 유럽 출신 유대인보다 열등한 부류로 분류되었다. 이 주제에 대해 의견을 내놓은 많은 저명한 교수나 심리학자나 공무원의 말을 인용하자면, 미즈라히 유대인은 '지적으로 열등하고' '원시적이며' '문화적으로 낙후되었고' 전근대적이며, 무엇보다 독실하므로 진보적인 서양의 영향을 받은 시오니스트 세속 국가에 두 배로 이질적이었다.[12] 그러나 여기에 모순이 있다. 아랍 출신 유대인의 독실한 신앙심은 극단적 정통파인 아슈케나지 유대인의 독실한 신앙심보다 훨씬 현대적이었다. 시오니스트가 미즈라히 유대인의 독실한 신앙심이라고 간주한 것은 서양 지향적인 이스라엘 국가에 의한 오리엔탈리즘의 결과였다.[13] (벤구리온 총리가 너무 쉽게 타협한) 아구다 이스라엘이 어떤 기준으로 보나 종교적 극단주의, 현대화 반대주의, 극단적 정통주의였던 반면에 아랍 국가 출신 유대인의 독실한 신앙심은 서양의 가치관에 훨씬 더 부응했다. 아슈케나지 유대인의 현대화 반대주의, 극단적 정통주의, 근본주의 종교는 국가 기구의 구조로 순조롭게 섞여 들어갔지만, 미즈라히 유대인의 훨씬 더 진보적이고 현대적인 독실한 신앙심은 거부당했다. 설상가상으로 그들의 신앙심은 문화적·사회적 열등함의 증거가 되었으며, 세속주의는 문화적 우월과 상징적 지배의 징표가 되었다.

여기에 과거 정권을 잡았던 이스라엘 좌익 정당들이 경제·학문·정치 분야에서 영향력 있는 자리에 '자기' 사람들을 채용하거나 특혜성 인사를 하는 광범위한 족벌주의를 저질렀다는 사실을 덧붙여야 한다. 따라서 우익 수정주의 운동의 지도자인 메나헴 베긴Menachem Begin(1973년 리쿠드당을 창당하고 1977년부터 1983년까지 총리를 지냈다-옮긴이)이 미즈라히 유대인을 포용했을 때, 그들이 떼를 지어 노동당을 저버린 이유가 오히려 쉽게 이해된다. 낙오되고 배제되었다고 여긴 미즈라히 유대인은 합리적인 사람이 할 만한 행동을 했다. 메나헴 베긴의 정당에 찬성표를 던졌던 것이다.

이는 이스라엘 정치의 빅뱅이었다. 포퓰리즘 정치의 탄생, 좌익의 돌이킬 수 없는 종말, 동일주의적identitarian·민족적·인종차별적 정치로 이행이라는 현상의 기원으로 볼 수 있는 사건이었다. 베긴은 미즈라히 유대인을 유대인으로 받아들였다. 따라서 그는 좌익이 제공할 수 없었던 혜택을 제공했다. 유대인다움을 기반으로 아슈케나지 유대인과 평등하게 대했던 것이다.[14] 이렇게 해서 베긴은 유대인 국가와 그때까지의 세속적 정치·문화 사이에 더 직접적이고 확실한 연관성을 만들었다. 미즈라히 유대인은 베긴을 지지했으며 그때부터 그가 형성하는 새로운 정치 세력권을 결코 떠나지 않았다. 법률과 인권 수호에 전념한 베긴은 미즈라히 유대인을 유대인으로 받아들이는 과정에서, 유대인으로서 모든 이스라엘 사람의 구미에 맞는 대중 정치가 등장할 수 있는 상황을 조성함으로써 부지불식간에 현재의 권력자들을 위한 길을 열어준 셈이었다.

베긴이 1977년에 총리로 선출되었을 때 미즈라히 유대인은 유대인 인구 중 상당수를 차지했다. 미즈라히 유대인이 없었다면 베긴은 선거에서 승리하지 못했을 것이 틀림없다. 1970년대 후반까지 어떤 아슈케나지 정치 지도자도 미즈라히 유대인의 사회적·문화적 열망에 대해 고민하지 않았다는 사실은 지도자의 엄청난 무지의 증거다(두말할 것 없이 미즈라히 유대인이 충격적일 정도로 배제되고 있다는 사실조차 인식하지 못했다). 무지의 근원은, 좌익이 공공 생활의 모든 면에서 자유주의 가치관과 지배계급의 구경꾼이었다는 간단한 사회학적 사실에 있었다. 그런 면에서 좌익은 확고부동한 문화적·경제적 우월감을 가졌다. 미즈라히 유대인을 업신여기며 착취했고, 토지 개발과 산업 발전을 위한 노동력으로 써먹었다. 많은 미즈라히 유대인이 이스라엘로 옮겨온 후 출신지인 아랍 국가에 살 때에 비해 현격한 신분 하락을 겪었고(특히 모로코 유대인에게 딱 들어맞는 상황이다), 서양 식민주의자들이 아프리카나 인도나 중동의 원주민과 제2차 세계대전 후 서유럽을 재건하러 온 이주노동자를 다루던 방식과 유사한 취급을 받을 운명에 처했다. 인구의 50퍼센트를 차지하는 미즈라히 유대인이 좌익과 세속주의와 자유주의와 관련된 모든 것에 깊은 불신을 갖게 된 것은 당연하다. 특히 미즈라히 유대인은 독실한 아슈케나지의 보편주의에 대한 발언을 그저 아슈케나지 유대인이 축적한 경제적·정치적·문화적 특혜를 은폐하는 공허한 껍데기일 뿐이라 여기고 불신했다.

미즈라히 유대인의 배제가 좌익 붕괴와 우익 급진화에서 한 역할에 대한 노동당 지도부의 극심한 무지는 오늘날까지 계속되고 있다. 노동당에는 미즈라히 유대인 국회의원이 거의 없다. 노동당은 미즈라히 유대인을 대변한다는 명목상 기치를 제외하고는, 그들에 대한 역사적 학대에 대해 진정으로 사과하고 대처한 적이 없었다(에후드 바라크가 노동당 당수였던 1997년에 딱 한 번 사과한 게 전부였다). 대부분의 아슈케나지 유대인 학자, 정치인, 지식인은 이 문제를 완전히 무시하며 걸핏하면 "미즈라히 유대인이 배은망덕하게 불평한다"고 일축한다(모로코 출신의 아미르 페레츠Amir Peretz가 2005년에 노동당 대표가 되자, 시몬 페레스Shimon Peres가 격분해서 노동당을 탈퇴해 중도우파 정당인 카디마Kadima에 입당했다. 페레스뿐 아니라, 원래 노동당을 지지하던 많은 유권자들이 2006년 선거에서 카디마에 표를 던졌다. 그들은 미즈라히 유대인이 이끄는 노동당을 인정할 수가 없었다). 자신들의 계급 지배 역사를 부정하고 삭제하는 작업을 이스라엘의 아슈케나지 유대인만큼 성공리에 해낸 '계몽' 집단은 전 세계에서 거의 없다.

이 때문에 리쿠드당이 '주변부' 사람들의 처우를 개선하기 위한 활동을 거의 하지 않았는데도, 우익에 대한 미즈라히 유대인의 충성은 흔들림 없이 지속되었다. 세속적 좌익에 의해 배제당한 경험이 여전히 미즈라히 유대인의 집단 기억에 깊이 새겨져 있는 것이다. 네타냐후가 경제를 자유화하고(이스라엘의 공장을 해외로 이전해 과거에 좌익 사회주의 정당이 보장하던 노동계급 일자리를 빼앗았으며 이에 따라 불평등이 확대되었다) 오랜 세월 집권하는 동안 내내 부유층과 권력층을 우선시했지만, 그런 가운데도 미즈라히 유대인은 계속 우익을 지지했다.

1977년에 베긴이 총선에서 승리한 후, 미즈라히 유대인의 권한 강화 활동이 이스라엘 사회에 확산되었다. 1983년에 미즈라히 유대인은 근본주의 정당인 샤스Shas당을 창당했고, 이후로 이 정당은 이스라엘 정치에서 중요한 역할을 해왔다. 암논 라즈크라코츠킨Amnon Raz-Krakotzkin이 말했듯이, 미즈라히 유대인은 극단주의 정통파 종교 정당으로서만 정계에 입문할 수 있었다. 국가가 유대인과 아랍인을 근본적으로 다른 두 독립체로 여겼기 때문이며, 미즈라히 유대인에게 세속적 정체성을 가질 가능성을 허락하지 않았기 때문이다.[15] 따라서 미즈라히 유대인의 근본주의가 그들이 이스라엘에 도착한 후 생겨난 것은 분명한데, 아이러니컬하게도 이 근본주의는 아슈케나지 유대인이 세운 서양식 세속 사회와 그들의 상호작용이 낳은 산물이었다.[16] 이는 결코 상실된 진짜 정체성의 회복이 아니었다.

샤스당은 노동자계급을 단결시킨 유일한 정당이 되었다. 샤스당은 자선단체들의 광범위한 연계망을 통해 배고픈 아이들에게 밥을 주고 가난한 가정을 돕고 종교교육을 제공했다. 요컨대 샤스당은 국가와 좌익이 방치해오던 영역으로 파고들었다.[17] 그리하여 샤스당은 미즈라히 유대인의 가치관을 바꿔놓을 수 있었다. 많은 미즈라히 유대인이 현대화된 도시 출신으로 세속화 과정에 참여했지만, 그들은 샤스당과 리쿠드당을 통해 퇴행 근본주의 정치로 후퇴했다. 샤스당은 이스라엘의 연립정부 체제에서 권력을 잡았다. 샤스당은 주로 내무부와 종교부의 장관직을 맡았다. 이스라엘 정치에서 유대인의 중요성이 새로이 부각되는 가운데, 1980년대와 1990년대에 샤스당이 이런 장관직을 맡은 결과 중 하나는 나라의 '유대인 성격'이 위협당하지 않도록 돌봄산업care industry 분야에 루마니아와 필리핀 같은 나라 출신 노동자의 이주를 엄격하게 제한한 것이었다.[18] 따라서 이스라엘은 1990년대에 이민 정책을 실시하기 시작한 셈인데, 이는 도널드 트럼프를 대통령직에 앉힌 미국의 백인 우월주의 대안우파가 오늘날 주장하는 정책과 유사하다. 이 대안우파의 중요한 대변자로 트럼프에게 "하일 트럼프"라고 외치며 팔을 높이 치켜들어 나치식 경례를 한 것으로 유명한 리처드 스펜서Richard Spencer(백인 우월주의자로 '대안우파'라는 말을 만들어냈다—옮긴이)는 이렇게 말했다. "셸던 애덜슨이 이스라엘과 같은 이민 정책을 미국에서 장려하면 좋을 것이다."[19] 양측은 서로 칭찬을 주고받는다. 다름 아닌 샤스당 대표인 아리예 데리Aryeh Deri가 트럼프의 당선은 임박한 메시아의 도래를 알리는 신호라고 주장했다. "이런 기적이 일어난다는 것은 이미 메시아의 시대가 이르렀다는 뜻이다. 따라서 우리는 진정으로 메시아의 산고 시대에 살고 있다."[20]

샤스당이 30년이 넘도록 이스라엘 정치계에서 활동해온 결과 사람들은 민족적·종교적 순수성을 강조하는 정치에 서서히 익숙해졌다. 이 순수성을 강조하는 정치는 비유대인을 정치적 통일체에서 배제했고, 유대교 내 다른 종파들의 권력보다 월등한 독점 권력을 정통파에 안겨주었으며, 유대 인종의 순수한 혈통을 관리할 목적으로 비유대인과 결혼을 막는 엄격한 법률을 통과시켰다.

비극적 결말

그러므로 이 이야기의 결말은 비극이다. 아슈케나지의 세속주의·경제적 배제·문화적 오만 사이의 연계가 너무 견고해져서 세속적·사회주의적·자유주의적 발상을 탄압받는 사람들을 위해 믿을 수 있는 정책으로 만들기가 사실상 불가능했다.[21] 따라서 이스라엘 좌익의 약화는 노동계급을 대변하는 데 실패했다는 단순한 사실 때문이다. 하지만 이것은 무엇보다 아랍인과 유대인 사이, 현대성과 전통 사이, 유럽과 중동 사이, 유대교와 이슬람교 사이의 간극을 줄일 가능성을 가진 유일무이한 집단이 맞이한 비극에 관한 이야기다. 세속적 아슈케나지 좌익은 그 기회를 허비하고 말았다. 그리하여 결국 유대인 판 민족·인종·종교 우월주의가 도래하게 되었다.

그렇다면 이스라엘을 전 세계에서 일어나고 있는 포퓰리즘화의 선봉으로 봐야 할까? 리쿠드당과 샤스당에 찬성표를 던진 대다수 미즈라히 유대인과 트럼프주의자 사이의 유사점은 두드러진다. 트럼프를 뽑은 사람들과 마찬가지로, 많은 미즈라히 유대인이 도심지 밖에 거주한다. 마찬가지로, 그들은 도시 엘리트 계층이 부를 축적하고 성소수자와 문화소수자의 권리를 옹호하는 것을 봐왔다. 마찬가지로, 그들은 신자유주의 정책 때문에 제조업 분야의 일자리가 위태로워진 지역에 산다. 마찬가지로, 그들은 고등교육을 받을 기회가 좌익 아슈케나지 유대인들보다 훨씬 적다. 마지막으로 트럼프 지지자들과 마찬가지로, 그들은 사실상 한 번도 그들을 대변해준 적 없는 엘리트 계층에 깊이 분노한다(어쨌거나 이 때문에 미즈라히 유대인은 고등교육 민영화에 찬성해왔다. 예나 지금이나 미즈라히 유대인이 국가가 후원하는 대학에 들어가기란 대단히 힘든 반면에, 사립대학은 그들을 받아주었다[22]).

샤스당의 근본주의자만 인종차별주의자인 것은 아니다. 광신자와 메시아 추종자도 인종차별주의자다. 그들은 언론의 자유를 차단하려는 시도와 아랍인 소수자의 지위 하락에 직접 책임이 없다. 하지만 그들은 유대인의 순수 혈통을 유지하려는 정책 시행에 분명한 책임이 있다. 또한 자유주의 사고는 반유대주의며, 세속법을 종교법으로 바꿔야 하고, 이스라엘에서 비유대인 이주자를 축출해야 한다는 믿음을 조성해 퍼트린 책임 또한 확실히 있다. 현 문화 체육부 장관 미리 레게브Miri Regev는 놀라운 사례를 제시한다. 리쿠드당의 한 여성 정치인이 세속 자유주의 엘리트 세력을 처부수기 위한 문화적 '숙청'과 계획을 정당화하려고 자신의 자랑스러운 미즈라히 정체성 그리고 미즈라히 유대인이 과거에 배제당한 경험을 이용한다는 것이다.

이스라엘 국가와 종교의 관계에 대한 이런 해석은 이스라엘의 이중성을 보여준다. 이스라엘은 민족과 종교에 뿌리를 둔 시민으로 구성된 국가를 만들었지만, 미즈라히 유대인의 배제로 내부 신식민주의 또한 만들었다. 둘 다 근원은 같았다. 시민 국가 민주주의 공통 문화의 형성을 자체 임무로 여기지 못하는 국가는 민족과 종교의 차이에 무지하다. 왈저가 주장한 대로, 종교와 결합에 실패한 보편주의와 세속주의의 과잉으로 고통받는 것이 아니라 오히려 그 반대다. 스스로를 유대인 국가라고 생각하는 국가의 진정한 대변자가 되겠다고 주장하는 근본주의 운동을 위한 정치적·문화적 고속도로를 깐 것은 보편주의도 세속주의도 아니라는 것이 분명한 사실이다.

이런 맥락에서, 미즈라히 유대인이 정치 전략의 일환으로 유대인 우월주의로 후퇴한 것은 일리가 있었다. 트럼프주의자에게는 노동자계급 일자리가 사라진 데 책임이 있는 경제 엘리트와 이주자와 성소수자 포용을 촉구하는 문화 엘리트가 대체로 다른 반면에, 이스라엘에서는 두 엘리트가 동일하다. 미즈라히 유대인을 배제한 사람들이, 문화·정치·경제 기관의 권력을 꽉 잡고 있으면서도 평등을 주장한 바로 그 집단이었다. 근본주의 미즈라히 유대인과 트럼프를 지지하는 대안우파는 반체제 저항 정치 운동이면서 극심한 퇴행 정치 운동이다. 자유주의 좌익이 그들을 충분히 대변해주지 못했기 때문에, 좌익이 특권을 누려왔기 때문에 그렇게 되었다. 19세기와 20세기에는 보편주의가 노동자계급과 소수집단이 평등을 쟁취하는 주요 전략이었던 반면, 오늘날은 국가·종교 중심주의가 배제당하는 사람들이 선호하는 전략이 되었다. 그렇다면 이 위기는 보편주의, 세계화, 세계시민주의가 상징 자본·경제 자본이 되어 통화로 전환 가능한 세상을 만든 자유주의 엘리트들 때문이다. 그리고 자유주의 엘리트들이 평범한 노동자계급 사람들의 분투와 갈수록 어긋나는 방식으로 소수집단을 옹호했다는 사실 때문이다.

이스라엘 좌익 학계는 미즈라히 유대인의 역경을 완전히 무시하거나 부정했으며, 주로 여성과 동성애자를 위해 싸웠다(아랍 소수자를 위한 노력은 부족했다). 마이클 왈저처럼 지위와 지식이 있는 사람은 이스라엘이 근본주의로 후퇴하는 현상을 분석하는 책에서 미즈라히 유대인 같은 대규모 사회집단에 관심을 기울이지 않기 마련이다. 이는 유대인의 자유주의 좌익 역사기록학과 사회학이 사회 지배를 뒷받침한 것과 동일한 무지로 고통받은 방식의 우울한 초상이다. 모든 이스라엘 정치에 영향을 미친 거대한 계급·민족 갈등은 이스라엘 역사의 중심에 있으면서도 제대로 인정받지 못했다.

좌익의 과제

우익 포퓰리즘이 번성한 것은, 노동계급 세계가 기업 자본주의 손에 붕괴되었기 때문이며, 또한 1980년대부터 지적·정치적 에너지의 초점을 성소수자와 문화소수자에 집중한 문화 진보주의 엘리트들이 그 세계를 평가절하 했기 때문이다. 한때 무시당하고 파괴당한 노동계급 세계는, 상실한 인종적·종교적·민족적 특권의 보장을 통해 회복될 수 있다.

트럼프의 당선은 전 세계 좌익에 크나큰 충격이었다. 문화 엘리트와 보수 노동계급, 두 세계가 양극화되었을지라도, 좌익은 식민주의와 자본주의의 파급효과로 산산조각 나버린 윤리적 생활 세계에 다시 적극 참여해야만 한다. 그러지 못하면 자유주의는 결국 소멸할지 모른다.

다수결주의의 미래

Majoritarian Futures

이반 크라스테브 Ivan Krastev

아직 어둡진 않지만, 어둠을 향해 가고 있어.

_밥 딜런

주제 사라마구_{José Saramago}는 소설 『죽음의 중지』에서 갑자기 아무도 죽지 않으며 죽음이 인간 삶에서 중심 역할을 상실해버린 나라에 대해 이야기한다. 처음에 사람들은 엄청난 기쁨에 휩싸이지만, 얼마 지나지 않아 온갖 '어려움(형이상학적·정치적·현실적 어려움)'이 세상에 되살아나기 시작한다. 가톨릭교회는 '죽음이 없으면 부활이 없고, 부활이 없으면 교회도 없다'는 것을 깨닫는다.[1] 보험회사들에 죽음이 없는 삶은 사업의 종말을 뜻한다. 국가는 끝없이 연금을 지급해야 하는 불가능한 과업에 부딪친다. 나이 많고 병약한 식구가 있는 집들은 끝없는 간병에서 벗어나는 길이 죽음뿐임을 깨닫는다. 늙고 병든 사람을 이웃 나라들(아직 죽음을 선택할 수 있는 나라들)로 몰래 빼돌리기 위한 마피아식 음모 집단이 등장한다. 총리가 왕에게 경고한다. "우리가 다시 죽기 시작하지 않는다면 우리에게 미래는 없습니다."[2]

사라마구는 이름이 밝혀지지 않는 이 '죽음이 중지된 땅'에서 일어나는 정치 혼란에 대해 자세히 다루지 않는다. 하지만 이 '죽음이 없는 땅'에는 청년을 위한 일자리가 없을 것이며 노년층이 정치를 장악하리라는 사실을 알면 청년 실업자들이 시위를 벌이고 광장을 점거하는 '점령 운동'이 일어날 것은 불 보듯 뻔하다. 또한 우익 포퓰리즘 정당과 지도자가 다시 부상할 것이 분명하다. 요컨대 사라마구의 소설은 오늘날의 세계를 아주 잘 대변한다.

서양의 세계화 경험은 사라마구가 상상한 불멸의 세계와 비슷하다. 꿈이 갑자기 악몽으로 변한다. 몇 년 전만 해도 많은 서양 국가가 세계의 개방을 모든 문제의 끝으로 보는 경향이 있었다. 이런 열광은 사라졌다. 대신에 사람과 자본과 상품과 아이디어의 개방으로 정의된 1989년 이후 진보 자유주의 질서에 대항해 전 세계에 걸쳐 반란이 일어나고 있다. 이는 자유주의에 대한 민주주의의 저항이라는 형태를 띤다.

최근 연구에 따르면 비서양 세계에서 민주주의 확산의 역설적인 결과는 "통합된 것으로 추정되는 북아메리카와 서유럽의 많은 민주주의국가의 시민들은 자기네 정치 지도자들에게 더 비판적으로 돌아섰다. 그뿐 아니라 그들은 정치체제로서 민주주의의 가치에 대해 더 냉소적으로 변했고, 자신들이 공공 정책에 뭔가 영향을 미칠 수 있다는 희망이 줄어든 반면에 권위주의 대안 세력에 지지를 표명하려는 의지가 더 강해졌다.[3] 또한 이 연구는 "젊은 세대가 민주주의의 중요성"을 대수롭지 않게 여기고 "정치 참여도가 낮은" 경향을 보여준다.[4]

마찬가지로 혼란스러운 점은 의사소통에서 일어난 혁명이 낳은 결과다. 오늘날 사람들은 사실상 세상에 대해 알고 싶은 모든 것을 인터넷에서 검색할 수 있고 검열이 현실적으로 불가능해졌다. 동시에 난해한 음모론이 놀랄 정도로 확산되고 민주주의 제도에 대한 대중의 불신이 급격하게 늘어났다. 아이러니컬하게도 검열의 종말은 탈진실post-truth(객관적 사실보다 감정이나 개인적 신념이 여론 형성에 더 큰 영향을 미치는 상황-옮긴이) 정치를 불러왔다.

오늘날 우리가 목격하고 있는 서양의 상황은 점진적인 발달의 일시적인 걸림돌이 아니다. '중단'이 아니라 반전이다. 이는 1989년 이후 세계의 해체로 인한 것이다. 진행 중인 이러한 변화에서 가장 극적인 특징은 많은 서양 국가에서 권위주의 정권의 부상이 아니라 민주주의 정권의 속성 변화다. 1989년 이후 몇 십 년 동안 자유선거의 확산은 다양한 소수집단(민족, 종교, 성)을 대중의 삶에 포용한다는 의미였다. 오늘날 선거는 소수집단의 권한을 강화한다. 그러자 위협을 느낀 다수가 유럽 정치에서 주요 세력으로 떠올랐다. 그들은 외국인들이 자기네 나라를 차지하고 자기네 생활 방식을 위태롭게 할까 봐 두려워하면서, 이런 상황이 세계시민주의 성향을 가진 엘리트들과 부족주의 성향을 가진 이주자들이 꾸민 음모의 결과라고 여긴다. 이런 다수자의 포퓰리즘은 약 1세기 전의 경우와 달리 낭만적 국가주의의 산물이 아니다. 그렇다기보다 이것은 세계에서 유럽과 미국의 역할 축소, 유럽과 미국으로 집단 이동 조짐을 보이는 인구 추이에 더해, 기술혁명이 초래한 기존 질서의 붕괴가 불을 지폈다. 유럽인에게 인구 변동은 자기네 문화가 사라지는 세상을 의미하고, 기술혁명은 현재 일자리가 사라지는 세상을 의미한다. 서양의 여론이 혁명 세력에서 보수 세력으로 전환한 것은 유럽에서 우익 포퓰리즘 정당의 부상과 미국에서 도널드 트럼프의 승리를 설명해준다.

……의 종말?

지금 생각하면 아주 오래전처럼 느껴지는 30여 년 전인 1989년(독일인들이 무너진 베를린 장벽의 잔해 위에서 기쁘게 춤추던 경이로운 해), 프랜시스 후쿠야마 Francis Fukuyama가 시대정신을 포착했다 후쿠야마는 유명한 글에서 냉전의 종식과 더불어 주요한 모든 이데올로기 갈등이 해결되었다고 주장했다.[5] 다툼은 끝났고 역사는 승자, 즉 서양식 자유민주주의를 만들었다. 헤겔의 선례에 따라서, 후쿠야마는 냉전에서 서양의 승리를 국제사법재판

소격인 역사가 유리하게 내린 판정으로 묘사했다. 단기적으로 일부 국가들은 이런 모범 모델의 모방에 성공 못 할지 모르지만 시도는 해야 할 터였다. 서양 모델이 유일한 선택권이었다.

이 틀에서 중심 질문은 이것이었다. 서양이 다른 나라들을 어떻게 변화시킬 수 있으며 다른 나라들은 어떻게 서양을 잘 모방할 수 있을까? 어떤 기관과 정책이 이식되고 복제되어야 할까?

냉전 후 세상의 이런 전망이 우리 눈앞에서 무너지고 있다. 자유주의 질서의 붕괴에 따라 제기된 질문들이 있다. 지난 30년은 서양을 어떻게 변화시켰을까? 왜 1989년 이후의 세계는 많은 이들이 그 세계의 첫 번째 수혜자로 여기는 사람들인 미국인과 유럽인에게 분개를 샀을까? 최근 유럽과 미국에서 일어나고 있는 정치 혼란은 세계화에 따른 경제적 패자의 반란으로만 볼수 없다. 단순히 경제 문제가 아니라는 관점을 지지하는 가장 강력한 논거는 폴란드다. 폴란드 사람들은 10여 년에 걸쳐 놀라운 경제성장, 번영, 심지어 사회 불평등의 감소를 누렸지만, 2015년 선거에서는 단 몇 년 전에 투표로 몰아낸 반동 포퓰리즘 정당에 찬성표를 던졌다. 폴란드인들은 왜 그랬을까?

후쿠야마가 역사의 종말을 예고하고 있을 때, 미국의 정치학자 켄 조윗 Ken Jowitt은 냉전의 종식에 대해 아주 다른 해석을 내놓았다. 조윗은 이를 승리의 시대가 아니라 위기와 충격의 시작, 이른바 '새로운 세계질서'를 위한 씨가 뿌려진 시대로 묘사했

제 6 장 · 다수결주의의 미래

다.[6] 이런 조윗의 관점에 따르면, 공산주의의 종말은 "비극적인 화산 폭발에 비유되어야 한다. 이는 먼저 즉각 주위의 정치 '생물군'(다른 레닌주의 정권들)에 영향을 줄 뿐 아니라 50년 동안 전 세계 정치·경제·군사 면에서 세상을 정의하고 정리하던 경계와 정체성에 영향을 끼칠 것이다.[7] 후쿠야마의 관점에서 보면, 국가들 사이 경계는 냉전 후에도 형식상으로 지속되지만 타당성은 상당히 잃는다. 반면에 조윗은 경계 수정, 정체성 변화, 갈등 확산, 불확실성 증가를 예상했다. 조윗은 공산화 이후의 시기를 극적인 사건이 거의 없는 모방의 시대가 아니라, 정치적 돌연변이들로 보는 것이 가장 적절한 각종 정권들로 가득한 고통스럽고 위험한 시대로 내다봤다.

조윗은 자유민주주의에 도전할 새로운 보편 이데올로기는 나타나지 않을 것이라는 후쿠야마의 의견에는 동의했지만, 과거의 민족·종교·부족 정체성으로 되돌아갈 것이라고 예견했다. 실제로 세계화의 역설적인 점은 사람·자본·상품·아이디어의 자유로운 이동이 사람들을 서로 가깝게 하는 반면에 국가가 이방인을 통합하는 능력을 감소시킨다는 것이다. 아르준 아파두라이는 10년 전 "국민국가는 완벽한 지배력을 행사할 마지막 문화 자원인 민족 집단으로 추수될 것이다[8]라고 말했다. "대안이 없다"는 주문을 따른 거시경제정책의 의도하지 않은 결과는 정체성 정치identity politics(민족, 종교, 계급, 성, 언어, 세대, 직업 등에 따라 개인의 관심과 세계관이 나뉜 집단들이 각자의 권리를 주장하는 정치─옮긴이)가 유럽 정치의 중심을 장악했다는 것이다. 시장과 인터넷은 개인 선택권을 증가시킬 수 있는 강력한 세력임을 입증했지만, 서양의 사회 결속력을 약화시켰다. 시장과 인터넷은 자신과 비슷한 사람과 접촉을 좋아하고 이방인을 멀리하는 것과 같은 타고난 선호를 만족시키려는 개인 성향을 강화하기 때문이다. 우리는 더 연결되었지만 덜 통합된 세계에서 살고 있다. 세계화는 연결시키는 동시에 단절시킨다. 조윗은 이런 연결되고 단절된 세계에서 우리는 약화된 국민국가의 잿더미에서 비롯될 분노의 폭발과 '격노의 움직임'에 대비해야 한다고 경고했다.

조윗이 보기에 냉전 후 질서는 일종의 '독신 남녀 전용 술집'과 비슷했다. "서로 모르는 사람들이 만나서 어울리다가 집에 가서 섹스를 하고, 다시 만나지 않고, 서로의 이름을 기억하지 못하고, 다시 그 술집에 가서 다른 사람을 만난다. 그러므로 단절로 이루어진 세계다."[9] 경험이 풍부한 세계지만, 안정된 정체성에 도움이 되지 않으며 충성심을 불러일으키지도 않는다. 당연히 이에 대한 반작용으로 소망하던 경계인 바리케이드가 되살아난다.

바로 이런 전환(1990년대의 단절된 세계로부터 오늘날 등장하고 있는 바리케이드 쳐진 세계로의 이동)이 민주주의 체제의 역할을 변화시킨다. 이제 민주주의는 소수의 해방에 찬성하는 체제에서 다수 세력을 보호하는 정체 체제로 바뀐다.

최근 유럽에서 일어난 난민 사태는 민주주의가 지닌 매력의

속성이 변화하고 있으며, 대중과 엘리트 모두에게서 민주 다수
결주의와 자유 법치주의 간 갈등이 높아지고 있음을 보여주는
가장 강력한 징후다. 헝가리 총리 빅토르 오르반이 한 "민주주
의가 꼭 자유주의는 아니다. 자유주의가 아니어도 민주주의일
수 있다"[10]라는 말은 많은 사람들의 생각을 대변한다. 게다가 오
르반은 국가 조직의 자유주의 원칙을 바탕으로 한 사회는 앞으
로 국제 경쟁력을 유지할 수 없으며, 대대적으로 개혁하지 않으
면 퇴보할 것이라고 주장했다.

오늘날 국제 분석에서 스타는 싱가포르, 중국, 인도, 터키, 러시
아다. 그리고 나는 우리 정치 공동체가 이런 도전을 올바르게 예
측했다고 믿는다. 우리가 지난 4년 동안 한 활동과 향후 4년 동
안 할 활동을 생각해보면, 이런 각도에서 해석될 수 있다. 우리
는 이 거대한 세계 경쟁에서 경쟁력을 얻을 수 있는 공동체 조
직의 형태를 찾고 있다(그리고 서유럽의 독단적인 신조에서 벗어나 독립할 방
법을 찾으려고 최선을 다하고 있다).[11]

브뤼셀의 유럽연합 관계자들이 뭐라고 하든, 이주 사태는
'단결력 부족' 때문이 아니다. 오히려 인간으로서 우리 의무와
부딪치는 국가적·민족적·종교적 단결력들의 충돌 때문이다. 이
사태를 단순히 유럽 밖에서 구대륙으로 이동, 유럽연합 내 가난
한 회원국에서 부유한 회원국으로의 이동으로 보면 안 된다. 이

는 또한 유권자들의 중심부로부터 이탈, 좌익과 우익 간 경계에서 국제주의와 토착주의(반이민주의) 간 경계로의 이동이다.

난민 사태는 이주 논쟁에도 불을 지폈다. 1970년대에 서양 좌파 지식인들은 인도나 라틴아메리카의 가난한 원주민 사회의 생활 방식을 보존하기 위해 그들의 권리를 열렬히 옹호하는 경향이 있었다. 그러나 오늘날 서양 중산층 사회는 어떨까? 과거에 좌파 지식인들이 옹호하던 바로 그 권리를 현재 서양 중산층이 빼앗기고 있지는 않을까? 오스트리아에서는 2016년 12월 열린 대선 재투표에서 육체노동자의 85퍼센트 이상이 극우 국가주의 후보에게 찬성표를 던졌다. 독일에서는 북부 메클렌부르크포어포메른 주 지방선거에서 육체노동자의 30퍼센트 이상이 극우 정당 '독일을 위한 대안'을 지지했다. 프랑스에서는 2015년 12월에 열린 지방선거에서 국민전선을 지지한 유권자 중 50퍼센트가 노동자계급이었다. 영국 총선거 결과는 충격이다. 브렉시트 찬성표는 전통적으로 '안전한' 영국 북부의 노동당 선거구에서 가장 많이 나왔다. 오늘날 노동자계급의 선봉 역할이나 세계 반자본주의 혁명의 존재를 믿지 않는 후기마르크스주의 노동자계급을 국제주의자로 볼 수 없다는 것은 명백하다.

규범적 위협

위협받는 다수자의 포퓰리즘은 역사적으로 제대로 준비가 안 된 포퓰리즘이다. 이런 형태의 포퓰리즘에 대한 이해를 돕는 사람은 사회학자가 아니라 심리학자다. 1930년대와 1940년대에 나치가 강제수용소에 보내기 전에 운 좋게 독일에서 탈출한 망명자들은 독일에서 목격한 일이 새로운 조국에서도 일어날까 하는 질문에 시달렸다. 그들은 단순히 독일의 국민성이나 계급 정치의 측면에서 권위주의를 설명할 준비가 안 되어 있었다. 그들은 권위주의를 개인의 고정된 특징, 특정한 성격으로 보는 경향이 있었다. 1950년대 이후 '권위주의 성격'에 대한 연구는 주요한 변화를 거쳤고 본래 가설이 크게 재구성되었다. 하지만 캐런 스테너Karen Stenner는 최근작 『권위주의의 역학Authoritarian Dynamic』[12]에서 위협받는 다수자의 부상과 서양 민주주의의 변하는 속성을 이해하려는 우리의 노력과 특별한 관련이 있는 몇 가지 연구 결과를 제시한다. 스테너는 연구에서 권위주의 통치를 요구하는 것은 안정된 심리 특성이 아니라는 것을 보여준다. 오히려 이는 위협 상승을 감지할 때 편협해지는 개인의 심리 성향이다.

조너선 하이트Jonathan Haidt의 말을 빌리자면, "일부 사람은 이마에 단추가 달리기라도 한 것처럼 단추가 눌리면 갑자기 자신의 내집단을 보호하는 데 강하게 초점을 맞추며 외국인과 순응하지 않는 자를 쫓아내고 집단 내 반대 의견을 근절한다."[13] 이

단추를 누르는 것은 그저 아무 위협이 아니라 스테너가 말한 '규범적 위협'으로, 도덕 질서의 위상이 위험에 처해 있고 '우리'라는 인식이 무너진다고 느낄 때 생긴다. 도덕 질서가 붕괴되고 있다는 두려움이 외국인을 비롯해 위협으로 여겨지는 모든 사람에게서 등을 돌리게 한다.

스테너가 말한 '규범적 위협'이라는 개념은 2015년의 난민 사태가 유럽 정치를 변화시킨 양상과 중유럽 사회가 자기네 나라에 난민이 거의 없다는 사실에도 불구하고 난민에게 가장 적대적인 반응을 보인 이유를 이해하는 데 도움이 된다.

유럽의 경우에 난민 사태 때문에 생긴 '규범적 위협'은 인구 통계에 뿌리를 둔다. 이상하게도 인구 통계와 관련된 공포는 이주자와 난민에 대한 유럽의 행동에 영향을 준 요소들 중에서 가장 논의가 덜 되었다. 하지만 이는 결정적인 요소며 특히 중유럽과 동유럽에서 중요하다. 이 지역의 최근 역사를 보면 여러 국가와 국민이 쇠퇴했다. 지난 25년 동안 불가리아인은 10명 중 1명 꼴로 일자리와 새로운 삶을 찾아 해외로 떠났다. 그리고 다들 예상하겠지만 떠난 사람들 중 대다수가 젊은이다. UN의 예측에 따르면, 불가리아 인구는 2050년이면 지금보다 27.9퍼센트 줄어들 것이다. 불가리아, 리투아니아, 루마니아 같은 작은 나라에서 '민족 소멸'에 대한 불안감이 일고 있다(지난 10년 동안 리투아니아 인구는 12.2퍼센트 감소했고 루마니아의 인구는 7퍼센트 감소했다). 그들에게 이주자의 도착은 역사로부터 퇴장을 암시하는 신호며, 노화하고 있는 유럽에 이주자가 필요하다는 일반적인 주장은 커져가는 실존적 비애감을 강화할 뿐이다.

10년 전 헝가리 철학자로 과거 반체제 인사였던 가스파르 미클로스 터마시Gáspár Miklós Tamás[14]는 유럽연합의 생각이 계몽주의에 지적 뿌리를 두고 있는데 이 계몽주의는 보편 시민권을 요구한다고 말했다. 그러나 보편 시민권은 두 가지 중 하나가 전제되어야 한다. 가난하고 제대로 기능하지 못하는 나라들이 사람들에게 살아갈 보람을 주는 장소가 되거나, 유럽이 국경을 모든 사람에게 개방해야 한다. 둘 중 어느 쪽도 조만간 실현될 가능성은 없다. 오늘날 세계에는 아무도 그 국민이 되고 싶어하지 않는 실패한 나라가 많은데, 유럽은 국경을 계속 개방해둘 역량이 없을뿐 아니라 유럽의 시민/유권자는 국경 개방에 결코 동의하지 않을 것이다.

이주자 혁명

1981년 최초로 '세계가치관조사World Values Survey'를 실시했을 때[15] 조사를 담당한 미시건 대학교 연구자들은 국민의 행복이 물질적인 풍요로 결정되지 않는다는 결과에 놀랐다. 당시에 나이지리아 사람들의 행복도는 서독 사람들의 행복도와 동일했다. 그러나 35년이 지난 지금, 상황이 변했다. 최신 조사에 따르면 대부분의 나라에서 국내총생산GDP이 행복을 좌우한다.[16] 그 사이에 변한 점은 나이지리아 사람들에게 TV가 생겼고 인터넷의 확산 덕분에 아프리카 젊은이들이 유럽인의 생활과 학교와 병원에 대해 알게 되었다는 것이다. 세계화는 세계를 하나의 마을로 바꾸어놓았지만, 이 마을은 독재 정부 아래에서 살고 있다. 바로 세계 비교라는 독재 정부 말이다. 더 이상 사람들은 자신의 삶을 이웃의 삶과 비교하지 않는다. 이제 사람들은 지구상에서 가장 성공한 주민과 비교한다.

이렇게 연결된 세계에서 이주는 새로운 혁명이다. 20세기의 대중 혁명이 아니라 개인과 가족이 벌이는, 이데올로그가 그린 미래상이 아니라 국경 저편의 삶을 담은 구글 지도 사진에 영감을 받은 21세기의 탈출 주도 혁명이다. 이런 새로운 혁명에서는 정치 운동이나 정치 지도자의 성공이 필요 없다. 따라서 비참한 환경에서 살고 있는 사람들에게는 유럽연합의 국경을 건너는 것이 어떤 유토피아보다 매력적이라는 점은 놀랄 일이 아니다. 갈수록 많은 사람들에게 변화라는 개념은 자국 정부를 바꾸는 것이 아니라 삶의 터전 자체를 다른 나라로 바꾼다는 뜻이다.

이런 이주자 혁명이 지닌 문제는 유럽에서 반혁명 운동을 불러일으킬까 봐 걱정스럽다는 점이다. 많은 우파 포퓰리즘 정당의 핵심 특징은 보수적이 아니라 반동적이라는 점이다. 마크 릴라Mark Lilla는 서양에서 반동 정치가 대두하는 경향을 살펴보면서, "혁명적인 정치 강령이 없을 때조차 반동 정신의 지속적인 생명력은, 세계 어디에서나 사회와 기술 변화가 끊임없이 계속되는 오늘날의 삶은 심리적인 영구혁명과 맞먹는 경험이다"라는 느낌에서 나온다고 말했다.[17] 그리고 반동주의자가 "세계의 종말에 대해 보이는 유일하게 온전한 반응은 다시 시작한다는 희망으로 또 다른 종말을 불러일으키는 것이다."[18]

몇 년 전 하버드 대학교 경제학자 대니 로드릭Dani Rodrik의 경고가 옳았다고 판가름 났다. 그는 국가가 민주주의와 세계시장 사이의 갈등을 관리할 수 있는 선택권은 세 가지라고 말했다. 국가가 국제시장에서 경쟁력을 얻기 위해 민주주의를 제한하면 된다. 또는 국내에서 민주적 합법성을 조성하기 위해 세계화를 제한하면 된다. 또는 국권을 희생하고 민주주의를 세계화하면 된다. 세계화, 민주주의, 민족자결권을 동시에 모두 가질 수는 없다. 따라서 국제주의자들이 국가 민주주의를 불편해하고, 민주주의를 찬양하는 포퓰리스트들이 보호무역주의자·고립주의자로 밝혀지더라도 놀랄 일은 아니다.[19]

포퓰리즘 전환

역사가 우리에게 주는 교훈은 자유선거의 확산이 국민 사회를 개방할 수도 있고 폐쇄할 수도 있는 도구가 된다는 것이다. 민주주의는 포함은 물론 배제의 수단이며, 오늘날 우리가 목격하고 있는 상황은 다수가 국가를 사유물로 바꾸어놓는 다수결주의 정권의 부상이다. 이는 대중의 의지가 정치적 정당성의 유일한 근원이며, 세계시장이 경제성장의 유일한 근원인 세계의 경쟁 압력에 대한 답으로 볼 수 있다.

'포퓰리즘 전환'은 나라마다 다르지만 몇 가지 유사점이 있다. 포퓰리즘 정서의 증가는 정치 양극화 그리고 더 대립하는 정치 형태로 회귀를 뜻한다(꼭 부정적인 전개라고 할 수는 없다). 이는 한 가지 쟁점에 집중하는 소규모 정당과 정치 운동의 급증이 특징인 정치 공간의 분열 과정을 후퇴시키고, 대중의 관심을 개인의 두려움이 아니라 집단의 두려움에 집중시킨다. 포퓰리즘의 부상은 정치 지도자가 아주 중요한 역할을 하고 제도가 대체로 불신받는 개인화된 정치로 회귀하는 것이다. 좌익/우익의 분열은 국제주의자와 토착주의자(반이민주의자) 사이의 갈등으로 대체된다. 또한 두려움의 폭발은 1989년 이후 세계의 독특한 특징이던 민주주의와 자유주의 간 연합의 붕괴를 나타낸다.

자유민주주의의 진정한 매력은 선거에서 패배한 사람들이 많은 것을 잃을까 봐 두려워할 필요가 없다는 것이다. 선거 패배는 모든 소유물을 압류당한 채 도망쳐서 망명하거나 지하에 숨어야 하는 것이 아니라 다음 선거를 위해 세력을 결집하고 계획을 세워야 한다는 뜻이다. 거의 알려지지 않은 부정적인 점은 자유민주주의가 승자에게 완전하고 최종적인 승리의 기회를 주지 않는다는 것이다. 민주주의 이전 시대(인류 역사에서 대부분을 차지한 시기)에는 분쟁이 평화로운 토론과 질서 있는 권력 이양으로 해결되지 않았다. 대신에 힘이 지배했다. 승리한 침략자나 내전에서 이긴 정당이 제멋대로 적을 정복했고 마음 내키는 대로 적의 처분을 결정했다. 자유민주주의에서는 '정복자'가 그런 보상을 받지 못한다. 자유민주주의의 역설적인 점은 시민이 자유로워질수록 무력하게 느낀다는 것이다.

포퓰리즘 정당의 매력은 명료한 승리를 약속한다는 데 있다. 이런 정당은 자유주의자가 대단히 총애하는 권력분립을, 권력자가 책임을 지게 하는 방법이 아니라 엘리트가 공약을 회피하는 구실로 여기는 사람들에게 호소력을 발휘한다. 이에 따라 권력을 쥔 포퓰리스트의 특징은 견제와 균형을 위한 제도를 해체하고 법원과 중앙은행과 대중매체와 시민사회 단체 같은 독립 기관을 손아귀에 넣고 지배하려고 끊임없이 시도한다는 것이다. 그러나 포퓰리즘 정당은 무자비한 승자일 뿐 아니라 형편없는 패자다. 이들은 다수를 대변한다는 신념 때문에 선거 패배를 받아들이기 어렵다. 그 결과는 결과에 의문이 제기되는 선거의 증가와 "우리가 이겨야만 공정한 선거다"라는 사고방식의 확산이다.

1989년 이후의 세계에는 민주주의 확산이 장기적으로 자유주의 확산을 의미하기도 한다는 공통된 가정이 존재했다. 이 가정은 현재 전 세계에서 일어나는 다수결주의 정권의 부상으로 이의가 제기되고 있다. 냉전 후 유럽에서 자유민주주의의 역설적인 점은 개인의 자유와 인권의 향상이 투표로 정부와 정책을 바꾸려는 시민 권력의 감소를 동반한다는 것이다. 오늘날 정치의 우위가 돌아오고 정부는 통치력을 되찾고 있지만, 지금 볼 수 있듯이 개인의 자유를 희생하는 대가를 치르고 있다.

제 7 장

유럽은
피난처가 될 것인가

L'Europe refuge

브뤼노 라투르 Bruno Latour

2016년 11월 미국 대선 이후 어쨌든 상황은 더욱 명확해졌다.

영국은 19세기 말 대영제국의 꿈속에서 길을 잃었다. 미국은 전후 1950년대의 빛바랜 사진 속에서 당시 영광을 되찾고자 한다. 유럽은 어떤가. 유럽은 무기력하게 홀로 동떨어져 그 어느 때보다 분열되어 있다. 폴란드는 비현실적인 국가를 꿈꾸고, 헝가리는 '토종' 헝가리인만 인정하려 한다. 네덜란드, 프랑스, 이탈리아 역시 너무나 비현실적으로 국경 안에만 웅크리고 있으려는 진영과 대립하고 있다. 스코틀랜드, 카탈로니아, 플랑드르는 독립을 요구한다. 러시아 곰이 사냥감을 해치우곤 입맛을 다시고, 중국이 모든 주변국의 이해관계를 무시하며 '중화제국'의 꿈을 기어이 다시 실현하는 동안 이 모든 일들이 벌어졌다.

해체 일로를 걷고 있는 유럽은 독 안에 든 쥐 신세다. 유럽은 더 이상 '위뷔 왕Ubu roi'의 손아귀에 들어간 미국에 의지할 수도 없다('위뷔 왕'은 잔혹성과 유아적 천진성이 혼합된 인물로, 프랑스 극작가 알프레드 자리가 1896년 발표한 동명의 희곡 속 주인공이다. 여기서는 트럼프를 가리키는 것으로 보인다-옮긴이).

따라서 통합된 유럽을 재편하기에 적절한 타이밍이 아닐 수 없다. 그러나 재편될 유럽은 전쟁 직후 쇠와 석탄과 강철을 기반으로, 더 최근에는 표준화된 공통 규정이나 단일 통화를 기반으로 유럽연합 창시자들이 꿈꾸었던 그런 유럽이 아니다. 다시 뭉친다 하더라도, 유럽은 20세기의 역사와는 더 이상 같지 않은 역사에 속하게 된다. 여기에는 1950년대의 위협만큼이나 심각한 위협이 존재한다.

오늘날 유럽은 세계화를 주도했던 국가들의 백기 투항, 기후변동, 그리고 수백만 명의 이민자와 난민을 위한 피난처 제공이라는 3가지 위협 앞에 놓여 있다. 이 위협들은 여러 측면 가운데 단 하나의 동일한 변화를 보여준다. 바로 유럽 영토의 본질이 변했다는 점이다. 유럽인 모두는 재발견하고 재점령해야 하는 영토를 찾아 나선 이민 길에 서 있다.

첫 번째 역사적 사건은 브렉시트다. 해상과 육상을 가리지 않고 무한한 시장 공간을 고안해냈던 국가, 끊임없이 유럽연합을 하나의 거대한 상점으로 만들고자 했던 국가. 그랬던 이 국가조차 칼레Calais(영국과 해협을 사이에 두고 있는 프랑스의 항구 도시. 이

곳에 영국으로 가려는 난민이 모여든다-옮긴이)에 수천 명의 난민이 난입하자 세계화라는 게임에서 그만 손을 떼겠다는 결심을 덜컥 해버렸다. 이제 더는 아무도 믿지 않는 대영제국이라는 꿈속에서 길을 잃은 이 국가는 유럽에서 이탈했고, 그리하여 역사에서도 이탈했다.

두 번째 역사적 사건은 트럼프의 당선이다. 그들만의 세계화 방식을 폭력적으로 전 세계에 강요했던 국가, 이민자가 원주민을 몰아내고 건설한 국가. 이 국가의 국민들은 요새 안에 들어앉아 더 이상 이민자를 받아들이지 않을 것이며, 어설프면서도 거침없이 어느 곳에나 개입할 만반의 채비는 갖추되, 자기네 영토에서 일어난 일이 아니라면 어떤 원조의 손길도 내밀지 않겠다고 공약한 후보에게 자신들의 운명을 내맡겼다.

모두가 자기 밥그릇 챙기기에만 급급하다. 명백한 후퇴가 아닐 수 없다. 문제는 누구도 더 이상 피난처를 찾지 못하고 있다는 사실이다. 어서 행동해야 한다. 왜? 세계화의 꿈을 실현시킬 수 있는 세계가 이제 없기 때문이다.

세 번째 역사적 사건은 단연 가장 중대한 사건으로, 2015년 12월 12일 파리에서 열린 기후변화협약당사국총회COP21의 의결이다. 중요한 것은 각국 대표단의 의결이 아니다. 협약이 적용될 것인가 하는 문제도 아니다(백악관과 상원의 기후변화 부정론자들은 이 협약을 백지화하기 위해 무엇이든 할 것이다). 중요한 것은 바로 그날, 의결을 자축하는 박수의 물결 속에서 모든 협약국이 현 상태로 개별 국가가 근대화 계획을 밀어 붙인다면 개발의 열망을 수용할 수 있는 세계는 더 이상 존재할 수 없음을 인정한 것이다. 이전까지 그들은 터무니없는 공상에 빠져 있었다.

모든 국가가 추구하는 세계화된 세상을 건설할 수 있는 세계가, 지구가, 땅이, 영토가 없다면 무엇을 할 수 있겠는가? 문제 자체를 부정할 것인가? 아니면 새로운 영토를 찾아 나설 것인가? 그러므로 우리에게 던져지는 질문은 이렇다.

"계속해서 문제를 외면하며 현실도피를 할 것인가, 아니면 현 세대와 다음 세대를 위해 인류가 살 수 있는 영토를 찾아 나설 것인가?"

이제 이 문제는 좌파와 우파로 분열되는 것보다 훨씬 더 큰 분열 양상을 보인다. 이 문제에 대해 미국은 2가지 해결책을 가지고 있었다. 변화의 규모와 자신들의 무한한 책임감을 마침내 깨닫고 현실을 자각하여 파멸을 피해 세계를 이끌어 나가거나, 아니면 현실 거부에 몰두하거나. 그런데 트럼프는 다른 나라들을 파멸로 밀어 넣고 새로운 영토를 찾아나서는 시간을 유예시키면서, 미국을 몇 년간 더 망상 속에 가둬두기로 작정한 듯하다.

하지만 유럽인은 그렇게 할 수 없다. 실제로 유럽은 다중 위협을 감지하는 그 순간에조차 계속된 전쟁, 실패로 돌아간 세계화, 기후변동으로 인해 내팽개쳐진 사람들을 유럽 대륙에 받아들여야 할 것이다. 유럽인처럼, 유럽인에 대항하여, 유럽인과 함께 현 세대와 다음 세대가 살 수 있는 영토를 찾아 나선 수백만 명의 사람들을 말이다. 이제껏 유럽인과 전통, 풍습, 이상을 공유하지 않았던, 그래서 가깝지만 낯선(무척이나 가깝지만 무척이나 낯선) 그들과 공존해야 한다.

이 이민자들은 영토를 빼앗겼다는 점에서 유럽인들과 동일한 시련을 겪고 있다. 기존의 유럽인은 세계화를 펼칠 세계가 없기 때문에 삶의 방식 전체를 바꾸어야 하고, 미래의 유럽인은 폐허가 된 원래 영토를 떠나왔기 때문에 삶의 방식 전체를 바꾸어야 한다. 충분하지 않다고? 그렇다, 충분하지 않아 보인다. 하지만 그들과 함께 새로운 영토를 발견하는 것만이 유일한 해결책이며 새로운 보편성이다. 또 다른 유일한 대안은 아무것도 변하지 않은 것처럼 커다란 장벽 뒤에 숨은 채, 미래의 90억 인구는 혜택을 보지 못할 '미국적 생활양식American way of life'이라는 백일몽을 연장하는 것이다…….

모두가 자기 집 안에 웅크리고 있으므로, 국경 개방과 삶의 방식 혁신을 생각하기에는 최악의 시기가 아닐 수 없다. 그럼에도 이민과 신기후체제nouveau régime climatique는 분명 동일한 위협이다.

대부분의 유럽인이 자기네 영토에서 발생하는 문제를 부정하지만, 이민자 문제가 자신들의 정체성에 대한 열망에 극심한 시련을 안겨주고 있다는 것만큼은 완벽하게 인지하고 있다. 정체성 문제는 현재 '포퓰리스트' 정파들로 인해 수면 위로 떠올랐는데, 그들은 문제의 여러 측면 중 단 한 가지 측면만으로 환경 변화를 이해해버렸다. 즉 환경 변화로 인해 그들이 원하지 않는 사람들이 국경을 통해 내던져졌으므로, 거기에 대한 해답은 하나로 귀결된다. '견고한 국경을 건설하여 침입을 피하자.'

그러나 그들이 여전히 실감하지 못하는 변화의 또 다른 측면이 있다. 신기후체제는 오래전부터 모든 국경을 없애버렸고, 침입자에 대항할 장벽을 미처 건설하지 못한 유럽인을 사방에 노출시켰다. 그러니 유럽인이 자기네 정체성을 지키고자 한다면, 겉모습이니 국가니 기후니 경제 후퇴니 오염이니 자원 고갈이니 거주지 파괴니 하는 것들을 거론하지 말고 이민자를 인정해야 할 것이다. 난민들 바로 코앞에서 국경을 봉쇄한다 해도 또 다른 난민들이 국경을 통과하는 것을 결코 막을 수 없을 것이다.

우리가 차라리 실제 같은 허구라 말할 수 있는 사회학적 가설을 도입해야 하는 지점이 바로 여기다.

식견 있는 엘리트들은 1990년대부터 '기후'라는 개념으로 요약되는 위험의 증대를 인지했다. 그런데 이 '기후' 개념은 더 넓은 의미로 해석해야 한다. 여기서 말하는 '기후'란 이제껏 지구와 비교적 안정되게 관계를 맺고 있던 체제를 말한다. 이때까지 우리는 땅을 약탈하여 재산권을 획득하고 그것을 개발하여 이용하고 남용했다. 그런데 그 땅은 줄곧 입을 다물고 지금껏 얌전히 있었다. 식견 있는 엘리트들은 그것이 오래가지 못하리라는 증거를 차곡차곡 쌓아가기 시작했다. 물론 오래전부터 인지했지만 뻔뻔하게 외면하고 있던 사실이었다. 사유재산제, 토지의 독점과 개발이라는 그늘 아래서 또 다른 땅, 또 다른 세상, 또 다른 영토가 흔들리고 동요하고 요동치기 시작했다. 이러한 지진은 식견 있는 엘리트들을 동요시켰다. "조심하세요. 이제 아무것도 예전과 같지 않습니다. 지금껏 얌전히 있었으나 이제 그 위력을 드러내는 지구의 복수에 여러분은 비싼 대가를 치러야 할 겁니다."

문제는 식견은 조금 부족하나 막대한 부를 지녔으며 자신들의 안위에 매우 민감한 또 다른 엘리트들이 이러한 위협과 경고를 오롯이 받아들였다는 사실이다. 그리고 정치소설의 가설이 바로 그 지점에 개입한다. 그들은 그 경고가 정확하다는 것을 완벽하게 이해했으면서도 그 명백한 진실로부터 급격히 돌변한 지구의 복수에 비싼 대가를 치러야 하리라는 결론은 도출하지 않았다.

대신 그들은 2가지 결론을 제시했고 이는 백악관 '위뷔 왕'의 선거에 이용되었다. 지구의 복수에 비싼 대가를 치러야 하는 것은 맞지만 그 대가를 치르는 것은 저들이지 우리가 아니라는 것. 그리고 신기후체제의 명백한 진실에 대해 그 존재 자체를 부정하는 것. 이 가설이 맞는다면, 이를 통해 우리는 1980년대부터 시작된 '규제 완화'와 '복지국가 해체' 그리고 2000년대부터 시작된 '기후변화 부정론'을 이해할 수 있다. 특히 40년 전부터 지속되어온 불평등의 엄청난 확대에 이르기까지 이 모든 것이 동일한 현상으로 귀결된다.

그 엘리트들은 전체를 위한 미래의 삶은 존재하지 않을 것이므로 모든 연대의 짐을 하루 속히 벗어버리기로 결심했을 만큼 상황을 제대로 파악하고 있었다. 그 결과가 규제 완화다. 또 일부 계층만을 위해 화려한 요새를 건설하여 그들만 따로 빠져나올 수 있게 함으로써 불평등을 심화시켰다. 그리고 함께 사는 세상 밖으로 도망치려는 지독한 이기주의를 감추기 위해 애초부터 위협은 존재하지도 않았다고 부정해버림으로써 기후변화 부정론에 이르렀다.

이러한 가설 없이는 불평등의 심화도, 기후변화 회의론의 득세도, 규제 완화에 대한 맹신도 설명되지 않는다. 이것이 바로 유럽이 그토록 편입되기 어려워하는 역사를 규정하는 3가지 움직임이다.

타이타닉호의 진부한 비유를 다시 꺼내보자. 약삭빠른 상류층 사람들은 빙산이 뱃머리를 향해 다가오는 것을 보고 배가 곧 침몰하리라 예견한다. 구명보트를 가로채고 오케스트라에 아주 긴 음악을 연주하라고 요청한다. 다른 계층이 배의 침몰을 알아채기 전에 칠흑 같은 밤을 이용해 배에서 탈출하기 위해서다. 이제 음흉한 엘리트들이라 불러야 하는 그 사람들은 자신들만 살아남으려면 다른 사람들과 같은 공간을 공유하고 있는 척을 그만두어야 함을 깨닫는다. 그런데 갑자기 세계화는 전혀 다른 양상을 보이기 시작한다. 이제 완전히 각성한 상갑판 위쪽의 하층 계급은 구명보트가 점점 멀어져가는 광경을 목격한다. 오케스트라는 「내 주를 가까이 하게 함은」을 계속 연주하지만 분노의 아우성을 덮어버리기에는 역부족이다…….

그러한 방기와 배신에 대한 불신과 불용납이라는 반응을 이해하려면 분노에 대해 말할 필요가 있다.

현 상황을 이해하기 위해 정치학자들은 '포퓰리즘'이라는 용어를 사용하고 또 남용한다. '민중'은 편협한 시각에, 두려움에, 엘리트에 대한 불신에, 저급한 문화 취향에, 특히 정체성과 민족과 국경에 대한 열정에 안주한다고 비난받는다. 비난받아 마땅할 만큼 진실에 무관심하다는 말이다. 그들에게는 관용이, 열린 마음이, 합리성이 부족하고, 그래서 위험을 감수하려는 의지가 없다는 것이다(아! 이 위험은 비행기 마일리지로 갈 수 있는 모든 곳에 피난처를 마련해둔 사람들이 부추긴 위험이다).

이것은 한계 없는 성장의 꿈을 실현할 수 있을 만한 적합한 세계가 없기 때문에 세계화가 불가능함을 누구보다 먼저, 누구보다 잘 알고 세계화를 포기했던 사람들에게 '민중'이 철저히 배신당했다는 사실을 잊어버리고 하는 이야기다.

트럼프의 당선은 새로운 정치 상황을 선명하게 보여준다. 트럼프가 미국을 이끌어 가고자 하는 지향점은 그가 취해야 하는 방향과 완전히 상반된 이데올로기를 보여주기 때문이다. 그리고 그러한 이데올로기는 충분히, 그러나 대조적으로 기후변화 부정론의 본질을 명확하게 드러낸다! 실제로 트럼프의 혁신은 모든 정책 지침에서 기후변화가 존재한다는 사실을 일관되게 부정하는 기조 위에 세워져 있다. 유례없이 기후변화가 모든 정치 선택에 개입된다. 이 얼마나 상황을 선명하게 보여주는가!

트럼프와 1930년대의 움직임을 비교할 때, 우리는 파시스트의 특성을 고려하지 않는다. 트럼프와 파시스트는 기존의 엘리트들을 일시적으로 무척 당황하게 한 어떤 새로운 결합을 만들어냈다는 공통점밖에는 없다. 파시즘이 추구한 결합은 옛 영토를 기반으로 한 근대화였다. 파시스트는 개인주의에 반대하는 전체주의 국가(그리고 전쟁 국가) 형태에 새로운 가치를 부여하면서, 꿈꾸던 과거(로마, 게르마니아)로의 회귀를 산업적·기술적 근대화 그리고 혁명의 이상과 결합시키는 데 성공했다.

그러나 오늘날의 혁신에서는 그 어느 것도 찾을 수 없다. 국가는 멸시받는 천덕꾸러기 신세고, 개인은 왕이다. 따라서 무엇보다 시급한 일은 그러한 미국에 부합하는 세계가 없음을 모두가 눈치채기 전까지 모든 제약을 느슨하게 하고 시간을 버는 것이다.

트럼프의 독창성은 한 가지 동일한 움직임 속에서 결합된다. 먼저 다른 사람들은 그들 운명에 맡겨둔 채, 최대한 이익을 위해 앞장선다('소시민'을 대변하는 임무를 맡은 새로운 장관들은 모두 억만장자다!). 그리고 나서 국가적·민족적 범주로 회귀할 때는 민중이 뒤에 선다('미국을 다시 위대하게'라는 장벽 뒤로!) 마지막으로 지질학적·기후학적 상황을 명백하게 부정한다.

이 용어를 사용해도 된다면, 트럼프주의는 우리가 자주 보지 못한 그리고 심각하게 여겨야 하는 하나의 정치적 혁신이다.

파시즘이 당대 정치가와 평론가의 예상을 완전히 뒤집고 극좌와 극우를 결합시켰던 것과 마찬가지로, 트럼프주의는 양극단을 결합시키고 적어도 얼마간 그들을 속인다. 트럼프는 세계화 지향과 예전 영토로 회귀를 대립시키는 대신에 이 둘을 결합시킬 수 있을 것처럼 하고 있다. 이 결합은 근대화와 영토라는 실질 조건이 대립하고 있는 상황조차 부정할 때만 성립된다. 그러한 부정 없이는 기후변화 회의론의 기능 또한 이해 불가능하다 (클린턴 정부까지도 기후변화 정책 문제가 여당과 야당의 합의 대상이었던 사실을 기억하자).

그러나 우리는 그러한 결합에 현실성이 완전히 결여되어 있음을 안다. 억만장자들은 중산층이라 불리는 수백만 명의 사람들을 분명 과거의 보호주의로 이끌고 갈 것이다! 그러나 이는 지정학적 상황을 완전히 무시한다는 전제조건 아래에서만 유지된다.

결국 모든 정치적 움직임은 더 이상 지정학적 현실을 심각하게 마주하지 않고 모든 제약에서 벗어난, 말 그대로 역외 조세피난처 같은 영역에 자리할 것이 명백하다. 이때 무엇보다 중요한 것은 결코 공동으로 누릴 수 없는 세상을 더 이상 다수의 무리와 공유하지 않는 것이다. 모든 정치 사안을 사로잡고 있는 기후변화라는 유령으로부터 한없이 도망칠 수 있다는 듯이 말이다.

그러한 술책이 끊임없이 빚을 지고 파산에 파산을 거듭했던, 그러다 리얼리티 프로그램(또 다른 형태의 비현실과 현실도피)에

출연하여 이름을 알린 한 부동산 개발업자에게서 나왔다는 것은 충분히 놀랄 만하다. 그의 행정부에만큼이나 선거운동에도 영향을 끼친 진실에 대한 완전한 무관심은 현실에 어떤 뿌리도 내리지 않겠다는 의지가 낳은 단순한 결과라 하겠다. 과거를 되찾을 옛 영토로 가고자 하는 사람들에게 어떤 약속을 할 때는, 대다수 유권자를 실제 존재하지 않는 장소로 이끌고 간다고 해도, 경험적 증거에 대해 너무 꼼꼼히 따지지 마라!

트럼프 지지자들이 '진실을 믿지 않는다'고 분노할 필요는 없다. 그들은 바보가 아니다. 전체 지정학적 상황을 부정해야 하기 때문에 진실을 믿지 않는 자세는 정말로 필요할 수밖에 없다. 세계화와 경제 민족주의 사이에 존재하는 엄청난 모순을 헤아렸다면, 새로운 영토를 찾아 나섰을 것이다! 그런 의미에서 트럼프주의는 환경을 내세우는 최초의 정부를 명확하게 보여준다(반대로, 부정적으로, 거부를 통해!).

그리고 '소시민'은 트럼프의 모험에 너무 큰 환상을 가져서는 안 된다. 트럼프가 자기편으로 가장 끌어오고 싶어하는 사람들은 1990년대 초부터 현재와 미래의 90억 인구를 수용할 수 있는 공통 세상이 없다는 사실을 감지했던 소수 엘리트들이기 때문이다. "극단으로 향하는 규제 완화와 아직 땅속에 있는 모든 것에 대한 대대적인 펌프질["팝시다, 여러분 팝시다!Drill, Baby Drill!" (2008년 공화당 대선 부통령 후보였던 세라 페일린이 연안 석유 시추drill를 통해 미국이 에너지 독립을 이뤄야 한다고 주장했던 데서 비롯된 표현-

옮긴이)]을 통해 트럼프를 따라가면, 결국 우리와 우리 아이들을 위한 30~40년의 시간을 벌게 될 것이다. 그 이후 일은 우리가 알 바 아니다.”

회계사들은 ‘폰지게임ponzi game(다단계 사기 투자 수법. 1920년대 미국에서 처음 폰지 사기를 친 찰스 폰지Charles Ponzi의 이름을 딴 용어다-옮긴이)’을 하는 기업가들을 잘 안다. 트럼프의 혁신은 세계에서 가장 거대한 나라에서 하는 폰지게임과 같다. 트럼프의 초상에 메이도프Bernard Madoff(전직 금융인으로 1960년부터 헤지펀드를 운용하면서 20여 년 동안 폰지 사기 행각을 벌이다 2008년 말 체포되어 2009년 종신형을 선고받았다-옮긴이)가 겹친다!

트럼프는 현실로 돌아갔을 때, 방향을 선회했을 때 잃을 것이 가장 많은 나라를 기후변화 부정론의 땅으로 이끌어 가고 있다. 미친 선택이지만 이해하지 못할 것도 없다.

대단한 전문가가 아니어도 모든 사태가 결국 재앙으로 끝나리라 예견하기는 어렵지 않다. 이것이 사실상 유일한 파시즘과 유사점이다.

마르크스의 말과는 다르게 역사는 단순히 비극에서 희극으로 흘러가지 않는다. 역사는 희비극으로 거듭 되풀이될 수 있다.

어쨌거나 그러한 혁신으로 문제는 더 선명해졌고, 이것은 지구 기후변화 문제로 관심을 돌린 진보주의 세력에 그들이 마주해야 할 어려움을 명확히 가늠하게 해준다. 원래 영토로 돌아가려는 꿈을 꾸는 사람들을 단념시키거나, 세계를 향해 나아가려는 사람들과 연합하는 것은 더 이상 중요하지 않다. '피리 부는 왕'(이집트 왕 프톨레마이오스 12세를 일컬으며 로마의 압력이나 내정의 혼란을 신경 쓰지 않고 피리나 불며 태평하게 지냈기 때문에 이 같은 별칭이 붙었다-옮긴이) 뒤에 숨어서 우리를 또다시 지구와 멀어지는 방향으로 이끄는 사람들에게 정면으로 맞서야 할 때다.

독일 철학자 페터 슬로터다이크Peter Sloterdijk는 언젠가 이렇게 말했다. 유럽은 제국을 완전히 포기한 국가들의 모임이라고. 브렉시트 찬성자들을, 트럼프 지지자들을, 터키인들을, 중국인들을, 러시아인들을 제국 지배의 환상에 몰두하도록 내버려두자. 그들이 지도상의 영토라는 의미에서 다시 한번 영토를 지배하길 원한다 해도, 그들과 마찬가지로 오늘날 우리 앞에 위세를 드러내는 지구를 지배할 수 있는 그 기회는 그들보다 유럽에 더 많이 있음을 우리는 알고 있다. 그러므로 당면한 과제를 풀기에는 유럽이 적격이다. 지금은 세계화의 희생자 중 하나로 전락했지만 그 기이한 세계화의 역사를 만든 것이 바로 유럽이기 때문이다. 역사는 인류가 살아갈 수 있는 또 다른 영토를 최초로 발견하는 사람들에게 돌아갈 것이다.

구식 레알폴리티크Realpolitik(이데올로기나 도덕보다 권력이나 실제 물질 요소의 고려에 주로 근거하는 실용주의·현실주의 정치나 외교 노선. 강압주의·무도덕주의·마키아벨리즘 등을 경멸하여 일컬을 때 쓰기도 한다-옮긴이)를 꿈꾸는 다른 이들이 정말로 그것을 없애버리지만 않았다면 말이다.

제 8 장

자유에 대한 두려움 극복하기

Overcoming the Fear of Freedom

폴 메이슨 Paul Mason

1976년 영국 레이. 이때 나는 처음으로 공공장소에서 인종 차별 발언을 들었다. 럭비 리그 경기를 보러 간 아버지와 나는 계단식 관중석에 함께 서 있었다. 4,000명의 관중이 양쪽 골대 뒤에 빽빽하게 들어차 있었다. 우리 팀은 흑인 선수를 새로 영입했는데 그 선수가 최초로 출전한 큰 경기였다.

1970년대에 양 팀 팬들은 늘 관중석에 서로 섞여 있었다. 그런데 그날따라 원정 팀 팬들이 유난히 불쾌하게 행동했다. 우리 팀 새 선수가 공을 잡을 때마다 원정 팀 팬 몇몇이 원숭이 노래를 부르기 시작했다. 일부는 "멍청한 깜둥이"라고 외쳤다. 설상가상으로 우리 팬들까지 그들을 따라 했다. 나는 부끄럽고 무력했다. 그러던 중 우리 팀 새 선수가 공을 받더니 앞에 있는 상대편 선수 3명을 무너뜨리고 득점에 성공했다.

아직도 그때 아버지가 관중을 향해 돌아서서 양팔을 쭉 뻗은 채 목청껏 소리 지르던 모습이 생생하고, 일순 주변에 내려앉던 완전한 침묵이 고스란히 느껴진다. "자, 이제 말해보시지. 저 '깜둥이'가 어떻다고?"

어떻게 해서 교육을 거의 받지 못한 한 백인에게 인종차별주의를 도덕적으로 물리칠 권한이 생겼을까? 아버지는 특별한 신분이 전혀 아니었다. 노동조합 대표도 아니었고 술집에서 말싸움을 하는 사람도 아니었다. 그저 노동자계급의 전통 가치관을 고수하자고 요구하는 그 계급의 일원이었을 뿐이다.

레이 또한 급진적인 도시가 아니었다. 그렇지만 강렬한 무언의 정치·문화, 부자와 관련된 모든 것에 대한 증오, 외부에서 유입된 모든 것에 대한 불신, 인간의 품위보다 시장 논리를 높이 치는 행동을 하는 사람에 대한 의혹, 외판원과 집세 수금원과 도둑은 있었다.

외부인에 대한 이런 배제에 너무 많은 저항력이 잠복해 있었기 때문에, 주민들은 인종차별주의가 우리 사이에서 퍼지면 잔혹한 형태로 표출되리라는 것을 알았다. 아버지 세대 광부들은 흑인들을 만나면, 늘 폴 로브슨Paul Robeson의 영화 「자랑스러운 계곡The Proud Valley」에 나오는 대사로 그들을 안심시켰다. "갱 안에 들어가면 너나 나나 다 시꺼멓잖아?" 그러나 공장과 일자리와 축구팀과 사교 클럽과 더불어 갱도가 사라질 날이 오리라고는 아무도 예상하지 못했다.

1980년 불경기가 시작되면서 대량 실업이 우리를 덮치자 아버지(1930년대에 어린 시절을 보내셨다)는 나에게 말했다. "또다시 대공황이 일어나면 인종 편견이 되살아날 거야." 결국 대공황까지는 필요 없었다. 2016년 우리 도시 사람들은 십중팔구 브렉시트에 찬성표를 던졌다. 그해 모든 자치구 선거에서 여전히 노동당이 승리했지만, 인종차별주의 우익 정당 영국독립당UK Independence Party, UKIP이 절반에 이르는 구에서 2위를 차지하며 노동당의 주요 대안 세력으로 부상해 보수당을 몰아냈다. 2015년 총선거에서 영국독립당은 4만 5,000표 중 거의 9,000표를 얻었다. 2010년에는 주민 약 2,700명이 극우 정당인 영국국민당British National Party, BNP에 표를 줬는데, 이제는 그 표가 영국독립당에 흡수되었다. 가까운 장래에 이 도시는 외국인을 혐오하는 우익이 당선을 목표로 노리는 지역이 될 것이다.

옛 광부들과 노조 대표들이 술집과 클럽에서 현상을 유지하려고 애쓰고 있다. 사회주의와 인종차별 반대에 찬성론을 펼치고, 빈곤과 침체를 부자와 긴축예산 정책 탓으로 돌린다. 문제는 그들이 이길 때조차 희생이 따른다는 점이다. 즉 30년 전만 해도 인종차별과 외국인 혐오는 입에 담지도 못했던 바로 그 공간에서, 이제는 공공연히 그런 말을 하는 것을 받아들여야 하는 대가를 치러야 한다.

자본에 저항하는 문화는 세계화, 이주, 인권에 반대하는 반란 문화로 변형되었다. 우리가 여기까지 오게 된 과정은 신자유주의경제 실패에 대한 이야기story일 뿐 아니라, 서사narrative 자체의 붕괴다. 결국 좌익의 기능 마비는 자유시장경제에 대한 비판을 펼치지 못해서가 아니라, 극우 진영이 벌이고 있는 서사 전투narrative battle에 제대로 참여하지 못했기 때문이다. 이런 서사 전투를 자세히 분석하는 일은, 소리나 기호 같은 신호를 그것이 나타내는 의미보다 우선시하는 정통 포스트모더니즘의 논지와는 아무 관계가 없다. 이것은 사회민주주의의 사활이 걸린 문제가 되었다.

신자유주의의 공격

신자유주의는 보복 행위를 통해 존재를 드러냈다. 대처 총리와 레이건 대통령은 1980년과 1981년에 노동자계급을 산산조각내고 노동조합의 효과를 말살하려는 특정한 목표를 지닌 채, 전통 산업의 파괴를 촉발하기 위해 경기 순응성 경제를 활용했다.

푸코는 우리가 '자영업자'가 될 것이라고 예측했다.[1] 그러나 아버지 세대는 생각이 달랐다. 상업에서 비롯된 경쟁과 행동은 그들에게는 금기였다. 그들은 여러 해 동안 실업과 굴욕에 시달리는 와중에 복지제도라는 틀 속에서 서로를 배신하는 법을 배워야 했다. 또는 노동조합이 금지되고 갑자기 위태로워진 공장 일자리를 통해 서로 뒤통수치는 법을 배워야 했다.

신자유주의 입장에서 이는 수백만 명의 사람들 삶에 새로운 서사를 강요하는 싸움이었다. 노동자 세대 모두는 시장 논리가 공간 논리 또는 계급 정체성보다 중요한 것처럼 행동하도록 강요받았다. 비록 그들은 그것이 진실이라고 믿지 않았지만 말이다.

임금이 급락했다. 연대가 와해되었다. 우리 공동체의 전형적인 외부인(도둑, 사기꾼, 집세 수금원, 파업 파괴자)이 대처주의의 민중 영웅이 되었다. 그들은 작은 회사를 차렸다. 청소 회사, 경비 회사, 태닝 가게, 공장 노동자에게 이력서 쓰는 법을 가르치는 회사 등이었다. 이런 회사 주변에서 조직범죄가 기승을 부렸다. 양옆으로 주택이 늘어서 있고 한때 사회질서가 존재하던 거리에서 마약업자, 매춘부, 악덕 사채업자가 일상 풍경의 일부가 되었다.

솔직히 말해 우리는 거기에 무너졌다. 일부는 싸웠다. 이를테면 광부들은 1984년부터 1985년까지 12개월 동안 파업을 벌였다. 하지만 대부분은 싸우지도 않고 무너졌다. 대신에 노동자 계급 공동체는 초반에 직장 밖에서 신자유주의에 대항하는 소극적인 문화 저항 전략을 썼다. 이제 집단 괴롭힘과 극심한 착취가 만연한 장소로 변해버린 직장 내에서는 새로운 의식과 언어와 규범을 따랐다. 그러나 사적 공간과 제한된 사회 공간(가정, 사교 클럽, 술집)에서는 자유롭게 이야기하며 불만을 토로했다.

1980년대에 일자리와 강제 분리된 노동자계급 문화가 출현했다. 이어서 1990년대에 그것은 일자리와 멀리 떨어진, 일자리에 무관심하고 일자리 밖의 세계에 집중하는 노동자계급 문화가 되었다.

1990년대 초반에 고통을 달랠 것이 있었다. 바로 신용거래였다. 1930년대를 기점으로 종적을 감췄던 전당포가 다시 생겼다. 플라스틱 전축, 중국산 기타, 유모차를 전당포에 잡혔다. 담보대출도 쉽게 이용할 수 있었다. 직장에 다니고 저축을 하는 사람뿐 아니라 직장도 저축도 없는 사람까지 대출을 받았다. 그리고 신용카드가 넘쳐 났다. 한도를 초과하고 체납하는 사람들에게까지 신용카드가 발급되었다. 이어서 1,000퍼센트 이자가 붙는 무담보대출이 등장했다. 또한 중국이 시장에 진입하면서 세계화가 기본 생활용품의 제조비용을 크게 낮췄다.

노동자계급의 생활이 1980년대보다 1990년대에 나아졌다고 느꼈다면, 신용거래와 저렴한 중국산 제품이 근본 문제인 임금 정체를 상쇄했기 때문일 것이다. 그런데 세계화와 금융 규제 완화가 노동자에게 긍정적이었다는 이야기가 사회민주주의의 공공연한 메시지가 되었다.

구조 변화의 도덕적 영향

신자유주의는 수많은 구조 변화를 불러일으켰다. 주요한 변화는 제조업의 해외 이전, 기업을 더 작은 회사들의 '가치 사슬value chain(기업 활동이 가치를 생성해내는 과정-옮긴이)'로 구조조정, 정부를 축소시키는 감세, 공익 서비스의 민영화, 일상생활의 금융화다. 이런 변화가 직접 가져다준 경제 효과와 서사 효과를 이해해야 2016년에 시작된 중도주의의 이데올로기적 몰락을 이해할 수 있다.

생산의 '해외 이전'은 인건비를 줄이고 국내총생산 중 임금 점유율을 낮추기 위해 고안되었다. 레이에서 해외로 이전된 가장 중요한 산업체는 모기업이 망한 대형 공업사인 콜스크레인Coles Cranes이었다. 그러나 데이비드 하비David Harvey가 말했듯이, 더 폭넓은 서사 효과는 '공간을 없앤' 것이었다. 전 계급에 '공간(정체성의 주요 근원)이 중요하지 않다'는 신호를 보낸 것이다.

기업을 서로 다른 수익률을 내는 부문으로 나누는 '구조조정'은 기업의 모든 측면을 금융시장 규칙의 지배 아래 두기 위해 이루어졌다. 이제 사교 클럽과 볼링장(둘 다 1979년에 내가 일하던 지방 공장에 있었다)을 유지하는 것은 타당하지 않았다. 아직 구내식당은 있었지만 외부 음식 공급업체에 위탁해서 운영했고 이윤을 내야 했다. 이런 상황이 보내는 신호는 분명했다. '기업은 더 이상 일상적인 사회적 의무를 이행하지 않을 것이다.'

세 번째의 대규모 구조 개혁은 '누진과세 삭감'이었다. 이데올로기로 보자면, 목적은 정부 규모를 줄이는 것이었다. 그러나 자산 거품이 시작되고 해외 조세피난처가 우후죽순으로 생기자, 과세 인하의 부수 결과로 불평등이 증가했고 계층 이동이 차단되었다. 복지국가 약화와 무료 공익 서비스 축소는 '1945년 이후의 사회적 협상social bargain이 끝났다'는 신호를 노동자에게 보낸 것이었다. 자본가에게 유리한 복지국가 기능만 유지한다는 뜻이었다.

신자유주의의 네 번째 무기인 '민영화'는 이익 창출 자본을 되찾게 했으며 후기케인스주의 시대에 골칫거리였던 이익의 위기를 해결했다. 유료 도로, 철도 민영화, 지역 버스 운행 서비스의 혼란스러운 분화, 빈곤층에 대한 전기와 가스 공급 중단 등의 목적은 공익 서비스를 최대한 비싸게 만들기 위한 것이었다. 이것의 서사 효과는 공공경제 부문이라는 개념을 무너뜨리는 것이었다. 이렇다 보니 만약 추락하면 국가와 공동체가 아니라 자기 자신과 가족만이 스스로를 지탱해줄 것이라는 각오로 인생 계획을 짜는 것이 타당했다.

대처 총리의 공공 주택 건설 사업 중단이 노동자계급 가정에 보내는 메시지는 분명했다 '당신의 생활은 스스로 알아서 하라. 국가의 역할은 당신을 돕는 것이 아니라 모든 공공 서비스를 최대한 비싸고 부족하게 만드는 것이다.'

마지막으로 소비의 '금융화'는 더 폭넓은 자본주의 자체의 금융화 중 일부일 뿐이었다. 이제 모든 회사가 투자은행 분석가의 요구에 따라 우선 사항을 정했다. 1960년대와 1970년대에 배운 관례적인 사회 협력 관계를 유지하고 싶어하던 감성적인 관리자들은 내쫓겼다. 이는 가장 큰 문화적 신호였다. 앞으로 여전히 노조 간부와 친하게 지내는 지사장은 높은 서열에 올라가지 못할 것이다. 대신에 '대처주의는 증권거래소의 지극히 자기중심적인 직원을 높이 살 것이다.' 그리고 완고하고 강압적이고 독선적인 20세기 중반의 부르주아와 달리, 노동자계급이 이 새로운 기업가 엘리트의 일부가 될 수 있을 것이다.

신자유주의는 금융 약탈자를 새로운 노동자계급의 영웅으로 찬양하며 '노동자계급 문화'를 자본주의 찬성 이데올로기라는 다른 모습으로 꾸며 내놓았다. 실제와 정반대였다. 1960년대 드라마인 「코로네이션 스트리트Coronation Street」(견실한 노동자계급 공동체 이야기를 가볍고 유쾌하게 다룬 드라마. 1960년 시작되어 현재까지 방영 중이다-옮긴이)를 대처주의 시대에 시작된 경쟁 드라마인 「이스트엔더스EastEnders」(런던 이스트엔드 지역에 사는 사람들의 평범한 이야기를 다룬 드라마. 1985년 시작되어 현재까지 방영 중이다-옮긴이)와 비교하면, 상투적이기는 하지만 신자유주의가 도덕에 미친 영향을 볼 수 있다. 1960년대의 차분하고 이성적인 언어 대신, 이제 소리를 지르고 문을 꽝 닫고 여자의 눈앞에 주먹을 휘두르고 자살을 하고 우울증에 시달리는 장면이 등장했다. 상존하는 마약과 강도질에 대한 두려움도 등장했다. 그리스 드라마에서 신이 등장인물들을 좌지우지하듯이 중독과 분노와 의존이 이런 새롭고 극적인 영국 드라마의 전형을 좌지우지했다. 등장인물들은 힘과 복잡성을 상실했다. 그들은 이차원의 하찮은 존재이자 운명의 하인이 되었다.

아버지 세대에서는 제도 내 모든 것이 인종차별 반대주의와 국제주의와 이타주의에 산소를 공급했지만, 신자유주의는 이제 정반대 이데올로기에 산소를 퍼주고 있다(소설가 짐 크레이스 Jim Crace의 제안 덕분에 '산소 공급'이라는 표현을 여기서 사용할 수 있었다). 30년 동안 이런 산소 공급 기능은 신자유주의에 대한 노동자계급의 저항을 방해하고 와해했다. 문제는 신자유주 자체가 붕괴할 때 산소를 공급받는 대상은 더 이상 주류 보수주의가 아니라 권위주의 우익 포퓰리즘이라는 것이다.

신자유주의 서사의 실패

신자유주의는 서서히 실패했다. 1990년대 후반 들어 사회계층 이동이 가능하다는 신자유주의의 약속이 명백하게 깨졌다. 2000년대 초반 인터넷 비즈니스를 주로 하는 벤처기업들의 도산과 에퀴터블생명보험Equitable Life 같은 기업의 비리는 노동자 3분의 1 이상이 납입하던 회사연금제도에 대한 접근성을 차단하기 시작했다.

기업의 해외 이전으로 옛 산업 공동체가 갈수록 더 공공 부문 일자리와 복지에 완전히 의존하는 가운데, 노동당은 변화의 속도를 늦추는 활동을 전혀 하지 않고 예전 형태의 사회적 결속력도 보호하지 않겠다는 신호를 보냈다. 2005년 노동당 회의에서 토니 블레어는 세계화에 대해 논쟁하는 것은 여름이 지나고 가을이 와야 한다고 논쟁하는 것과 마찬가지라고 경고했다. "이처럼 변화하는 세계의 특성은 전통에 무관심하다. 노쇠함을 용서하지 않는다. 과거의 명성을 편파 대우하지 않는다. 관습과 관행은 없다. 기회로 가득하지만, 그것은 빠르게 적응하고 불평하지 않고 개방적이고 변화할 의지와 능력이 있는 사람들에게만 돌아간다."

분명히 이는 옛 산업 노동자계급에 그들 문화의 마지막 자취를 포기하라는 최종 촉구였다. 대신에 블레어와 고든 브라운은 모든 것을 금융화에 걸었다. 신용 대출 시장의 규제 완화는 가난한 사람들까지 자산 가격 거품에 가담하게 했다. 금융업 호황은 세입 상승을 불러올 것이라고 했다. 상승한 세입은 복지 급여, 세금 공제, 국민 의료보험에 대한 지출, 대학 교육 수혜 증가를 통해 노동자계급에 재분배될 것이라고 했다. 금융 위기 직전에 모든 가구의 3분의 1에 해당하는 700만 명이 국가로부터 어떤 형태로든 돈을 지급받고 있었다.

금융 체제가 무너졌을 때 이를 기반으로 한 사회민주주의 프로젝트도 무너졌다. 그 자리에 긴축재정이 들어섰다. 긴축재정은 의료와 복지 분야 지출을 줄였다. 보조금의 가혹한 중단은 수많은 가족이 자선단체가 1년에 비상식량 보급 주머니 110만 개를 나눠주는 무료 급식소에 의지해 살아갈 수밖에 없게 만들었다. 퇴직 연령 이하인 전직 노동자 100만 명에 대한 질병 수당과 장애 급여 지급이 중단되었다. 이렇게 안전망이 무너지면서 이주자 내부 유입에 대한 동의도 무너졌다.

이주에 대한 동의가 와해된 과정

미국, 독일, 프랑스와 마찬가지로 영국은 전후에 수백만 명의 이주자를 받아들였다. 보수 백인 노동자 소수집단의 노골적인 인종차별주의는 영국 문화와 통합된 이주자를 통해 완화되었다. 백인 노동자 중 작은 숫자만이 파시즘으로 돌아섰으며, 너무 폭력적이어서 쉽게 진압되었다. 그 결과 1980년대 주요 도시에서 실제 노동자계급은 다민족이었다. 아프리카계 카리브해인, 이슬람교도, 힌두교도, 소말리아인. 이들은 모두 하찮은 존재로 시작했다. 다들 인종차별을 겪었다. 그리고 이제 이들 모두가 운송업계, 병원, 슈퍼마켓 계산대, 소프트웨어 회사를 비롯한 도시의 대표적인 직장 곳곳에서 발견된다.

동유럽 10개국의 유럽연합 가입은 이런 역학을 완전히 바꾸었다. 영국 정부는 두 단계로 나누어(처음에는 루마니아와 불가리아 제외) 동유럽 출신 사람들에게 유럽연합 조약에 포함된 자유로운 이동 조항 권리를 받아들이라고 열심히 장려했다.

1970년 이후로 이주에 대한 동의는 케냐, 인도, 방글라데시 출신자 유입에 대한 엄격한 통제를 통해 유지되었다. 그에 반해 동유럽 이주자들은 허가가 아니라 권리에 따라 영국에 입국했다. 그들은 끝내 시민이 될 수 없을 것이다. 2016년 그들의 수는 300만 명이었지만 그들은 총선거에서 투표권이 없었다.

동유럽 출신자 이주는 임금과 각종 상황을 억제하기 위해 마련되었는데, 일반적인 거시경제 결과에 따르면 효과가 거의 없는 것으로 나타났다. 동유럽 출신 이주노동자는 불안정한 일자리라는 새로운 상황에 완벽하게 들어맞았다. 그리고 유럽사법재판소의 '바이킹Viking' 판결과 '라발Laval' 판결은, 저임금 노동자를 한 나라에서 다른 나라로 '배치'하는 고용주의 권리를 인정했다(2003년 핀란드 해운업체 바이킹라인은 적자 선박의 국적을 인건비가 싼 에스토니아로 이전하려 했고 이에 핀란드선원연맹은 소송을 제기했다. 2004년 라트비아 건설업체 라발은 스웨덴 건설 현장에 싼 임금의 근로자를 파견했고 이에 스웨덴노동조합이 시위를 벌이자 라발은 법원에 고소했다–옮긴이).

한편 흑인과 아시아인 이주자가 도시로 밀려든 반면 동유럽 이주자는 소도시 지역사회로 밀려들었다. 이런 소도시 지역사회는 이전에 이주 경험이 거의 없었고, 다민족 도시 기능을 할 수 있게 해주는 탄력적인 네트워크가 거의 없었으며, 공공 서비스에 가해지는 압력이 이미 높았다. 그리고 동유럽 출신 이주자는 기존 영국 노동자계급에 다음과 같은 또 다른 서사 신호를 보냈다. '이들은 우리가 선호하는 종류의 노동자다. 융통성 있고, 조용하고, 순종적이고, 공손하고, 권리가 없고, 시위에 거의 참여하지 않고, 어떤 혜택도 기대하지 않는다.'

신자유주의가 동유럽인 이주를 옹호한 것은 무엇보다 운명적이었다. 통제나 철회가 불가능하다는 것은 현대사회의 어쩔 수 없는 '현실'이다. 각종 연구가 노동시장의 기저에 깔려 있는 임금 상승 정체를 보여주기 시작했을 때, 이는 미미하고 대수롭지 않으며 거시경제의 이익으로 상쇄될 수 있다고 보았다. 연구 결과에서 서비스업에 배치된 동유럽 이주자들의 압박에 영국 출신 노동자들이 얼마나 불안정해졌는지가 드러나자, 중도좌파는 영향받은 곳에 현금을 투입한다는 약속으로 이를 상쇄할 수 있다고 여겼다. 현금이 어디에선가 나와야 한다고 반대하는 의견에는 대응조차 하지 않았다.

신자유주의는 이주를 반대하는 적대감을 극복할 수 있다고 추측했다. 신자유주의가 30년 동안 공간과 개성과 현장을 전멸시켜왔기 때문이다. 세계화는 멈출 수 없는 자연스러운 과정이고, 사람들은 다른 모든 구조 개혁에서 그래왔듯이 결국 묵인하리라 여겼던 것이다. 그러나 신자유주의는 영국 빈곤층 노동자의 반란을 불러일으켰고 이 반란은 지구 공동체의 다자간 체제에 첫 번째 균열, 즉 브렉시트를 불러왔다.

브렉시트에 찬성한 52퍼센트는 백인 노동자만이 아니었다. 한 출구 조사에 따르면 흑인의 27퍼센트와 아시아인의 33퍼센트가 유럽연합 탈퇴에 찬성했다. 그리고 탈퇴에 찬성한 유권자의 59퍼센트가 상류층 또는 중산층이었다. 그러나 가장 많은 탈퇴 찬성표는 노동자계급 문화의 유산이 일종의 '정체성'으로 바뀐 소도시에서 나왔다. 이 정체성의 주요 특징은 반항이었다. 이것은 세계화에 대한 반항일 뿐 아니라 세계화가 조성한 자유주의적이고 다국적이며 인권에 기반을 둔 문화에 대한 반항이었다.

놀랍게도 이 가난한 사람들의 가짜 반란은 이윽고 소도시 중산층을 향해 위로 헤게모니를 행사할 수 있게 되었다. 전문직 종사자의 경우 도시에서는 잔류 찬성의 예측변수였지만, 과거 산업도시였던 소도시에서는 그렇지 않았다. 브렉시트 투표 이후 많은 중산층이 이렇게 인정했다. "나는 잔류에 표를 던지고 싶었지만, 가난한 사람들이 상처받는 이유를 이해했기 때문에 그들을 위해 탈퇴하는 쪽에 투표했다."

분노의 근원을 이해해야만 분노를 완화시킬 수 있다. 흑인이든 백인이든 상관없이 영국 출신 노동자들의 분노는 이주자 자체보다는 이주 제도를 향한 것이었다. 그 제도는 공간과 공동체와 노동을 말살하려는 신자유주의 열망의 궁극 상징이었다. 권위주의 포퓰리스트 우익 노동자의 인종차별주의를 고립시키고 물리치는 일은 경제학만으로 이루어질 수 없다. 그것은 그물처럼 얽힌 개인주의 세계에서 사회민주주의 서민의 정체성을 다시 확고히 하기 위한 투쟁을 통해 이루어져야만 한다.

앞으로 펼쳐질 서사 투쟁

2008년 이후 우리가 신자유주의를 버리지 않으면 세계화가 무너지리라는 사실이 분명해졌다. 브렉시트와 도널드 트럼프의 당선과 더불어 그 과정은 이미 시작되었다.

신자유주의가 엘리트 집단과 두 세대에 걸친 경제 전문가들에게 치명적 매력을 행사한 것은 겉으로 보이는 완벽성 때문이었다. 경제 내용에서 신자유주의는 자본주의란 근본적으로 시장, 적자생존, 작은 정부라는 개념을 확정한다. 정치 형태에서 신자유주의는 우리 모두가 노동자나 사장이 아니라 그저 시민이며, 우리 모두의 권리는 집단적이 아니라 개인적이라는 자유민주주의의 핵심 가정에 완벽하게 들어맞는다.

렌치 이탈리아 총리가 추락하고 올랑드François Hollande 프랑스 대통령의 임기가 끝나가고 독일 내무장관 쇼이블레Wolfgang Schäuble 가 그리스는 더욱 강력한 긴축재정을 실시해야 한다고 주장하는 지금도 신자유주의 사회·정치 엘리트 집단은 여전히 이런 본질주의 사고방식에 의문을 제기하지 않고 있다. 대신에 다른 방향에서 붕괴가 시작되었다. 유럽에서 노동계급 유권자라는 소수집단을 등에 업은 권위주의 포퓰리즘은 기본적으로 탈세계화에 대한 요구다. 권위주의 포퓰리즘의 반동적 속성은 인종차별주의, 이슬람 공포증, 사회적 보수주의에 대한 강한 선호만이 아니라 그 임무의 복잡성에 대한 완전한 무시에서도 드러난다.

1930년대와 반대로 오늘날 경제 국수주의는 복잡하고 유기적이며 강력한 구조를 분해해야 한다. 통화 전쟁이나 일련의 대규모 부채 탕감을 통해 구조를 쉽게 부술 수는 있겠지만, 그렇게 되면 패배하는 쪽 국가의 도시들은 허리케인 카트리나가 휩쓸고 간 뒤의 뉴올리언스처럼 될 것이다.

다행히 정치 인구 통계는 1930년대와 완전히 다른 방향을 가리킨다. 외국인 혐오증에 사로잡힌 극우파가 지극히 싫어하는 개인주의·자유주의 행동과 믿음이 모든 세대에 강력하게 뿌리내려 있다. 인터넷 기반 여론조사 업체 유고브YouGov에 따르면, 영국에서는 약 19퍼센트가 우파를 강하게 지지하고 29퍼센트가 중도파 '권위주의 포퓰리스트'의 신조를 지지하지만 가장 많은 수인 37퍼센트가 '유럽연합에 호의적인 국제주의 진보 좌파'다.[2]

현대사회는 관용과 다문화주의가 반동주의·계급주의·국가주의 사고방식을 얇은 피부로 가린 바이마르 공화국이 아니다. 새로운 행동, 신념, 관용 수준, 인권 옹호, 보편성은 과학기술 발전과 교육의 산물이다. 이런 산물을 없애자면 35세 이하 사람들 대부분의 마음과 몸과 미세 조직에서 강제로 뜯어내야 할 것이다.

나는 다른 곳에서[3] 산업 노동자계급이 1980년대 신자유주의에 대한 저항에서 실패했을 뿐 아니라, 기술혁명의 결과로 마

누엘 카스텔Manuel Castells 같은 사회학자들이 '네트워크화된 개인'
이라고 부른 더 모호한 집단이 사회 변화의 동인으로 그들을 대
체했다고 주장했다. 여기에는 더 하층의 전문직 계급과 학생은
물론이고 간호사, 바리스타, 소프트웨어 전문가 같은 일반 노동
자 대다수가 포함된다. 고용 안정이 보장된 나머지 노동자도 최
첨단 제조업 현장의 기준 때문에 이 세계시민주의 문화에 대체
로 연결되어 있다.

이런 의미에서 네트워크화된 개인은 '지양된 노동자계급'이
다. 자본주의를 뛰어넘는 역사의 집단 동인이 있다면, 그것은 젊
고 네트워크화되고 비교적 자유로운 인간이다. 이들 모두가 신
자유주의 붕괴 때문에 경제적 미래를 대체로 빼앗기지만, 하나
의 계급은 아니다. 하지만 이들을 노동자계급과 유사한 존재로
1930년대의 시나리오에 집어넣으면, 긍정적인 결과가 나올 가
능성이 명백해진다.

에리히 프롬Erich Fromm은 파시즘의 부상에 대한 글에서, 파시
즘은 경제적 불만뿐 아니라 '자유에 대한 두려움' 때문에 생겨
났다고 결론 내렸다. 독일의 소시민과 일부 노동자의 권위주의
사고방식이 그들의 무기력함을 '지배당하려는 욕망'을 통해 표
출하도록 만들었다는 것이다.

프롬은 조직된 노동자들과 자유주의 가톨릭교도 부르주아
들이 나치즘에 강하게 저항했지만, 이 저항은 실패했다고 쓴다.
첫째는 '내부의 피로와 체념 상태' 때문이었다.[4] 둘째는 1919년

부터 1923년 사이에 독일 노동자들이 겪은 패배의 물리적 유산 때문이었다. 마지막으로 1930년경 시작된 저항 이데올로기의 고갈 때문이었다.

오늘날 트럼프, 브렉시트, 세계질서의 붕괴에 직면해 신자유주의의 중도 정치 엘리트는 포기와 불신의 감정에 시달리고 있다. 네트워크화된 개인이라는 인구 분포에서 가장 중요한 과제는 소도시 노동자계급 공동체에 국제주의자를 참여시키고 그들과 동맹하는 것이다. 우리 아버지 세대가 인종차별주의에 반대할 수 있게 해준 서사 중 남은 것을 육성하는 것이다. 이를 미래에 대한 희망의 서사와 융합하는 것이다.

사회민주주의의 과업은 포퓰리스트 권위주의자들의 보수적 욕망을 억누르는 것이 아니라, 네트워크화되고 교육받은 다수 서민 노동자의 요구와 열정에 들어맞는 확실한 대안을 계획하는 것이다. 이는 중도 노선 정치의 배경에 깔린 전술적 가정을 전환해야 한다는 뜻이다. 블레어, 클린턴, 슈뢰더Gerhard Fritz Kurt Schröder(독일 사민당 당수, 총리 역임-옮긴이), 렌치는 소도시 육체노동자계급이 항상 좌파에 찬성표를 던질 것이라고, 사회민주주의는 중산층 중도파에 호소해야 한다고 생각했다.

신자유주의의 붕괴 그리고 노동자계급 문화의 진보적 핵심의 오랜 침식은 그런 생각을 완전히 뒤집는다. 인권, 성평등, 개인의 자유, 이주자와 난민 보호에 전념하던 사회민주주의는 이제 대도시 봉급생활자 계층, 네트워크화된 청년, 공공 부문 노동자, 대기업의 첨단 기술을 갖춘 세계시민주의 노동자를 새로운 핵심으로 여겨야 한다. 물론 여기에 소수민족, 이주노동자, 여성을 추가해야 한다.

새로워진 급진 사회민주주의는 내 고향에서 유권자의 약 20퍼센트가 지닌 반동주의 사고방식과 타협할 수 없다. 하지만 이 사회민주주의는 경제적 희망을 제공할 수 있다. 무엇보다 학교, 가정, 직장, 대중교통, 의료에 투자할 수 있는 돈(차용금, 부유층에게서 거둬들인 세금, 중앙은행에서 찍은 돈)을 제공할 수 있다. 요즘 완고한 서민 인종차별주의자들이 청취자 전화 참여 프로그램에 등장해 유럽연합에 남아 이주를 받아들이느니 차라리 경제가 파탄 나고 성장이 거덜 나는 꼴을 보는 편이 낫다고 말하는 소리를 자주 듣는다. 사실 이들은 중요한 점을 정확하게 포착했다. 하지만 이들과 이들의 가족과 공동체는 인종차별주의로는 먹고 살기 힘들다는 사실을 곧 깨달을 것이다.

좌익의 실패(여기에는 그리스 급진 좌파 연합인 시리자와 스페인 좌파 정당 포데모스 같은 급진 좌익은 물론 추락하는 사회민주주의자도 포함된다)는 신자유주의 서사의 취약성을 과소평가한 데 있었다. 이 서사의 한 부분이 사라지자 전체가 더 이상 타당성이 없어졌다. 우리는 신자유주의경제 내용을 비판해왔지만 우리 이야기를 신자유주의 정치 형태의 영구성과 연결시키는 경향이 있었다. 이제 좌익은 다른 이야기를 해서 노동자계급 사회의 우익 국가주의와 싸워야 한다.

신자유주의는 협력과 유대라는 옛이야기를 개인에 관한 이야기로 대체했다. 개인은 추상적 권리를 가진 추상적 사람이었다. 그들 유니폼에 달린 이름표는 정체성을 표현하기 위한 것이 아니라 고객이나 상사를 위한 것일 뿐이었다. 패배하고 뒤처진 지역사회 노동자들은 얼마 남지 않은 집단 정체성에 매달렸다. 그러나 사회주의 정당을 포함한 모든 사람들이 이 집단 정체성의 이상향(사회주의)이 실현 불가능하다고 선언했기에, 남아 있는 부분(공간, 가족, 국민성)에 정체성을 집중시키기 시작했다.

2008년 이후 중앙은행 정책과 국가 개입은 우리 아버지 세대가 두려워하던 대공황을 예방했지만, 경기 침체로 치닫는 흐름도 조성했다. 영국 중앙은행 총재 마크 카니Mark Carney가 2016년 3월 G20(주요 20개국 정상회담)에서 한 말에 따르면 "저성장, 저인플레이션, 저금리의 균형 상태"다. 그러나 특히 내핍 상태 해결책이 저임금 계층의 마지막 보루인 복지제도와 임금을 끊임없이 공격해야 하는 이런 상황에서는 균형 상태란 있을 수 없다.

신자유주의가 일관성 있는 이야기를 하는 한, 신자유주의의 최대 희생자들(옛 산업도시의 미숙련 노동자계급)은 살아남을 수 있었다. 비록 그들이 자기네 정체성을 강하게, 사사로이 표출하더라도 말이다. 하지만 2008년에서 2016년 사이에 신자유주의 이야기의 매력이 약해졌다. 그것도 비평가들이 예상한 것보다 훨씬 빠르게 약해졌다. 이 와중에 우리는 페레스트로이카 Perestroika(1986년 이후 소련의 고르바초프 정권이 추진한 개혁 정책-옮긴이)의 시기와 비슷한 시기를 거치고 있다.

1980년대 후반 고르바초프Mikhail Sergeevich Gorbachev 정권 아래 많은 러시아인들은 몰락이 임박했음을 깨달으면서 갑작스러운 '의식 파괴'를 경험했다. 하지만 그때까지도 대부분의 사람들이 소련 체제가 영원할 것처럼 행동하고 말하고 생각했다. 이 체제의 잔인성에 대해 냉소하면서도 많은 사람들이 국가 요구대로 가두 행진에 참여했고 의식을 치렀다. 러시아 인류학자 알렉세이 유르착Alexei Yurchak은 제목에 내용이 잘 드러나는『모든 것이 영원했다, 더 이상 영원하지 않을 때까지는Everything Was Forever, Until It Was No More』이라는 책에서 당시 상황을 잘 묘사한다.

트럼프의 승리 이후 서양에서 이와 유사한 붕괴가 세계화, 자유주의 사회 가치관, 인권, 법규에 일어날 것이라는 예상이 설득력을 얻었다. 그렇게 된다면 자본주의의 기본 형태는 모스크바에서 워싱턴에 이르기까지 외국(인) 혐오, 소수 독재 국가주의가 될 것이다. 이런 일이 벌어지면 1930년대와 마찬가지로 사회 정의와 인간해방을 위한 모든 기획이 국가 규모로 재조정될 것이다.

그러나 이런 상황은 피할 수 있다. 다음 단계에서 좌익의 과업은 신자유주의를 폐기해 세계화를 구하는 것이어야 한다. 카니가 제안한 대로, 특히 불평등을 억제하고 무역 절차와 기술 진보를 노동자와 청년에게 재분배하는 새로운 방법이 필요하다. 이를 위해 우리는 앞에서 설명한 5가지 구조 개혁을 부분적으로 뒤집어야 한다.

- 개발도상국의 1인당 국내총생산 증가에 미치는 영향에 상관없이, 생산적인 일자리를 선진국으로 되돌리는 산업 정책 도입.
- 기업이 추상적인 시민사회가 아니라 구체적이고 특정한 실제 지역사회에 대한 사회적 의무를 받아들이도록 요구.
- 저렴한 가격이나 무료로 제공하기 위해 핵심 공공 서비스를 다시 국영화하고 불안정한 일자리가 미치는 영향력을 개선.
- 삶의 질을 높이는 공공투자의 대대적이고 빠른 확대를 지원하기 위해 역외 탈세 구조와 그림자금융체제shadow banking system(투자은행, 헤지펀드, 사모펀드 등 은행과 비슷한 구실을 하지만 은행처럼 엄격한 규제를 받지 않는 금융기관과 그런 금융기관 사이의 거래 체제 - 옮긴이)를 근절하고 과세가 가능한 부를 국내로 이동.
- 경제의 탈금융화: 임금 증대, 신용거래 의존도 축소, 부채 탕감, 인플레이션 통제, 자본 통제를 통한 공공 부문과 민간 부문의 부채 해소.

이런 조치가 세계화를 말살하지는 않을 것이다. 하지만 부분적으로 세계화를 되돌려놓을 것이다. 세계적으로 서로 연결된 경제에서 가능한 부분을 안정시키고 구제하겠지만, 사회 불균형이 바로잡히면 다시 전개를 시작할 목적으로 당분간 세계화를 중단시키고 통제권 아래로 후퇴시키는 대가를 치를 것이다. 개발도상국 국내총생산 증가가 더 균등해지고 이에 따라 둔화된다 하더라도, 그것은 선진국 사람들에게는 부차적인 문제일 것이다. 이런 조치가 수많은 사람들의 마음속에 논리 정연한 과업 목록으로 자리 잡으면, 조치의 결합된 효과가 나타나기 훨씬 전에 즉각 영향력을 발휘할 것이다. 원래의 케인스주의가 1930년대 루스벨트의 뉴딜 정책에서 그랬던 것과 마찬가지로.

이주에 대해 말하자면, 휴대전화와 인터넷과 조직범죄가 만연한 세계에서 이른바 '대안우파alt-right'의 환상에서 나온 잔인한 조치를 도입하지 않고는 이주를 멈출 수 없다. 이런 조치로는 전기 울타리 설치, 국제법 정지, 국경에서 국가가 허가한 살인이 있다. OECD는 제로에 가까운 성장 둔화를 피하기 위해 미국과 유럽연합이 현재부터 2060년까지 사이에 각 5,000만 명의 이주자를 받아들여야 한다고 추정했다.[5] 따라서 (a) 이주를 지도·감독하면서 그것이 공공 서비스에 부정적인 영향을 주는 곳으로 자원을 배분하고, (b) 고용주가 정착하지 못한 시민권 없는 이주자를 가장 알맞은 '추상적 노동자'로 이용하는 것을 막는 노동 개혁을 시작하고, (c) 긴축정책을 파기함으로써, 이주 유입에 대한 찬성 여론 부활이 이루어져야 한다. 긴축정책에서 투자 중심 성장으로의 방향 전환은 주택, 의료, 학교 공간을 둘러싼 경쟁을 단 몇 달 안에 줄일 것이다. 또한 양쪽 모두 승자가 되는 포지티브섬게임positive sum game을 조성해 이주 논쟁의 틀을 완전히 바꾸어놓을 것이다.

트럼프와 브렉시트에 대해 신자유주의경제 비판을 뛰어넘을 때가 되었다. 정치·경제에서 좌익의 가장 구체적인 도전 과제는 신자유주의 이후 서사를 구성하는 것이다. 이 과정에 방해되는 모든 정당, 모든 정치인, 모든 구조, 모든 이론이 폐기되어야 한다. 우리는 시간에 쫓기고 있기 때문이다.

제 9 장

경멸 시대의 정치학: 계몽주의가 남긴 어두운 유산

Politics in the Age of Scorn:
The Dark Legacy of the Enlightment

판카지 미슈라 Pankaj Mishra

우리 시대의 정치 격동(스스로 인정하는 성 범죄자이자 인종차별주의자인 도널드 트럼프의 당선, 대량 살인으로 비난받는 독재자인 나렌드라 모디와 로드리고 두테르테가 지배하는 인도와 필리핀에서 선거의 숭배, 러시아와 터키에서 블라디미르 푸틴과 레제프 타이이프 에르도안 같은 인정사정없는 폭군과 제국주의자에 대한 대중의 칭송)은 억눌려 있던 엄청난 에너지를 폭발시켰다. 이슬람국가ISIS에서 브렉시트에 이르기까지 현 시대 분리 독립의 원인이 지역별로 다양할지라도, 전 세계에서 거의 동시다발로 일어나는 민중 선동의 증가는 공통된 상황을 암시한다. 일례로, 흔히 여론의 압력 아래서 윤리적 제약이 세계 곳곳에서 약화되었다. 이른바 '이슬람교도의 분노'로 불린, 숱 많은 턱수염을 기른 갈색 피부 남자들 무리와 동일시되던 것이, 이제는 독일의 금발 백인 국가주의자, 미얀마의 샛노란 법의를 입은 불교도 인종 청소주의자를 비롯한 무리 사이에서 전 세계에 걸쳐 갑자기 나타나고 있다. 프로이트가 썼듯이, 인간의 야만스럽고 사악한 충동은 사라지지 않으며 "억압된 상태"로 계속 존재하면서 "활성화될 기회"를 기다린다.[1]

거의 전 세계에서 벌어지고 있는 이러한 정치·도덕·정서 붕괴를 어떻게 이해해야 할까? 30년의 경제 자유주의에서 파생된 우리의 개념과 범주는 억제되지 않은 힘의 폭발을 흡수할 수 없는 듯하다. 우선 갑자기 '대중'이 우리가 생각하는 것보다 훨씬 더 영향에 잘 휩쓸리고 예측 불가능해진 것 같다. 결국 많은 정치계, 사업계, 언론계 엘리트들은 혼란과 당혹감에 빠져들었다. 이런 선택받은 사람들의 전통적이고 보수적인 생각을 충실하게 대변하는 「이코노미스트Economist」는 최근 '탈진실 정치(본질적으로 거짓 주장)'에 대한 분노 표명에서부터 신국가주의에 대한 립 밴 윙클Rip Van Winkle(미국 소설가 워싱턴 어빙이 쓴 동명의 단편소설 주인공. 20년 동안 잠들었다 깨어난 뒤 변해버린 세상에 당혹스러워한다-옮긴이)식 발표까지 휘청거리는 모습을 보였다. 「배너티 페어Vanity Fair」 같은 매체는 세계 자본주의의 대실패, 즉 전반적인 번영을 이루겠다는 약속의 파기와 민주적 원칙에 대한 자본주의의 경멸에 뒤늦게 관심을 기울이면서 「뉴레프트 리뷰New Left Review」의 패러디 같은 글을 실었다.

서로 정반대인 진부한 단어들(진보주의/반동주의, 파시즘/자유주의, 합리적/비합리적)이 다시 빈번하게 쓰이고 있다. 그러나 산재한 지식 산업이 빠르게 전개되는 사건들과 거기에 뒤따르는 인간 행동의 의미를 따라잡으려고 애쓰고 있는 가운데, 현재의 무질서에 대한 합리적인 정치 대안을 찾기가 대단히 난감하다는 예상을 쉽게 할 수 있다. 좌파든 중도파든 우파든, 새로운 정치의 '비합리주의'에 반대하는 사람들은 개인이 물질적 이해관계에 따라 움직이고 그것이 좌절당하면 격분하며 그것이 충족되면 진정되는 합리적인 활동가라는 가정에 여전히 가로막힌다.

이는 전통과 종교를 경멸하고 개인과 집단의 이익을 합리적으로 판단하는 인간 능력을 전통과 종교의 현대적 대체물로 여긴 계몽운동 시기에 개발된 동기 개념이다. 계몽주의의 설명에 따르면, 자기 이익을 추구하는 부르주아 또는 호모 에코노미쿠스Homo Economicus는 인간의 표준, 다시 말해 궁극 동기인 행복 추구와 고통 회피에 따라 자연스럽게 욕구와 본능이 형성되는 자유의지의 주체다. 이런 단순한 관점은 인간 생활에 늘 존재하는 많은 요소들을 무시했다. 이를테면 명예와 존엄성과 지위 상실에 대한 두려움, 변화에 대한 불신, 안정과 익숙함의 호소 같은 것들이 그것이다. 이 관점에는 더 복잡한 동기인 허영이나 연약해 보이는 것에 대한 두려움이나 '이미지 만들기'가 들어설 자리가 없었다. 물질적 진보 개념에 사로잡힌 지나친 합리주의자들은 '후진성'과 희생자 의식의 끈질긴 희열이 부여하는 정체성의 유혹을 또한 무시했다.

로베르트 무질Robert Musil이 1922년에 썼듯이, 개인의 행복을 위한 계몽운동의 '편협한 합리주의 프로그램'이 19세기 후반에 얼마나 웃음거리와 경멸의 대상이 되었는지 생각해보면, 이런 비경제 동기에 대한 우리의 무시는 더욱 놀랍다.[2] 실제로 현대 문학과 철학과 예술 대부분은 인간에게는 합리적인 자기중심주의와 경쟁과 획득만 있는 것이 아니며, 사회에는 논리적 계산과 자율적 인간 사이의 계약만 있는 것이 아니고, 정치에는 투표와 여론 조사와 통계와 수학 모델과 기술의 도움으로 지극히 합리적인 발전 계획을 짜는 비인간적인 테크노크라트(기술 관료)만 있는 것이 아니라는 주장으로 규정된다. 가장 단순한 세속적 거래 너머에는 무의식의 광대한 영역이 자리하고 있다. 프로이트는 합리적 계산을 맡은 지능은 "허약하고 의존적이며, 본능과 감정의 노리개이자 도구다"라고 썼다.[3]

현 시대의 놀라운 혁명과 이에 대한 우리의 당혹스러움은 우리가 충동과 감정에 초점을 맞춰 생각하도록 만든다. 이런 격변이 인간에게 어떤 의미인지에 대한 이해의 폭을 넓혀야 한다. 1세기 전 처음 시작된 이런 이해의 여정은 자유주의와 공평한 경제성장과 분배의 자유주의식 해결책을 넘어선 영역으로 펼쳐져야 한다. 후기공산주의와 후기자유주의인 우리 시대에는, 자칭 자유주의 국제주의자인 마이클 이그나티에프Michael Ignatieff가 최근에 마르크스주의 사상가 페리 앤더슨Perry Anderson에 대한 글에서 "계몽주의식 인본주의와 역사 통찰력으로는 우리가 살고 있는

세계를 설명할 수 없다"라고 썼듯이 솔직한 인정으로 시작하는 것이 가장 좋다.[4]

아무리 따져봐도 현 상황은 지적으로 엄청난 실패다. 보편 상업 사회라는 자유주의 계몽운동의 이상은 숨 가쁘게 세계화가 진행된 지난 20년 동안 가장 충실하게 실현되었다. 19세기에 마르크스는 "현대의 상인, 특히 영국 상인을 보통 사람"[5]으로 간주한 제러미 벤담Jeremy Bentham을 비웃을 수 있었다. 그러나 오늘날 계몽주의식 합리주의와 19세기 공리주의를 구체화한 형태인 신자유주의 이데올로기는, 특히 1989년에 경쟁자인 사회주의의 명예가 실추된 후 경제와 정치 영역을 거의 완전히 지배하는 데 성공했다.

신자유주의의 성공은 최근 몇 십 년 동안 추진되어 지금은 완전히 도입된 많은 혁신으로 증명된다. 국내총생산의 증가는 국력과 부에 대한 대체 불가능한 지표다. 개인의 자유는 소비자의 선택과 결합된다. 시장은 가치 있는 제품과 서비스를 공급해야 하고 정부의 임무는 공정한 경쟁 보장에 한정되어야 한다. 성패에 대한 시장 중심 지표는 학계와 문화계에까지 영향을 미쳤다.

신자유주의에 동반된 지적 혁명은 광범위했다. 계몽주의식 합리주의와 인본주의의 사생아인 공산주의의 붕괴는 정치가와 사업가, 논평가가 서양식 민주주의와 자본주의가 현대의 부정과 불평등을 해결했다고 생각하게 부추겼다. 이런 이상적인 관점에서 보면 자유시장과 경쟁과 개인의 기업가 정신을 중심으로 조성된 세계경제는 민족과 종교의 차이를 완화하고, 전 세계에 번영과 평화를 가져오고, 이슬람 근본주의 같은 자유주의 현대성의 확산을 막는 비합리적인 장애물을 결국 근절할 터였다.

그렇지만 오늘날 이런 냉전 후의 합의는 붕괴되고 있다. 극단주의자들과 편견에 사로잡힌 사람들이 계몽된 이기주의, 행복 극대화, 자유시장주의의 꾸준한 실험을 추구한 현대 서양의 핵심에서 권력을 거머쥐었다. "트럼프의 승리는 주로 미국의 경제적·지리적 불평등의 폭발 때문이다"[6]라는 토마 피케티Thomas Piketty의 주장은 옳다. 하지만 아프리카계와 히스패닉계는 물론이고 많은 부유층도 트럼프를 뽑았다. 인도, 터키, 폴란드, 필리핀에서 번영을 누리는 계급은 변덕스러운 선동 정치가들에게 여전히 확고부동하게 충성을 다한다. 뒤처지고 탄압받는 사람들의 새로운 대변자들(도금한 엘리베이터를 타는 트럼프와 영국독립당 당수 나이절 패라지Nigel Farage, 롤렉스 시계를 차는 이슬람국가 설립자, 런던의 고급 수제 양복을 입은 인도 총리 모디)의 행태는 정치 부조리 연극을 보는 듯하다.

게리 영Gary Younge은 "경제 불안과 우익 국가주의 사이의 연관성이 남용될 수 있다"[7]라고 올바르게 경고했다. "[일부 사람들은] 설사 백악관 대통령 집무실에 자살 폭탄 테러범을 투입하는 대가를 치러야 할지라도 워싱턴의 변화를 원했다"[8]라는 자칭 국제 사회주의자 마이크 데이비스Mike Davis의 허무주의 열정을 표출한 발언은 "트럼프가 이곳을 폭파시켜 날려버릴 [불가항력의] 논리를 폈다"라고 생각하는 버락 오바마의 의견과 같았다. 확실히 전 세계에 걸쳐 사이비 합리주의 여론 조사원과 자료 분석 전문가를 거부한 유권자들은 도스토옙스키가 그린 지하 생활자, 즉 사회의 승자에게 복수를 꿈꾸는 전형적인 패자와 유사해졌다.

19세기 자유주의가 절정에 달한 1860년대에 작품을 쓴 도스토옙스키는 합리적인 생각이 인간 행동에 결정적인 영향을 미치지는 않는다는 의심을 처음으로 환기시킨 사람이었다. 도스토옙스키는 존 스튜어트 밀John Stuart Mill과 벤담의 열렬한 독자들이 들여온 합리적 자기중심주의 또는 물질적 사리 추구에 대한 당시 러시아의 일반적인 생각에 반대하는 인물로 지하 생활자를 묘사했다. 도스토옙스키의 주인공은 많은 사람들이 공유하는 자본주의와 사회주의에 대한 실증주의적 가정, 즉 인간은 논리적으로 이해타산을 따지는 동물이라는 생각에 집요하게 저항한다.

> 아, 인간이 자기 이익을 모르기 때문에 못된 짓을 한다고 처음 선언한 사람이 누군지, 처음 주장한 사람이 누군지 묻고 싶다. 인간이 계몽되면, 자신의 진짜 이익에 있는 그대로 눈뜨면, 자신의 진정한 이익을 깨닫고 이해해서 착한 행동의 이익을 볼 수 있게 되기 때문에 당장 못된 짓을 멈추고 착하고 고결해진다고 말한 사람이 누군지 묻고 싶다.[9]

도스토옙스키는 생각의 방식(몇 명만 예로 들자면 니체, 프로이트, 베버, 무질과 같은 '의심의 달인'들이 나중에 다듬은 방식)을 정의했으며 이는 합리주의, 자유주의, 민주주의, 사회주의 이데올로기의 확실성에 대한 본격 지적 반란으로 발전했다. 공학을 전공한 무질은 당대의 혈연·지연 국가주의와 신낭만주의 숭배의 선전원이 결코 아니었다. 무질이 알아챘듯이, 문제는 우리에게 "지적 능력이 너무 많고 영혼이 너무 적다"는 것이 아니라 "영혼에 관한 지적 능력이 너무 적다"[10]는 것이었다. 또한 진실과 합리성을 초월하는 것을 목표로 한 세기말의 작가와 사상가 대부분은 인간 행동의 복잡한 동인 분석에 높은 지적 정밀성을 적용했다. 그들은 이 과정에서 개인 생활에서 억눌리고 눈에 띄지 않는 요소와 자유민주주의 사회·정치 생활에서 숨겨진 조작자의 역할을 새롭게 면밀히 살폈다. 프로이트는 『환상의 미래The Future of an Illusion』(1927)에서 사람들이 문화란 "권력과 강압 수단을 손에 넣은 소수가 망설이는 다수에게 강요하는 것"[11]이라고 느낄 수 있다고 썼다.

　　인간 주관성에 대한 복잡하고 새로운 정의에서 나온 예술과 문학과 철학은 억누를 수 없고 대체로 고통스러운 과거, 규정하기 힘든 현재, 알 수 없는 위험이 도사리는 미래로 나아가는 일련의 정처 없는 여정으로 표현되는 일상적인 의식의 흐름(제임스 조이스의 『율리시스』에서 가장 잘 알려졌다)이 존재한다고 가정했다. 현대 관점에서 모든 인간 행동은 공언된 원칙과 이상과 거리를 두고 일어난다. 이론과 실천 사이에 더 이상 줄일 수 없는 틈이 있고, 여기에 두려움과 희망과 허영과 분노와 복수가 도사린다. 우리가 '자아'라고 부르는 것은 역동적인 독립체로서, 프로이트가 말한 '정신 기제psychic apparatus'와 역사적으로 발달한 사회·문화 조건 사이의 상호작용 속에서 끊임없이 형성되고 재형성된다.

이런 의미에서 오늘날의 '과격한' 이슬람교도나 대안우파는 구제할 길 없는 광신도와 인종차별주의자가 아니다. 그들은 모든 인간과 마찬가지로 두려움과 욕구 그리고 자기모순으로 끊임없이 무너지는 열망과 동떨어진 확고한 자아를 가지고 있지 않다. 그래서 겉으로 드러나는 그들의 인종차별적·종교적 분노는 『코란』이나 극우 인터넷 매체 「브레이트바트 뉴스Breitbart News」를 자세히 읽는 것으로는 온전히 포착할 수 없다. 그들은 인간 자아와 그것이 놓인 사회적·정치적·문화적 맥락의 상호작용을 통해 가장 잘 이해될 수 있다.

오늘날 그 맥락을 뚜렷하게 드러내고 자아에 많은 고통과 갈등을 불러일으키는 것은 다음과 같은 역설, 현대 민주주의의 이상이 더 이상 사람들에게 인기가 없으며 신자유주의 세계화 아래에서는 그 이상을 깨닫기가 갈수록 어려워진다는 사실이다. 19세기 프랑스 사상가 토크빌Alexis de Tocqueville은 미국의 첫 번째 위대한 민주주의혁명에서 증식한 골치 아프고 복잡한 감정을 발견했다. 토크빌은 능력주의와 평등이라는 신세계의 약속이 과도한 야망, 마음을 좀먹는 부러움, 만성 불만을 일으킬 것이라고 걱정했다. 특정한 시대에 이르면 평등에 대한 갈망이 부풀어 '사나운 분노로' 변하며 자유의 축소를 묵인하고 독재자를 열망하는 사람들이 많이 생길 것이라고 내다봤다.[12]

오늘날 전 세계에서 두려움과 혐오의 광란이 목격되고 있는 것은, 토크빌이 목격한 민주주의혁명이 세계 구석구석으로 확산되었기 때문이다. 평등을 요구하는 분노는 세계 소비경제가 약속한 번영의 추구와 결합되고, 내면에서 악화된 갈등과 모순이 공공의 장에서 표출된다. 토크빌은 "자유롭게 살려면 동요와 변화와 위험이 만연한 생활에 익숙해져야 한다"[13]라고 경고했다. 이런 생활은 유형의 재화가 넘쳐흐를 때조차 안정성, 보안, 정체성, 명예가 극심하게 결여되어 있다. 그런데 이는 유용성과 이익에 대한 합리적인 고려가 뿌리째 뽑힌 채 굴욕당하고 한물간 생각으로 취급받는 오늘날의 세계에 사는 사람들에게서 흔히 볼 수 있는 생활이다.

대혼란으로서 현대성을 경험하는 일의 확산은 '혐오 또는 적개심ressentiment'의 유혹을 고조시켰다. 이것은 부러움과 굴욕감과 무력감의 강렬한 혼합으로 생겨난 타자의 존재에 대한 실존주의적 혐오로, 오래가고 깊어질수록 시민사회에 나쁜 영향을 주고 정치적 자유를 약화시킨다. 여러 감정이 뒤섞인 혐오는 외부 세계와 근본적으로 불안정한 관계에 있는 인간 자아를 가장 분명하게 드러낸다. 루소Rousseau는 혐오라는 말을 직접 사용하지는 않았지만 그 말을 깊이 이해했다. 루소가 지적했듯이, 상업 사회의 사람들은 자신이나 국가를 위해 살지 않는다. 그들은 자만심 또는 자기애의 만족을 위해 산다. 다른 사람들에게 인정받고 자기 가치를 높이고 싶은 욕망을 채우려드는 것이다.

그러나 지나치게 화려한 도널드 트럼프의 트위터에서 전형적으로 볼 수 있듯이 어차피 이런 자만심은 끊임없이 충족될 수가 없다. 자만심은 변덕스러운 견해에 기생하는 너무 흔한 심리다. 결국 그것은 자신에 대한 혐오감을 불러일으키고 다른 사람에 대한 무력한 증오심에 불을 붙인다. 그리고 순식간에 난폭한 충동으로 타락할 수 있다. 그리하여 다른 사람보다 더 애호받고 다른 사람의 비참한 상태를 기뻐할 때만 인정받는다고 느낀다.

혐오 또는 적개심은 상업 사회와 민주주의 사회의 이상 확산에 비례해서 증식한다. 독일 사회학자 막스 셸러Max Scheler는 20세기 초반에 현대사회의 특징을 이루는 현상인 혐오에 대해 체계적인 이론을 내놓았다. 혐오는 개인들 사이의 공식적인 사회 평등이 권력과 교육과 지위와 소유 재산의 엄청난 차이와 공존하는 사회의 고유한 특징이다. 오늘날 이런 차이가 개인의 포부와 평등이라는 개념의 확대·확산과 더불어 사방에 존재한다. 신자유주의 시대에 부와 지위와 권력에 대한 열망은 극도로 가망없는 환경에서 만발했다. 1989년 냉전이 종식된 후, 재능과 교육과 노력이 개인의 계층 이동으로 보상받는 평등한 조건은 더 이상 미국의 전유물이 아니게 되었다. 구조적 불평등이 단단히 자리 잡은 때조차 평등에 대한 환상이 확산되었다. 그에 맞춰 혐오가 유럽이나 미국의 고질병에서 전 세계 유행병으로 확산되었다.

　민주주의의 평등주의 이상이 개인의 부 창조 그리고 다국적 기업과 개인의 국민국가로부터 분리라는 신자유주의 이상과 충돌하면서, 혐오가 빠르게 증가하고 있다. 네트워크화된 도시를 통해 더 많은 부를 창출하고 '공유경제sharing economy'를 통해 사회를 더 공정하게 만들려는 합리적인 계획들은, 오늘날 주권이 약화된 국가 또는 잘 파악되지 않은 다양한 사회·정치 집단 내에 개인 대부분이 속해 있다는 사실을 인식하지 못한다. 토크빌이 다른 글에서 썼듯이, 오늘날 개인들은 세계에서 자신의 자리에 대한 과거의 확신이 사라졌고 전통적인 공동체와 지원 체계와 맺어진 연계도 사라졌다는 사실에 고통받는다. 이들의 사회적 고립은 많은 나라에서 사회민주주의의 축소와 식민지에서 독립 후 국가 건설 프로그램을 통해 심해졌다.

　실제로 신자유주의는 개인의 성장과 자기 지위 확대에 필수 조건으로 보이는 더 큰 공동체와 연계를 끊어버렸다. 이제 새로운 개인은 정교하게 통합된 정치·경제·문화 권력(금융자본의 불투명한 운영 방식, 가혹한 사회보장제도, 교육기관과 언론과 인터넷의 이데올로기 압력)의 노예가 될 때조차 진정으로 자유를 부여받지 못한다. 당연히 여성과 소수자를 희생양으로 삼거나 트위터에서 폭언을 해대는 사람들이 기하급수로 늘어났다. 이런 명백한 인종차별주의자와 여성 혐오주의자는 카뮈Camus가 혐오에 대한 셸

러의 정의를 소개하면서 "밀폐된 통에 갇힌 만성 무기력의 사악한 분비물"[14]이라고 일컬은 것에 오랫동안 조용히 시달려왔을 것이 틀림없다. 이런 괴사성 질병이 사회 조직에 스며들어가 「데일리 메일Daily Mail」과 폭스 뉴스Fox News에서 오랫동안 공개적으로 곪아오다가 격렬하게 분출된 결과가 트럼프의 승리였다.

부유층과 빈곤층 모두 이 상습 거짓말쟁이에다 탈세자인 인물에게 찬성표를 던진 것은 인간의 욕구가 사리 추구의 논리와 관계없이 작동하며 사리 추구에 해로운 결과를 초래할 수 있다는 점을 확실하게 보여준다. 사실 우리는 19세기 후반에 불만을 품은 과격한 대중이 합리주의 정치와 경제의 지나치게 긴 실험에 대한 급진적 대안에 빠져들기 시작한 상황과 무시무시할 정도로 비슷한 국면에 처해 있다. 20세기 초반 역사 중 대부분은 선동 정치가에 의한 대중의 무의식 조작, 군중심리와 대중매체의 도구화에 대한 약삭빠른 이해가 어떻게 대량 학살을 초래한 정권과 두 차례 세계대전을 낳았는지, 그 과정에 대한 경고 이야기를 담고 있다. 하지만 합리적인 자유주의의 엄청난 실패가 극단적으로 합리적인 전체주의 해결책을 위한 길을 열었다는 것 또한 사실이다. 역사학자 스티븐 코트킨Stephen Kotkin이 썼듯이, 초현대적인 사회·경제·문화 공학 기술을 갖춘 스탈린의 러시아는 "전형적인 계몽주의 이상향"[15]이었다.

나치즘과 스탈린주의로 인한 충격이 너무 컸던지라, 운명의 장난처럼 이 둘은 1945년 이후 자유주의를 회복하는 활동에 한

몿했다. 사실 끔찍한 실패로 얼룩진 자유주의가 냉전의 교착 시기에 지적으로 새롭게 치장했다는 점은 중요하다. 계몽주의를 깊이 신뢰한 영국계 미국인 자유주의자들은 비공산주의권 서양을 양성 합리성으로 평가했고, 그 반대 국가들에는 악성 비합리성이라는 낙인을 찍었다. 최근에 과격 이슬람주의에 반대하는 노트북 전사들에게서 이런 반응이 엿보인다.

아도르노Adorno와 호르크하이머Horkheimer가 단언했듯이, 나치즘은 스탈린주의와 마찬가지로 계몽주의의 변증법에서 나왔다. 한나 아렌트Hannah Arendt와 시몬 베유Simone Weil의 주장대로, 인종차별적인 영국의 제국주의가 나치즘과 스탈린주의의 진정한 전신이다. 그렇지만 자유세계의 이데올로그들은 자신의 높은 도덕적 근거를 주장할 때 자신의 합리주의와 다른 사람의 비합리주의 사이의 당혹스러운 연관성을 숨겼다. 냉전 시기 합리적인 서양과 비합리적인 동양, 계몽주의와 반계몽주의, 자유민주주의와 전체주의, 자유와 자유의 적, 서양과 서양의 적 사이의 대립은 지적으로 완전히 새로운 풍조를 만들어냈다.

그러나 냉전 자유주의가 영국계 미국인의 정치와 문화에 준 엄청난 영향력은 내적 일관성에 대한 오해를 불러일으켰다. 1945년 이후 유럽과 미국의 많은 발전은 사실상 사회주의에서 차용한 사회복지국가주의 정책을 통해 이루어졌다. 이런 가운데 1989년에 사회주의의 붕괴로 자유주의는 가장 강력한 도전자와 교섭자가 사라진 상황에 놓였다. 사회복지국가주의 정책은 서

유럽과 미국에서 이미 폐기되고 있었다. 1990년대에 자유주의는 얄팍한 경제 지상주의, 즉 신자유주의의 물질주의적이고 기계주의적인 이데올로기에 고분고분하게 빠져 들어갔다. 그리고 우리가 오늘날의 정치 현상을 이해할 수 없게 만든 것은 바로, 현실이 합리적이며 대안은 없다는 그 신자유주의의 반동적 전제였다.

서양의 포스트모던 사회에서 희생양을 찾아내 박해하는 것과 같은 과거 형태를 모방하는 경향이 급증하는 이유를 설명하려고 노력하는 사람들은, 당연히 더 이상 좌파와 우파와 중도파를 이데올로기로 나누는 논리에 의지할 수 없다. 행복한 삶 달성이라는 목표를 두고 서로 경쟁하는 이 기획들은 인간 사회에 대한 우리 지식에 근거를 제공해왔고, 진보 목적론을 통해 역사적 사건들을 설명해왔다. 냉전 시대와 그 이후의 많은 지적 작업은 인격, 시대, 문화를 자족적인 완전체와 경이로운 모델로 구축하는 데 몰두해왔다. 윈스턴 처칠Winston Churchill, 서양 문명, 자유주의, 현대성이 그것이다.

우리 시대의 형이상학적 대폭발은 이런 공허한 기획과 엘리트들의 정체성 정치는 물론이고 민주주의 자체를 위협한다. 18세기 후반 이후로 종교와 전통은 꾸준히 폐기되었다. 합리적으로 사리를 도모하는 개인이 자유주의 정치 공동체를 형성할 수 있으며, 이 공동체는 법규를 정해서 공유하고 민족과 인종과 종교와 성별에 상관없이 각 시민의 존엄성과 평등한 권리를 보장할 것이라는 희망을 가졌던 것이다. 지금까지 종교 근본주의에 위협받아온 세속적 현대성의 이 기본 전제는 바로 그 중심지인 유럽과 미국에서 선거로 선출된 선동 정치가들에 의해 현재 위기에 처해 있다.

이제 우리는 어느 쪽으로 가야 할까? 물론 마음 편한 이원론(자유주의 대 권위주의, 종교 대 세속 등)으로 민주주의의 위기를 계속 규정할 수 있다. 하지만 민주주의를 이제 전 세계적으로 불안정해진, 대단히 걱정스러운 정서적·사회적 조건으로 생각하는 것이 더 가치 있을지 모른다. 적어도 이 방식은 오늘날 다양한 정치 체제와 계급에서 급격히 확산되는 혐오의 작동을 살펴볼 수 있게 한다. 또한 미국과 영국의 경기 침체와 쇠퇴는 물론이고 인도와 터키의 사회계층 이동에 발맞춰 민족·국가 우월주의와 여성 혐오주의가 증가하는 이유를 이해할 수 있다.

최근에 악의에 불타는 트위터 트롤troll(악플러 또는 키보드 워리어-옮긴이)이 세계 최고 권력가인 미국 대통령으로 부상한 일은 민주주의와 자유주의에 대한 영국계 미국인 엘리트들의 이상적인 주장이 한 번도 국내 정치·경제 현실과 일치한 적이 없다는 점을 상기시켜주는 많은 사례 중 하나다. 자유주의는 원래 인종차별주의와 제국주의의 폭력에 힘입어 탄생했다. 게다가 자유주의는 끊임없이 변했으며, 최근 몇 십 년 동안 세계화와 테러리즘에 의해 기형으로 변형되었다. 냉전 이데올로기의 추상적 내용은 9·11 사태로 시작된 위기의 시기에 대부분 사라졌고, 반전체주의·'자유주의' 서양이라는 확신에 대한 향수 어린 갈망을 잔재로 남겼다.

가장 저명한 냉전 자유주의자인 토니 주트Tony Judt는 죽기 얼마 전에, 젊은이들이 "공동 목적을 중심으로 한 사회 결속 정치"를 발견해서 자신이 젊은 시절에 가졌던 사회민주주의 이상을 부활시켜주기를 희망했다.[16] 프랑스 최고의 자유주의 사상가인 피에르 마낭Pierre Manent은 최신작에서, 이슬람교를 계몽주의 이후의 신념으로 장난스럽게 옹호한 미셸 우엘벡Michel Houellebecq를 향해 교양 있는 논평을 내놓았다. 그리고 영국 역사학자 사이먼 샤마Simon Schama는 트럼프가 당선되자 유럽과 미국에서 파시즘과 싸울 새로운 처칠이 필요하다는 글을 트위터에 올렸다.

이런 잘난 체하기와 가슴 치며 후회하기는 사실상 비합리적인 요구나 다름없다. 현재 자체를 없애고 과거로 회귀하자는 것이다. 이는 전통 좌익과 우익이 계급·인종·성별·국가를 중심으로 주권을 구축할 목적으로 진행해온 노력의 전제 조건 자체가 빠르게 사라지고 있다는 고통스러운 사실을 회피하려는 자세다. 우리에게 올바른 종류의 단호한 지도자·합리적인 문화·정치 공동체·독실한 신앙심·성 연대·독립국가의 지위가 부족하다는 한탄은, 오랫동안 끊임없이 변형되고 뒤섞이면서 규정할 수 없는 형태로 탈바꿈해온 우리네 정치·사회·과학기술의 분열된 속성을 무시한다. 이런 변형의 형태로 성소수자 권리 옹호, 고문 부활, 가짜 뉴스fake news(과거에 '거짓말'이라고 부르던 것의 요즘 약칭) 확산을 들 수 있다. 또한 좋았던 옛 시절에 대한 그리움은 오늘날 민주주의 제도의 타당성에 닥친 엄청난 위기에 적절한 대응이 못 된다.

모디 인도 총리, 에르도안 터키 대통령, 푸틴, 브렉시트, 트럼프가 야기한 불길한 이상 현상의 정치적 해결에는 좋지 않던 옛 시절에 대한 심판이 필요하다. 이는 이슬람교에 영감받은 연대 모델, 억압받는 이들을 위한 국가주의 교육, 세계화가 약속한 재화를 결국 제공할 것이라는 불굴의 신념보다 훨씬 진취적이다. 이 필수 작업은 의심의 달인들이 설명한 인간 경험과 욕구에 대한 더 풍부하고 다양한 그림으로만 가능하다.

우리가 무엇을 계산할 것인지, 따라서 무엇을 계산하고 분석할 수 있는지 양에만 집착하다보니 너무 오랫동안 간과한 것이 있다. 바로 주관 정서다. 거의 30년 동안 과학기술과 국내총생산에 대한 맹신, 19세기의 사리 추구 계산법이 정치와 지적 생활을 지배했다. 오늘날 합리적인 시장의 명령을 받는 개인들의 사회는 깊이를 알 수 없는 절망과 고통의 심연을 드러낸다. 이 사회는 명령 자체에 대항하는 허무주의 반란을 낳는다.

수많은 주요 표지가 폐허가 되어버린 지금, 우리는 갈 길을 정하기는커녕 목적지조차 제대로 알지 못한다. 그러나 기본자세를 갖추려면 무엇보다 정신에 관한 정확한 해석이 필요하다. 그렇지 않으면 합리적인 동기와 결과에 심취해서 "급하게 흐르는 강 한가운데에" 놓인 관찰자처럼 될 위험이 있다. 토크빌은 이런 사람을 두고 "역류하는 강물에 휩쓸려 배가 심연을 향해 뒤로 떠내려가는 바로 그 순간에 고집스럽게 눈앞에 있는 잔해 더미만 응시한다"[17]라고 묘사했다.

제 10 장

담대한 용기

Mut zur Verwegenheit

로베르트 미직 Robert Misik

지금으로부터 거의 30년 전, 피에르 부르디외Pierre Bourdieu는 「정치학 담론」이라는 소논문에서 다음과 같은 글로 도입부를 시작했다.

앞으로 우리는 정치인이 범람하는 시대에 살게 될 것이다. 정치인 후보들의 입에서 매일같이 쏟아지는 비슷비슷한 공약들은 헛소리로 가득할 것이며, 그들은 자신의 이해관계와 기회를 위해 공약을 남발할 것이다. 이러한 정치인들을 분석하는 신문 사설이나 논평은 읽을 필요조차 없어질 것이다. 정치인들이 내뱉는 정치적 발언은 날씨 이야기만큼이나 의미 없고 공허할 것이다.[1]

오늘날 우리가 직면한 상황은 이미 수십 년 전부터 싹트기 시작했다. 그러니 지금 우리는 그 싹의 결과물을 보고 있는 것이라고 할 수 있다. 다른 곳은 몰라도 이른바 '서양 세계'라고 불린 지역에서는 오래전부터 변화의 징조가 나타났던 셈이다. 과거 전통 세계관에 근거하여 형성된 정당들은 시간이 흐름에 따라 전형적인 특성이 약화되면서 점차 변모하기 시작했다. 예전에는 특정 집단의 이익을 대변하는 '계급 정당'이나 비주류 세력 중심의 '주변 정당'이 정치권에 존재했으며, 이들 정당을 이끄는 지도자는 각기 고유한 특색을 가지고 있었다. 그러나 이제 특정 계층을 대변하는 정당은 사라지고 있으며 정치 지도자 또한 일종의 전문 직업인으로 대체되고 있다. 프로 선수처럼 활동하는 직업 정치인은 정치 무대에서 오랜 기간 활동해온 또 다른 직업 정치인과 긴밀한 관계를 맺고 있으며, 이들은 서로 간의 연결고리를 바탕으로 정치 활동을 펼친다. 전문 정치인은 점점 시민과는 동떨어진 영역에서 활동하면서, 아주 작은 이득을 얻기 위해 그들만의 경쟁을 벌인다. 각축을 벌이는 상대 정치인 역시 너 나 할 것 없이 공범 관계를 이루며 서로서로 얽혀 있다.

더 불편한 현실은 따로 있다. 이해타산과 기회로 얽혀 단단한 지도층을 이루고 있는 전문 정치인들이, 정치 영역을 넘어 지구화된 세계경제의 중심부로 들어가 경제 엘리트 역할을 주도하고자 한다는 것이다. 전문 정치인들이 세계경제 무대를 향함으로써 그나마 남아 있던 시민과의 교류마저 점점 약화되고 있다. 이런 현상이 걷잡을 수 없이 증가하면, 언젠가 전문 정치인들은 시민과는 완전히 차단된 자신들만의 세계에 머물면서 더 이상 시민의 목소리를 듣지 못할 것이다.

머지않아 노동자들과 중산층 이하 사람들의 소득은 정체될 것이며, 이미 여러 전조 증상들이 생겨나고 있다. 하지만 이들 계층의 목소리에 귀 기울이는 직업 정치인은 찾아보기 어려워졌다. 이 같은 현실에 적응해버린 일부 시민은 가당지 않을 하소연만 늘어놓을 뿐이다. "저 윗자리에 있는 엘리트들은 우리한테는 아무 관심이 없는 모양이야. 우리 관심사나 요구 사항을 대변한 적이 한 번도 없으니 말이야."

영국의 브렉시트 찬반 투표, 미국 대선에서 승리한 도널드 트럼프, 그리고 유럽 전역에서 상승세를 보이고 있는 우파 포퓰리즘 등은, 앞서 우려했던 엘리트 중심 정치에 내포된 다양한 위험 요소가 곳곳에서 드러난 현상이라고 할 수 있다. 주류에서 밀려난 이들의 불만과 분노는 변방에서 무성하게 자라나 이내 시민사회에 확산되었다. 그리하여 그동안 숨어 있던 '잠재적 다수'가 불만과 분노를 기반으로 결집하면서 민주주의 다원론을 위협하고 있는 것이다. 권위주의적 반反정치가 급부상한 것은 '기득권 정치'의 실패로 인한 결과물로 이해해야 한다. 더 나아가 이는 민주주의 좌파Linke, Left-wing 정당의 문제로도 받아들여야 한다. 이어지는 글에서는 이와 관련된 이야기를 해보려고 한다.

계층을 둘러싼 이야기

세계사의 흐름에 비춰 보았을 때 1989년은 새로운 시대를 시작하는 중요한 순간이었다. 특히나 진보 정당들에 1989년은 한 분기점이었다. 냉전 종식이 선언되면서, 기존 진보 정당이 감당했던 몇몇 계층 이외에 새로운 형태의 계층이 사회 곳곳에서 생겨났고, 이로 인해 진보 진영 정당은 또 다른 국면을 맞이하게 되었다. 이는 단순히 그해에 일어난 단편적인 현상을 가리키는 것이 아니다. 현실사회주의Realsozialismus/Real socialism의 몰락, 베를린 장벽의 붕괴, 양극 대결 구도의 종말, 또는 사회주의 논리의 자신감 상실 등, 1989년은 다양한 현상이 복잡하게 중첩되고 뒤얽힌 역사의 한 과정으로 이해해야 한다. 냉전이 끝나고 세계는 '역사의 종언'을 고하며 자본주의의 승리를 외쳤다. 동시에 세계질서는 다원론을 기반으로 하는 자유민주주의 체제로 재편되었으며, 시장 근본주의와 신자유주의는 지배 이데올로기로 자리 잡았다. 그러면서 서양 사회는 현대화 과정에 박차를 가했고, 이전에 노동자계층에 속하던 젊은이들은 급속한 현대화의 물결을 타고 도시 중산층으로 옮겨갔다. 그렇다면 노동계층은 어디로 갔을까? 이제 우리 사회에서 노동계층은 어디에도 존재하지 않는다! 그나마 일부 남아 있는 노동계층도 현대화의 물결에 녹아들어 곧 사라질 것이다.

사회주의 정당이나 사회민주주의 정당 역시 점차 중산계층을 포괄하는 정당으로 변화했으며, 자신들을 지지하는 유권자가 누구인지 명확하게 파악하지도 못한 채 모호한 정체성을 가진 정당이 되고 말았다. 과거 이들 정당의 조직 기반은 노동자였고, 노동자가 주로 거주하는 지역에서 구성된 체계적인 네트워크가 이들을 받쳐주는 가장 든든한 중심축이었다. 자본주의로 인한 현대화 바람으로 노동자 중심의 촘촘한 조직망은 와해되었고 구시대 유물로만 남았다. 그러나 실제로 우리 사회는 중산계층으로 평준화되지 않았다. 노동계층이 사라졌을 뿐 그들이 진짜 중산층으로 변한 것은 아니다. 여전히 우리 사회에는 무수한 '패배자'들이 존재하며 그들은 단지 사회에서 잊힌 것뿐이다.

물론 다소 거칠게 표현된 면도 있지만, 여기서 말하는 패배자란 '절대 승리자'와 '절대 패배자'라는 극단적 이분법에 의한 구분이 아니다. 오늘날 사회 주류 무대에서 알게 모르게 사라진 이들이 속한 집단은 결코 중산층이라는 동일 계층으로 묶을 수 없다.

먼저 '일하는' 중산층을 '노동계층'이라고 칭할 수는 없다. 사회학에서도 이 둘을 분명하게 구분지어 설명한다(미국에서는 '노동계층Working class'과 '중산계층Middle class'을 동의어로 사용하곤 하는데, 보통은 우리가 아는 '노동계층' 정의에 가깝다고 할 수 있다). 회사원, 기술자, 육체노동자 등 일정한 수입으로 생계를 이어가는 사람들은 세계화로 인한 경제 질서의 변화 속에서 위협을 느낄 수밖에 없다. 그들의 임금과 월급은 수년 전부터 침체 상태를 못 벗어나고 있으며, 그들은 현재 겪고 있는 치열한 경쟁에서 자신들이 쉽게 도태되고 사라질 수 있다는 사실을 인지하고 있다. 지금 우리가 처한 무한 경쟁 사회는 신자유주의 도래 이후 그 어느 때보다 맹렬한 기세로 사회 구성원을 위협하고 있다. 특히나 정해진 소득을 받으며 일하는 이들은 마치 살얼음판을 걷는 것처럼 위태로운 기분을 느끼며 살고 있다.

앞서 언급한 사회집단은 경제가 몰락하거나 노동강도가 높아지는 등의 상황에 대해 직접 두려움을 느끼지는 않는다. 다만 이들은 자신의 소득이 정체 상태를 벗어나지 못하거나, 지금보다 더 적은 임금을 받게 될까 우려하고 불안해한다. 따라서 이 집단에는 외식업 종업원이나 택배 업무 종사자처럼 서비스산업에서 일하며 생산수단 없이 노동력을 팔아 생활하는 새로운 임금노동자들이 포함된다. 이를테면 '서비스산업 프롤레타리아'인 셈이다. 그러므로 교육 혜택을 제대로 받지 못해 직업을 구하지 못한 이들은 이 사회집단과는 별개라고 할 수 있다.

이 임금노동자 집단이 비록 수입이 낮고 소득에 변화가 적다 하더라도, 이들을 '빈곤층'이라 부를 수는 없다. 오히려 그 반대다. 이 사회집단에 속한 사람들은 스스로 노동을 해 가족을 부양하는 일에 자부심을 느끼며, 빈곤층을 지원하는 사회보장제도를 그다지 반기지 않는다. 미국 법학자 조앤 C. 윌리엄스Joan C. Williams는 "많은 사람들이 미국 노동계층에 대해 이해하지 못하는 것들"이라는 글을 통해, 트럼프 현상을 만들어낸 미국 노동계층을 분석했다. 조앤 C. 윌리엄스에 따르면 사회 내부에 존재하는 다양한 형태의 위협이 미국 '백인 노동자계층'에 불안과 분노를 불러일으켰으며, 이들의 감정 반응이 정치권에 영향을 미치면서 트럼프 현상으로 발현된 것이라고 한다.[2]

이러한 미국 사회 상황을 경우에 따라 유럽 여러 국가에도 적용하여 해석할 수 있을 것이다. 위에서 언급한 사회집단 사람들은 자기네 목소리를 대변해줄 정치 세력이 더 이상 존재하지 않는다고 느낀다. 특히 유럽 내에 존재하는 이들 집단은 세계화와 유럽 통합으로 인해 자신들이 얻는 것보다 잃는 것이 더 많다고 생각한다. 실제로 이들의 생각은 상당 부분 일리가 있다. 최근 경제를 논할 때 가장 뜨거운 공방이 벌어지는 주제로 "자유무역과 규제 완화 확대가 국민경제 발전에 도움이 되는가"라는 문제가 있다. 한편에서는 여전히 단점보다 장점이 많다고 주장하며, 다른 한편에서는 자유무역과 규제 완화로 국민경제가 얻는 불이익이 더욱 크다고 강조한다. 그 가운데 논쟁할 여지 없이 분명한 사실 하나가 있다. 만일 국가라는 '하나의 집단'이 이득을 얻으면, 이 이득은 불공정하게 분배되고, 결국 어떤 경우에서든 승자와 패자가 발생한다는 점이다. 승자에 속하지 못한 이들은 대략 25년이 지나고 나서야 사회에서 경쟁이 심화되고 있다는 사실을 체감하며, 사회 전반에 걸친 경제적·물질적 스트레스의 증가를 뒤늦게 깨닫는다. 그리하여 분배에서 소외된 '패배자'들은 오랜 세월이 지난 후에야 비로소, 세계화를 옹호하며 자유무역과 규제 완화를 주창하던 사람들의 판에 박힌 말들이 헛소리에 불과했음을 알게 된다.

냉전 종식 이후 변화된 사회질서 속에서 소외된 집단들은 기존 진보 정당을 신뢰하지 않게 되었다. 이들은 진보 정당이 자신들에게 아무런 관심이 없을뿐더러 자신들의 입장을 대변해주지도 않는다고 여긴다. 더 나아가 기존 진보 정당이 소외된 집단의 대변인이 아닌 더 높은 계층에 있는 경제적 강자들의 대리인이 되었다고 생각한다. 사실 이들의 생각이 완전히 틀린 것은 아니다. 현재 우리 사회는 지속적으로 계층화되고 있으며 기존 계층 또한 다양한 형태로 분열되고 있다. 그러나 우리는 계층 분열로 인해 새롭게 등장한 사회계층을 명확히 파악한 적이 한 번도 없다. 더불어 계층 간 균열과 그로 인해 발생하는 사회 불화를 전혀 제대로 진단하지 못했다.

문화 소외

오스트리아 진보 정당 중 하나인 사회민주당은 줄곧 정체성이 분분명한 상태로 여러 집단과 연합을 맺으며 사회 각층으로부터 지지를 받고 있다. 각기 다른 집단이 한 정당 아래 연대한다는 것은 좋게 평가하면 일종의 화합일 수 있다. 그러나 가령 오스트리아 사회주의 철학자 막스 아들러Max Adler와 오스트리아

동남부 지역 노동조합 임원이 한 당에 속해 있다고 생각해보자. 날카로운 좌파 지식인과 대중에게 인기 있는 노조 임원 사이에는 단순한 생활방식 차이를 넘어 커다란 간극이 존재한다. 노동계층 또한 마찬가지다. 우리가 그동안 노동계층이라고 성글게 칭했던 이들은 대개 다음과 같은 사람들이다. 집에서 가장 역할을 담당하면서 소득수준을 남성성의 척도로 여기고, 유약한 지식인에게는 왠지 모르게 거부감을 갖는 그런 남성 집단 말이다. 그러나 실제 우리 사회의 노동계층은 생각보다 훨씬 다층적이다. 그럼에도 진보 또는 좌파 진영에는 각양각색의 노동계층과 지식인이 함께 속해 있으며 어떻게든 그 안에서 연대를 이루고 있다.

하지만 그렇게 단순하게 생각할 일은 아니다. 오늘날 '노동계층'에는 일하는 노동자도 있고 일하는 중산층도 있다. 각기 다른 업무에 종사하는 화이트칼라 집단도 노동계층에 속하며, 서비스산업 프롤레타리아도 여기에 포함된다. 그런데 사회에서 주류로 여겨지는 집단 내부에도 이른바 '진보' 중산계층이 있다. 경제 분야에 긴밀히 유착된 집단과 대도시 고학력 집단 안에도 이른바 진보 중산계층이 존재하는데, 이들이 말하는 진보는 일종의 '문화적 가치관'으로 노동계층에서 추구하는 진보와는 차이가 있다.

시간이 흐르면서 사회 내부에는 계층 분열을 야기하는 새로운 요소가 추가되었다. 바로 '문화 차이'다. 도심 중심부에서 밀려나 변방에 머무는 집단은 대도시에 속한 '세계시민' 집단이 자신들의 생활양식을 경시한다고 느낀다. 경제 불안이 사회 불안으로 이어지면서 사회 속에서 개인과 집단이 차지하는 위치는 이중으로 위협받기에 이르렀다. 스위스 정치학자 실리아 호이저만Silja Häusermann은 한 인터뷰에서 이렇게 정리했다.

우파 국가주의자를 선택하는 이들은 빈곤층이 아니며 사회적 약자도 아니다. 보수 극우주의자에게 표를 던지는 사람들은 중산층 바로 아래에 존재하는 계층이다. 이들은 경제적으로 가난하지 않지만, 현재 위치에 불안감을 느끼고 있으며 더 낮은 계층으로 몰락할까 봐 두려워한다. 이들은 자신들이 더 이상 거머쥘 수 없는 지위를 갈망하며 정치적 요구를 하고 있다. 노동자로서 그리고 가정 생계를 담당하는 가부장 남성으로서 불안을 느끼며, 가질 수 없는 지위를 가지고자 목소리를 높이는 것이다. 이들은 세계가 점차 발전해가는 현실에 불평이 가득하다. 이러한 현실에 어느 정도 체념한 상태면서도, 사회가 자신들이 원하는 방향과는 다르게 흘러가는 것을 보며 불만과 분노를 느낀다. 그 불만의 대상은 주로 여성과 젊은이며, 노동시장과 교육제도를 비롯한 사회의 여러 문제도 여기에 포함된다.[3]

'문화 주변부'는 지난 몇 년 동안 지극히 관습적이고 형식적으로 이해되어온 개념이었다. 문화적으로 소외되어 주변부에 속한 이들도, 그리고 그들을 바라보는 이들도 상황을 크게 의식하지 않고 자연스럽게 받아들인 측면이 있다. 그러나 이 문화 주변부에 속한 이들이 어느 순간 스스로 사회로부터 존중받지 못한다고 인식하기 시작하면서 여러 갈등이 일어났다. 실제로 이들이 부당한 주장을 하는 것은 아니다. 디디에 에리봉Didier Eribon은 『랭스로의 귀환Retour à Reims』이라는 책에서 문화 주변부가 소외되는 과정을 누구보다 솔직하고 적나라하게 묘사했다. 부모님이 공산주의자였던 디디에 에리봉은 학업을 위해 파리로 건너가, 과거를 회상하며 자전적인 이야기를 풀어냈다. 한때 그는 '실존하는 진짜 노동자계층'으로 살면서 자신의 내면에 존재하는 모든 본능적인 것들을 거부해야만 했다고 고백했다.[4] 그러나 오늘날 그의 부모님은 프랑스 극우 민족주의 정당인 국민전선Front National의 지지자가 되었다. 이는 디디에 에리봉의 부모님이 인종차별주의자가 된 것이 아니라, 스스로 사회에서 문화 소외를 겪고 있다고 느꼈기 때문이며, 동시에 기존 좌파 정당이 자신들의 경제적 이해관계를 대변하지 못한다고 여겼기 때문이다.

기존 진보 좌파 정당은 사회 변화에 발맞추지 못했다. 이들 정당이 성공적으로 자기네 역할을 다하기 위해서는 지지 기반을 두 분야로 나누어야 한다. 하나는 활발한 사회운동을 통해 지지층을 다지는 일, 다른 하나는 자신들에게 표를 줄 수 있는 유권자를 확보하여 세력을 강화하는 일이다. 어느 한쪽으로 치우치지 않고 두 분야를 균형 있게 조율하여 양측의 지지를 확보해야 한다. 앞서 언급한 다양한 형태의 노동계층과, 현대화된 도시 중산층 가운데 존재하는 진보 좌파 또는 중도좌파 지지층을 하나로 모아야 한다. 예컨대 만약 좌파 정당이 약 40퍼센트의 표심을 확보하고자 한다면, 그중 절반가량은 이들 노동계층과 도시 중산층으로부터 얻어야 한다. 물론 변화하는 사회·경제 환경 속에서 이들 계층을 명확하게 구별하기는 쉬운 일이 아니다.

영국 저널리스트 존 해리스John Harris는 브렉시트 투표 결과에 대한 구체적인 분석을 「가디언The Guardian」에 기고하며 영국 노동당이 처한 딜레마에 대해 논했다. "좌파 정당에 미래는 있는가?"라는 제목으로 브렉시트 현상을 논리적으로 해석한 존 해리스는 단순한 정치 교체만으로는 오늘날 좌파 정당이 처한 문제를 해결할 수 없다고 말한다.[5] 조금 과장해서 말하면, 토니 블레어식 온건 신자유주의를 지향하던 '블레어주의자'들이 노동당 내에서 중도좌파 사회민주주의 세력을 형성하면서 도시 중산층의 입장을 대변하게 되었다는 것이다. 그로 인해 영국의 실제 노동계층은 노동당으로부터 소외되었고, 노동당이 다시 왼쪽으로 선회하기를 바라는 (노동계층) 사람들은 강경 좌파인 제러미 코빈을 새 당대표로 선출하면서, 그에게 신뢰를 보냄과 동시에 큰 기대를 걸게 되었다.

하지만 정치 교체만으로는 한계가 있다. 물론 제러미 코빈은 진보주의 학생층과 좌파 지지층에게는 일종의 영웅이라고 할 수 있다. 코빈을 지지한 사람들은 새로운 진보 정치를 통해 사회 변화를 꾀하고자 했다. 이들은 브렉시트를 찬성한 노동계층과는 다르며, 이민자가 자신들의 직업을 위협한다고 생각하는 집단과도 정치적 요구 사항에서 확연한 차이를 보인다. 이민자와 소수자를 불편해하는 집단은, 진보 엘리트들이 사회적 약자와 성소수자의 인권을 너무 많이 주장한다며 불만을 드러낸다. 또한 이들은 진보 엘리트들이 정치적 올바름Political Correctness에만 치중해 있다며 언짢아한다. 그러므로 이 거대한 두 집단, 브렉시트를 찬성한 노동계층과 이민자·소수자를 거부하는 집단 때문에 진보 진영은 더 '좌편향'된 정치 기반을 확보하는 데 어려움을 겪는다. 코빈이 이끄는 노동 정당이 지금보다 더 '왼쪽으로' 기울면 진보 도시 중산층으로 분류되는 기존 블레어주의자들의 지지를 잃는다. 그러나 더 큰 문제는 '좌클릭'을 한다고 해서 잃었던 노동계층의 지지 기반을 확실하게 얻는다는 보장이 없다는 것이다.

현재 서양 사회는 두 종류의 기류로 나뉜다. 하나는 국제 이주와 다문화에 반대하는 이들 중심으로 형성된 기류며, 다른 하나는 세계시민주의를 지향하면서 인권과 연대를 주장하는 이들의 기류다. 전자는 보호무역주의를 원하고, 후자는 세계화의 이점을 살리고자 한다. 보호주의를 요구하는 측 대다수는 브렉시트에 찬성했으며, 그와 상반된 입장에 선 부류 대부분은 브렉시트를 반대했다. 다시 말해 둘 사이에는 깊은 골이 있을 뿐 아니라 엄청난 거리감이 지배한다. 그리고 이 간극은 쉽게 좁혀지지 않을 것이다.

유럽연합을 추진하다

이처럼 각양각색의 집단을 다시 하나로 연합하는 일은 결코 만만치 않다. 제대로 된 통합을 위해서는 분명한 철학과 구체적인 계획이 전제되어야 하며, 더불어 정치 경로를 변경해야 한다.

사회 전반을 뒤덮고 있는 신자유주의 물결의 파급력은 억제되어야 한다. 그리하여 사회 여러 영역에서 제한된 역할만 담당하도록 수위를 조절해야 한다. 신자유주의의 위기에 관한 담론은 정치·경제 영역에서 제일 먼저 불거졌다. 세계 금융 위기가 도래한 다음 신자유주의의 위기에 대해 심각한 논의가 진행되었으며, 그 영향력을 제한하기 위한 움직임이 본격 시작되었다. 약 15년 전만 하더라도 시장 근본주의가 전 세계 헤게모니를 주도했으며 그 무엇도 시장 중심 패권을 흔들 수 없을 것 같았다. 세계화 시대에 발맞추기 위해 규제 완화와 구조 개혁, 제도 유연성이 강조되었고 시장에서 살아남으려면 개인과 기업, 국가까지 경쟁력을 갖춰야 했다. 이러한 신자유주의 헤게모니는 누구도 거스를 수 없었다. 전통적으로 개혁 성향을 가진 중도좌파 정당들은 이 패러다임에 순응했다. 고유의 패러다임을 설정하지 않은 채 아무런 철학도 없이 신자유주의 물결에 휩쓸려 간 것이다. 정확히 말하면 기존에 자신들이 내세웠던 노선을 불신하고, 대척점에 있던 경쟁 세력에 항복한 셈이다.

오늘날 상황은 조금 다르다. 전 세계에서 긴축정책은 예외 없이 실패로 돌아갔으며, 우리는 무수한 실패 사례를 목격했다. 그럼에도 여전히 긴축 경제를 시도하는 이들은 머리가 아주 나쁘거나 아니면 어디로부터 로비를 받은 정책 결정자일 것이다. 또는 볼프강 쇼이블레Wolfgang Schäuble(독일 재무장관으로 그리스 구제금융 지원 과정에서 긴축정책을 주도했다-옮긴이)처럼 극히 예외적인 인물이거나 말이다. 이 대목에서 작가 업턴 싱클레어Upton Sinclair가 했던 말이 떠오른다. "뭔가를 이해하지 못하는 덕분에 월급을 받는 사람에게 그 사실을 이해시키기란 쉬운 일이 아니다." 유로존 전역에서 소득이 감소하고 성장은 둔화되고 위기는 극복할 수 없는 지경에 이르렀으나, 이 상황에 문제를 제기하고 책임을 떠맡을 사람은 전무하다. 경쟁력만이 유일한 생존 덕목이던 신자유주의 질서는 결국 '바닥으로의 경쟁Race to the bottom(지구화된 경제 질서 속에서 살아남기 위해 국가와 기업이 규제 완화, 감세 등을 추진하며 무리한 경쟁을 벌인 결과 사회복지와 노동환경이 최저 수준으로 악화되는 현상-옮긴이)'을 이끌었으며, 이 과정에서 사회 주류로부터 밀려난 주변부는 붕괴하고 몰락했다.

폴 크루그먼Paul Krugman에서부터 조지프 스티글리츠Joseph Stiglitz, 블랑코 밀라노비치Branko Milanovic, 대니 로드릭Dani Rodrik, 토마 피케티 그리고 마리아나 마추카토Mariana Mazzucato에 이르기까지, 그동안 경제학자들은 무수한 논문을 펴내며 세계질서를 지배하고 있는 신자유주의 패러다임을 신랄하게 비판했다. 뿐만 아니라 현재 진보 좌파 진영이 나아가야 할 방향과 노선을 수차례 제시한 바 있다. 이들은 그동안의 극심한 국제 경쟁 구도가 오늘날의 성장 둔화를 야기했다고 주장하며 국가의 역할을 강조한다. 진정한 경제 발전을 위해서는 소득의 정당한 분배가 이루어져야 한다는 것이다. 지금까지 신자유주의 논쟁은 세계 여러 언론 매체를 통해 다양한 방식으로 펼쳐졌다. 월스트리트 쪽을 대변하는 경제 전문지 「포브스Forbes」부터 복스닷컴Vox.com 같은 인터넷 기반 진보 언론 매체까지 세계화와 신자유주의를 논하며 '새로운 자유(진보)주의적 합의Ein neuer linksliberaler Konsens/New Liberal Consensus'의 길을 모색했다. 물론 이러한 논의가 형성된다고 해서 진보주의 헤게모니가 단번에 세계질서의 본무대에서 자리를 잡는 것은 아니다. 다만 신자유주의 담론에서 이른바 '공포의 균형Gleichgewicht des Schreckens/Balance of terror' 논리가 점차 약화되고 있다는 점에 기대를 거는 것이다. 만능 열쇠였던 신자유주의 논리가 머지않아 세계 정치·경제 질서에서 아무런 역할을 하지 못하리라고 주장하는 사람들이 있다. 실제로 현실 정치에서 좌와 우, 보수와 진보 사이에 세력 경합이 벌어지면 진보 좌파 노선의 맞상대는 우파 포퓰리즘을 등에 업은 국가주의자들이 된다. 기존 신자유주의 엘리트들이 세력을 잃고 사라진다는 전제 아래, 좌우 진영의 구도는 진보 좌파 대 극우 국가주의의 경쟁이 되는 것이다. 상대적으로 유연한 노선을 추구했던 전통 중도우파 정당은 양 진영 가운데 어느 한쪽으로 노선을 변경할 것이다. 사회정의를 표방하는 정당으로 다시 세력을 모으거나, 아니면 바이에른의 기독교사회연합CSU처럼 원내교섭단체를 구성하여 특정 정치 이슈에서만 세력을 행사하는 우파 포퓰리스트의 형식을 갖출 수도 있다. 또는 미국 공화당 일부 세력처럼 모호한 정체성을 지닌 채 우파 정당 안에 머물 가능성도 있다.

여기서 문제는 현재 진보 진영에 확고한 철학과 사상이 없다는 것이다. 특히나 정치권에 들어서면 이 문제는 더욱 두드러진다. 오늘날 현실 정치 무대에서 진보적 가치관을 찾아보기 어려우며, 신자유주의라는 두꺼운 벽을 뚫을 만한 호소력 있는 철학 또한 부족한 상태다. 이런 현실은 유럽연합 내에서 또 다른 방식으로 문제를 드러낸다. 현재 유럽연합의 정치·경제 구조는 암묵적으로 신자유주의 체제에 토대를 두고 있기 때문에, 진보적 가치관이 현실 정치에서 구현되기란 사실상 굉장히 어렵다. 유럽연합은 (아직) 28개 회원국으로 구성되어 있으며 유로존에 속한 나라는 총 19개국이다. 유럽연합에 속한 각 나라 정부가 점진적 합의를 이루어 서서히 진보 노선으로 바꿔간다고 가정한다면, 유럽위원회와 유럽의회 내에서도 다방면으로 영향력을 확대할 수 있을 것이다. 국가마다 진보 좌파 정당이 정권을 주도한다면 유럽의 현실 정치 무대에서는 서로 가깝지만 한편으로는 멀기도 한 세력이 얼굴을 마주할 것이다. 가령 그리스의 급진 좌파 연합인 시리자 정부와, 상대적으로 중도좌파 성향을 가진 포르투갈 정부를 대비해보면 알 수 있다.

더 체계 있게 설명하자면, 다음 3가지 방식으로 정치 전략을 변경해야 한다. 첫째, 각 나라마다 '살아 있는' 좌파 정당을 다시 세워야 한다. 이들 정당은 활발하고 적극적인 사회참여로 충분한 신뢰감을 쌓으면서 국민들 다수로부터 지지를 얻어내야 한다. 그리하여 나라별 선거에서 승리할 수 있도록 노력해야 한다. 둘째, 유럽 내에서 새로운 진보주의 담론이 형성되고 확대될 수 있도록 여론 흐름을 주도해야 한다. 마지막 셋째, 국가마다 새롭게 세워진 진보 좌파 정당이 유럽 차원에서 연대해야 한다. 이 모든 일이 결코 간단하지 않지만 그렇다고 완전히 불가능한 것은 아니다.

오늘날 유럽 사회에서 일어나는 변화 속에서 일말의 가능성이 엿보이기도 한다. 전통 사회민주주의 정당들은 지난 수십 년 동안 신자유주의 패러다임에 부분적으로 순응하며 고유의 노선을 변경해왔다. 그러나 최근 들어 이들 정당은 새로운 패러다임을 찾기 위해 노력하기 시작했고 어느 정도 성과를 내고 있다. 현재 이들의 스펙트럼은 독일사회민주당SPD에서부터 프랑스의 사회당PS, 그리고 좌파당·녹색당과 연합한 스웨덴사회민주당SAP에 이르기까지 폭넓게 확장되고 있다. 오스트리아사회민주당SPÖ 역시 젊고 역동적인 총리를 필두로 세를 키우면서 제러미 코빈의 영국 노동당에 필적할 만큼 진보 정당의 외연을 넓히고 있다. 이와 동시에 그리스의 시리자, 스페인의 포데모스처럼 새로운 급진 좌파 정당과 좌파 연합이 떠오르면서 기존 중도좌파 정당을 대체하고 있으며, 포르투갈의 급진 좌파 정당들처럼 제1야당인 중도좌파 정당(사회당)과 연대하는 경우도 있다.

현실 직시하기

진보 정당들은 세계화 경쟁에서 밀려나 경제 면에서 소외되고 상처받은 사회집단을 대변할 수 있어야 한다. 소외된 주변인들이 다시 진보 정당을 신뢰하고 지지할 수 있도록 다각적인 변화를 꾀해야 할 것이다. 그러기 위해서는 다음 8가지에 주목해야 한다.

(1) 제일 먼저 진보 정당들은 오늘날의 정치, 사회 그리고 경제 현실을 명확하게 직시해야 한다.

(2) 신자유주의와 지구화가 본격 가동된 지 30년이 다 되어가는 시점에서, 평범한 소시민들은 신자유주의가 남긴 불공정한 열매들을 보며 좌절하고 있다. 만약 좌파 정당들이 신자유주의 체제에 순응하며 도구 역할을 한다면 사회적·경제적 주변인들에게는 치명적일 수밖에 없다. 진보 정당들은 확고한 노선을 가져야 하며, 이와 더불어 스스로 급진적 변화를 추구하고 있다

는 입장을 대중에게 널리 표명해야 한다. 또한 신자유주의 체제에서 '승리'한 엘리트들에 맞서 싸워야 하고, 여기에 타협이나 절충은 없음을 분명히 해야 한다.

(3) 시민이자 표를 주는 유권자들에게 오만하고 불손해 보일 수 있는 태도는 모두 버려야 한다. 오스트리아사회민주당의 새로운 당대표 크리스티안 케른Christian Kern은 2016년 7월 전당대회에서 다음과 같은 취임사를 발표했다.

> 우리는 가장 먼저 진보 정당을 수식하는 단어들을 스스로 지워내야 한다. 우리는 민중으로부터 빠져나와야 한다. 이는 민중으로부터 분리되자는 뜻이 아니다. 그동안 우리는 민중을 향한다는 기치 아래 무례하고 교만한 모습을 보였다. 마치 민중을 가르치고 인도하기 위해 시민들에게 다가가는 것처럼 행동했다. 이제는 거기에서 벗어나야 한다. 사실 민중으로부터 빠져나와야 한다는 말 또한 지극히 잘못된 표현이다. 그들이 민중이라면 우리는 무엇인가? 우리가 바로 민중이다! 우리가 민중이며 우리는 민중에 속해 있다. 민중 또한 우리 안에 있다. 따라서 민중과 우리를 구별하는 것 자체가 모순이다.

(4) 더 이상 노동자계층을 기존에 존재하던 선입견에 따라 판단해서는 안 된다. 예를 들어 노동계층에 속한 사람들은 성소수자의 인권을 주장하는 '문화 좌파' 노선에 분노하지 않는다.

그러나 좌파 정당들이 성소수자의 인권에는 지나치게 많은 관심을 쏟으면서 노동계층의 사회·경제 상황은 간과한다고 느낄 때 이들은 분노한다. 따라서 오늘날 노동자계층이 요구하는 사항과 그들의 현실을 정확하게 인식하는 것이 중요하다.

(5) 좋은 일자리, 소득 증대, 적당한 주거 환경, 교육과 기회의 균등이라는 주제는 우리 사회가 반드시 해결해야 하는 핵심 문제다. 이 문제들을 풀어낼 수 있는 구체적인 실현 계획을 제시하지 않으면 진보 진영은 지지층으로부터 신뢰를 확보할 수 없다. 비록 계획이 개정과 지체를 거듭하면서 장기간에 걸쳐 진행된다 하더라도, 최소한 또렷한 청사진을 가지고 꾸준히 실현해 가는 모습을 보여야 한다.

(6) 노동운동이 사회운동을 넘어서 개개인의 삶과 밀접하게 연결될 수 있도록 조직화된 네트워크를 구축해야 한다. 특히 사회로부터 고립된 소외 지역과 계층을 중심으로 노동운동 네트워크를 형성하여, 그들의 삶 속에서 하나의 안식처가 될 수 있도록 일종의 사회공동체를 갖추어야 한다. 그 대표 사례로 지역사회 조직화Community organizing 모델을 들 수 있다. 도시의 각 지역을 기초로 자신들의 요구와 관심사에 따라 갖가지 공동체를 결성함으로써, 시민들은 인적 네트워크 안에서 자기네 요구 사항을 관철시키기 위해 함께 연대하게 된다.

(7) 노동계층을 규정하는 데서 오류를 범해서는 안 된다. 페미니즘에 반대하거나 여성을 적대시하는, 또는 외국인을 혐오

하는 무리에 노동계층이 포함될 것이라고 예단하지 않도록 주의해야 한다. 사회에 불만이 많은 마초 기질의 금속 노동자라 할지라도, 오늘날과 같은 한 자녀 시대에 그가 사회에 바라는 것은 지극히 소박하다. 그저 자신의 외동딸에게도 균등한 교육 기회가 주어져서, 훗날 좋은 직장을 얻어 안정된 월급을 받기를 원할 뿐이다.

(8) 노동계층의 권익을 위해 사회운동을 벌이는 활동가를 지원하고, 이들을 중심으로 진보 좌파 정당 내 당원과 간부를 조직함으로써 소외 계층에 든든한 신뢰감을 주어야 한다. 그동안 좌파 정당들은 중산층에 속한 학자들을 중심으로 구성되었으며 주로 이들의 이익을 대리하는 역할을 해왔다. 반면 소외된 노동자들이 상당수 머물고 있는 도시의 변두리에서는 관료주의 정치 간부들이 좌파 정당을 이끌었다. 그들은 전형적인 1970년대 스타일로 식당이나 시장을 찾아다니며 시민의 목소리를 듣겠다고 나선다. 이는 시민의 현실과는 너무나도 동떨어진 정치 활동이다. 이러한 관료주의 정치 간부들이 늘어나고 세를 확장할수록 정당 조직은 생명력을 잃는다. 따라서 '일하는 중산계층'과 '노동자계층'의 훌륭한 젊은 인재들이 당 내에서 중요한 위치를 차지할 수 있도록 체계적이고 합리적인 경로를 마련해야 한다.

남은 딜레마

진보 성향의 지식인들은 때때로 대중이 보기에 상당히 불편한 태도로 일관하곤 한다. 이를테면 세상 모든 문제가 자신들의 조언을 따르기만 하면 금세 해결될 것처럼 장담한다. 마치 위에서 대중을 내려다보며 가르침을 하달하는 사람처럼 행동함으로써 왠지 모를 거부감을 유발한다. 이처럼 우월감과 자만심으로 가득한 태도는 심각한 오해를 불러일으켜 결국은 진보 정당의 만성적인 실패를 야기한다. 우리 중 누군가가 정당 하나를 뚝딱 세우고 눈 깜짝할 사이에 과반 이상의 표를 얻는다면 얼마나 좋겠냐마는, 실제 현실은 생각만큼 그리 녹록하지 않다. 위에서 이야기한 8가지 지침을 충실히 따른다 하더라도 우리가 처한 모든 문제를 풀어낼 수는 없다. 여전히 몇 가지 딜레마가 남아 있다.

오늘날 진보 진영을 향한 불만의 원인은 한두 가지로 설명되지 않는다. 먼저 이 불만 또한 2가지 측면에서 생각해봐야 한다. 하나는 진보 중산층의 입장에서 대두되는 불만이다. 여전히 관료주의를 탈피하지 못한 채 케케묵은 행태를 지속하는 진보 정당과, 내부에서 벌어지는 정치 싸움으로 스스로 분열하는 모습을 보이는 진보 진영에 대해 진보 중산층에서는 오랫동안 실망과 불만이 쌓여 있었다. 또 다른 측면으로는 경쟁 사회에서 넘어지고 상처 입은 사회적 약자들 입장에서 진보 진영에 갖는 불만을 살펴봐야 한다. 이들은 사회에서 아무도 자신들의 관심사와 요구를 들어주지 않는다고 여기며, 경제 악화가 지속되고 있는 상황에서도 여전히 의지할 곳이 없다고 느낀다.

정당을 개선하거나 새로운 정당을 세우거나 또는 사회 활동을 벌이는 등 외연 변화를 꾀하는 '신좌파연합' 운동은, 현재 맹렬한 기세로 번성하고 있는 우파 포퓰리즘의 거름이 될 뿐이다. 그러나 진보 정당들이 우파 포퓰리즘에 한발 앞서 획기적인 비전을 제시하고 또렷한 메시지를 전달하며 내실을 다진다면, 누군가의 거름이 아닌 스스로의 자양분이자 효모 역할을 하여 진보 정치의 지지 기반을 확장하는 원동력이 될 것이다. 과거 사회주의자들이 고수하던 '(사회주의국가를) 옹호하자!' 또는 '계속해서 나아가자!' 따위 기치는 실패할 수밖에 없었다. 눈앞에 아무런 비전을 제시하지 못한다면 희망을 품을 수조차 없다. 누군가 '우리를 뽑아주세요, 그러면 상황은 천천히 나빠질 것입니다!'라는 뉘앙스가 담긴 메시지로 호소한다면, 그 동네 총리 자리는 보수 정당을 이끄는 우파 포퓰리스트 정치인에게 넘어갈 것이다. 마지막으로 우리는 버락 오바마가 이야기했던 "담대한 희망"을 떠올릴 필요가 있다.[6]

기존 진보 연합이 하루아침에 쇄신하기는 어려울 것이다. 특히 변화하는 사회 속에서 새롭게 정의 내려진, 진보 진영 시민의 자유권을 두루 쟁취하기란 쉽지만은 않을 것이다. '진보 중산층'과 '노동계층'을 두루 아우르며 이 두 집단의 경제 안정과 사회복지를 구현하려면 구체적인 계획과 장기적인 추진력이 필요하다. 누군가는 여전히 회의적인 시각으로 바라보며 이렇게 말할지 모른다. "좌파 정당이 무슨 일을 하든 그들은 결국 실패하고 말 것이다." 하지만 쉽지 않다는 말은 완전히 불가능하다는 뜻이 아니다. 19세기에 있었던 노동운동부터 미국의 민권운동에 이르기까지, 이전의 진보 운동들도 오늘날과 마찬가지로 그다지 유리하지 않은 상황과 환경 속에서 일어났다. 오히려 당시에는 좌파 정당이 세워지지조차 않았다. 그들은 희망이 전무해 보이는 현실 속에서 무수한 난관을 견디며 불가능을 가능하게 만들고자 온 힘을 다했다. 암담한 상황 속에서도 그들은 더 나은 세상, 더 향상된 인간의 삶을 위해 싸웠다. 인권과 자유를 쟁취하기 위해, 그리고 이 땅에 민주주의가 범람하기를 바라며, 과거의 진보 운동가들은 그렇게 전력을 다했던 것이다.

제11장

탈문명화:
서양 사회의
역행에 대한 고찰

Entzivilisierung: Über regressive Tendenzen
in westlichen Gesellschaft

올리버 나흐트바이 Oliver Nachtwey

첫 번째 흑인 대통령 다음으로 여성 대통령이 당선되지 못했다고 해서 그리 아쉬워할 것은 없다. 그러나 미국은 여성 대통령 대신 여성 혐오주의자이자 외국인 차별주의자에게 정권을 맡기게 되었다. 과대망상 편집증을 보이는 이 부동산 거부는 자기 감정을 잘 통제하지 못하며 흥분을 감출 줄도 모른다. 어쩌면 그는 자신의 감정을 조절할 생각이 전혀 없는지 모르겠다.

도널드 트럼프는 '서양 세계'가 구현하고자 했던 것들을 여러 방식으로 부정하고 있다. 서양 세계는 오랫동안 '자기통제'가 가능한 사회, 그리고 자기통제의 힘을 바탕으로 사회 진보가 가능한 세계를 추구해왔다. 더욱이 인간 평등과 사회 통합을 고취하기 위해 계몽 활동을 펼친 본거지가 바로 서양 세계 아니었던

가. 그러나 이 세계는 그동안 스스로 구축해온 자화상을 자기 손으로 뒤흔드는 함정에 빠지고 말았다. 정치권에는 거칠고 난폭한 언행과 정책이 서슴없이 등장하고 있으며, 이는 대중의 여론에 적지 않은 영향을 미치고 있다. 누군가를 향한 무자비한 증오는 도를 넘어섰으며, 폭력에 대한 환상을 넘어 심지어 살해 욕구까지 아무런 거리낌 없이 표출되고 있는 실정이다.

감정이 조절되지 않고 드러나는 현장은 오늘날 사회 곳곳에서 쉽게 발견된다. 인터넷에서, 거리에서, 그리고 일상 속에서 통제를 벗어난 위험한 감정이 분출되고 있다. 노베르트 엘리아스Norbert Elias는 '문명Zivilisation/Civilization'을 사회 구성원의 결합으로 이루어지는 장기 과정으로 이해했다. 그 과정에서 구성원 개개인은 외부 압력에 대해 스스로 자기억제와 감정 조절을 하며 문명화된 행동을 해나간다. 엘리아스에 따르면 자기통제가 가능해진 개인이 결합하여 하나의 사회 흐름을 만들어내는 것이 바로 문명화 과정이다. 그렇다면 현재 우리 사회에서 증가하고 있는 폭력적이고 무절제한 현상은 '문명화의 퇴행'을 나타내는 증상이라고 할 수 있다. 말하자면 오늘날 우리는 위태로운 '탈문명화' 과정을 겪고 있으며, 동시에 역사 후퇴의 현장에 서 있는 것인지 모른다.

인터넷은 반향실Echokammer/Echo chamber(메아리가 퍼지지 않는 방에 갇힌 것처럼 생각이 비슷한 사람들끼리 제한된 정보만을 공유하면서 자신들의 생각을 강화하는 현상-옮긴이)과 필터 버블Filterblase/Filter bubble(인터넷 검색 서비스나 소셜미디어가 사용자의 특정 관심사에 맞는 결과만을 필터링하여 보여줌으로써 인터넷 사용자의 시야가 마치 거포 속에 갇힌 듯이 좁아지는 현상-옮긴이)이 확대되면서 대중의 '혐오 또는 적개심 Ressentiment(르상티망. 강자를 향한 약자의 원한이나 증오를 뜻하는 철학, 심리학 용어. 이 글에서는 감정 주체와 표출 대상이 맥락에 따라 다르게 사용되므로 '혐오' 또는 '적개심'으로 옮긴다-옮긴이)'을 부추기고 있다. 물론 대중적 분노가 확대재생산되는 현상을 단순히 소셜미디어 탓으로 돌리기에는 다소 무리가 있다. 그러나 이러한 알고리즘이 어느 정도 신빙성을 얻는 이유는 과거 나치 시절 '성공적인' 선동을 이끌었던 괴벨스Paul Joseph Goebbels의 라디오 방송을 떠올려보면 알 수 있다. 그렇다고 해서 인터넷과 소셜미디어가 가진 긍정적인 힘을 부정해서는 안 된다. 인터넷이 민주주의 저항의 원천이자 도구 역할을 담당했던 적도 있다. 2011년 '아랍의 봄' 역시 소셜미디어를 바탕으로 일어난 민주적 반정부 저항운동이었으니 말이다. 따라서 오늘날 탈문명화가 이루어지고 있는 사회적 원인을 다각도로 분석하고 규명하는 일은 무엇보다 중요하다.

현재 서양 사회는 사회, 정치, 문화에서 '불안과 불만이 만연한 시대'에 놓여 있다.[1] 사회 전반에 걸쳐 평등과 불평등이 비동시적으로 형성되면서 사회 구성원의 일상생활에도 불안과 불쾌감이 감돌기에 이르렀다. 그 대표 사례로 미국에서 불거지는 2가지 현상을 들 수 있다. 그중 하나는 미국인의 평균수명이 전체로는 증가하는 반면 미국 백인 남성 노동자의 평균수명은 감소하

고 있다는 사실이다.[2]

또 한 가지는 미국 내 흑인Afro-American들이 사회, 문화 그리고 정치 참여를 확대하며 제도권에서 자신들이 가지는 위상을 크게 향상시켰다는 사실이다. 그로 인해 이제 미국 남부 지방Dixie 은 더 이상 남북전쟁의 패전지이자 흑인 노예의 주거지로 구분되지 않는다. 그리하여 이전에 통용되던 차별 공식은 옛 유물이 되었다. 그럼에도 여전히 오늘날 서양 사회에는 다양한 형태의 계층 차별이 곳곳에 존재한다. 수많은 흑인을 (보이지 않는) 감옥에 격리시키고 하층계급으로 낙인찍는 일이, 자유와 평등을 내세우는 민주주의 체제 아래서 벌어지고 있다.[3]

서양 사회의 탈문명화를 야기하는 제반 문제를 모두 아우를 수는 없겠지만, 앞으로 이어지는 글을 통해 오늘날 서양 산업사회를 뒤흔드는 주요 요소들을 살펴보면서 가능한 폭넓게 역사적·사회적 논의를 전개하고자 한다. 역설적이게도 현재 우리 사회에서 나타나는 '역행' 현상은 사회 '진보' 과정에서 발생한 일종의 부작용이라고 할 수 있다. 서양 자본주의 산업사회에서 일어난 비동시적이고 불규칙, 불평등한 발전은 결국 역사의 발걸음을 역행하게 만들었으며, 이는 이른바 '퇴행적 현대화'의 과정이라 특징지을 수 있다. 본래 서양 사회는 다양한 집단 사이의 '수평적' 평등을 추구해왔다. 성별이나 인종 등과 무관하게 평등한 삶을 지향한 것이다. 그러나 그와 동시에 자본주의 산업사회의 발달로 인한 새로운 형태의 '수직적' 불평등과 차별이 부각

되기 시작했다. 그러므로 퇴행적 현대화란 수평적 평등과 수직적 불평등이 맞물리면서 일어나는 과정이라고 할 수 있다.[4]

사회 안에서 진보와 역행이 독특하게 결합함으로써 오늘날 문명에 대한 기대치는 무모하리만큼 높아졌다. 그리하여 높아진 기대치를 충족시키지 못한 낙오자가 속출하게 되었다. 문명화 과정에서 낙오된 이들은 탈문명화라는 퇴행 상태로 피신하여 자기통제를 거부하기에 이르렀다.

문명화와 탈문명화

문명화 과정에 대한 이론적 토대는 노베르트 엘리아스에 의해 마련되었다. 엘리아스는 개인의 인격구조와 사회구조의 광범위한 변화 결과로 근현대 문명화가 이루어졌다고 규정한다. 사회가 점차 세분화하고 인간관계가 복잡하게 얽히면서, 개개인은 사회 구성원으로서 원만하게 사교 활동과 공동체 생활을 영위할 필요가 있었다. 그로 인해 개인은 스스로 감정을 조절하고 심리적 자기통제를 하면서 사회규범에 자신을 맞춰야 했다. 따라서 인간 내면에 있는 기본 욕구는 억제되고, 개인의 사상이 채워져야 할 자리를 사회규범이 대체했다.[5]

서양 문명화 과정의 출발점은 궁정宮廷 사회에서 벌어진 치열한 경쟁과 긴장 그리고 구별 짓기에서 비롯되었다. 18세기 이

전 귀족과 상류층은 자신들의 신분과 부를 보장하기 위해 엄격한 예절과 원칙을 만들고 지켜왔다. 근대에 이르자 부르주아계층은 궁정 사회의 예절을 자신들 것으로 차용하여 스스로 확고한 규범을 정립했다. 18세기 이후 부르주아가 주창한 사회 개혁과 맞물리면서 부르주아식 규범은 서양 사회에 널리 확산되었다. 부르주아는 강력한 사회규범을 통해 개인의 본능과 감정을 통제하고자 했으며, 이러한 사회적 억제가 세상을 더 발전시킬 것이라고 믿었다. 여기에는 미래에 대한 부르주아의 낙관론이 내포되어 있으며, 이후 등장하는 산업사회 노동자계층에도 이들의 낙관주의 사상이 일부 흘러들어 갔다(후에 부르주아의 낙관론은 다른 방향으로 흘러간다. 부르주아의 기세가 절정에 다다르자 그들의 미래에 대한 낙관주의는 하락하기 시작한다. 그러자 부르주아의 낙관론은 미래가 아닌 '과거' 그리고 '국가'에 방점을 찍게 된다).[6] 부르주아 중심으로 퍼져나간 규범은 서양 사회 전반을 휩쓸었으며 이 과정에서 '문명'이라 일컬어지는 사회 '발전'이 급속도로 진행되었다. 현대화가 진행되면서 사회는 통합 과정을 겪고, 이 과정에서 특정 집단은 부분적으로 권위를 상실했다. 또한 현대화된 사회 구성원 대부분은 집단 내부에서 또 다른 형태의 '계층 갈등'에 직면했다(엘리아스는 인격구조의 장기 변화에 중점을 두기 때문에, 여기서 말하는 집단 내부의 계층 갈등은 '계급투쟁'과는 차이가 있다).

엘리아스의 문명화 이론에 깔려 있는 기본 전제는 막스 호르크하이머Max Horkheimer와 테오도어 W. 아도르노Theodor W. Adorno의

『계몽의 변증법』과 맥을 같이한다.[7] 조금 더 거슬러 올라가 지그
문트 프로이트Sigmund Freud의 견해를 접목하자면, 문명화는 문화 발
달로 인해 인간 욕구와 충동이 다른 형태로 '순화' 또는 '승화'
되는 과정으로 이해할 수 있다. 말하자면 개인 내면에 존재하던
기본 욕구가 '자기억제'의 모습으로 변화한 것이다. 호르크하이
머와 아도르노는 계몽 과정에서 이성理性이 도구화되었다고 비
판하며, 도구적 이성이 지배하는 세계는 결국 '익명화된 권력이
지배하는 세계'라고 설명한다.

　　아도르노와 호르크하이머가 '사회 전체를 지배하는 이성'이
개인에게 미치는 영향을 중심으로 살펴보았다면, 엘리아스는
'개인이 이성화되어가는 과정'을 분석하면서 '인격구조의 변화
를 사회 세력 균형'과 연계하여 이해한다. 엘리아스는 문명화 과
정을 안정적·발전적 진보 과정으로 여기지 않는다. 그에게 문명
화란 '결코 끝나지 않지만 늘 위험에 노출되어 있는' 과정이다.[8]
따라서 반대로 생각하면 문명화는 언제나 위태로울 수밖에 없
다. 이러한 맥락에서 호르크하이머와 아도르노는 현대화에 내
재된 위험을 논한 바 있다. '진정한 인간적 상태에 도달하지 못
한다면' 인류는 '새로운 종류의 야만 상태로 빠질 수 있다'는 것
이다.[9]

　　이와 관련하여 이어지는 논의에서는 탈문명화의 2가지 흔
적, 즉 익명화된 권력이 지배하는 세계와 새로운 종류의 야만 상
태가 나타나는 현상을 찾아보고자 한다. 그러면서 '체제 순응주

의'가 개인에게 미치는 영향을 비판 이론을 바탕으로 접근해볼 것이다. 특히 엘리아스의 관점에서 본 '개인화 과정'과 '사회 세력 균형'의 연관성을 파악하여, 오늘날 우리 사회가 겪고 있는 탈문명화 과정을 이해하는 단초로 삼고자 한다. 문명화 과정이 그러했듯이, 탈문명화 과정에서 사회 공동체가 개인에게 미치는 영향을 살펴보고, 동시에 개인이 사회 공동체 안에서 어떻게 탈문명화를 겪는지 들여다볼 것이다. 그 첫 번째 단계로 개인이 (신)자유주의라는 체제에 순응함으로써 일어난 변화와, 사회 공동체가 신자유주의로 인해 해체되는 현상을 '퇴행적 현대화'라는 관점에서 접근하고자 한다. 두 번째로는 오늘날 사회적·경제적 쇠퇴가 탈문명화 과정에 끼치는 영향을 앞서 언급한 논의들과 연계하여 고찰한다.

개인화와 퇴행적 현대화

개인화는 문명화 과정의 기본 요소 중 하나다. 사회 구성원인 각 개인은 독립 주체로 활동하며 현대사회를 이루는 요소로서 존재한다. 개별 인간은 개인화 과정을 거치면서 과거로부터 전해 내려오는 사회규범에서 벗어났다. 전통 사회관계를 비롯하여 가족, 지역 공동체 그리고 주변 이웃과의 연결 관계가 의미를 잃은 것이다. 역설적이게도 현대 개인은 전통 사회관계를 벗어나면서 도리어 더욱 사회 의존적 존재가 되었다.[10] 인간을 둘러싼 생활환경이 끊임없이 변화하면서 인간은 더 이상 과거 부모님이 살던 시절처럼 한곳에 머물며 정착할 수 없어졌다. 사회가 유동 상태로 변모하면서 인간은 일자리를 중심으로 이동했고, 일하는 동안 자기 자녀를 맡길 수 있는 탁아 시설이 필요해졌다. 그로 인해 기존 사회국가는 탈집단화되고, 사회 구성원의 연대는 해체되기에 이른다. 이 해체 과정에서 개인은 '바람직하지 않은' 방향으로 개인화되기 시작한다. 탈집단화로 인한 사회 해체는 서양 자본주의사회의 쇠퇴를 알리는 위험 신호라고 할 수 있다.

이러한 해체 과정에서 사회 공동체가 갖는 의미는 간과되기 십상이다. 과거에 존재하던 전통 생활권 속에서, 개인은 그 '공간'에 머물며 사회적 안정을 경험했다. 또한 (계층에서) 주변부에 속하던 개인은 비슷한 운명을 나눠가진 사람들과 공동체를 이루며 연대했다. 협회나 조합 같은 단체에 귀속됨으로써 개인은 사회적 압력에서 오는 부담감을 덜고자 했고, 이러한 사회 공동체는 개인에게 심리적 안식처를 제공해줄뿐더러, 경우에 따라서는 반反사회적 집단을 조직하는 역할을 하기도 했다. 노동계층을 비롯하여 부르주아계층에 이르기까지 과거에는 가치와 의견을 공유하는 여러 사회 공동체가 형성되어 있었고, 개인은 이 공간 안에서 자신과 사회경제적 상황이 '흡사한' 이들과 연대하며 자기효능감을 느꼈다. 바로 이 공동체 안에서 개인의 혐오와 적개심이 표출되고 결집될 가능성이 컸지만, 대부분의 공동체는 사회화 과정을 통해 각 개인을 집단 안에 자연스럽게 융화시켰다. 또한 이들 사회 공동체는 집단 정체성을 확립함으로써 일종의 사회통제 기능을 담당했다. 그런 의미에서 공동체는 민주주의와 시민성의 발전 또는 후퇴 모두에 큰 책임이 있다고 할 수 있다.[11] 사회에서 공동체가 가지는 의미가 쇠퇴할수록 개인이 직면한 사회적 압박은 가중되고, 사회 변화 과정에서 일어나는 모든 일은 오롯이 개인 혼자 감당하게 된다.

아도르노와 호르크하이머는 개인화를 디스토피아 관점에서 바라보는데, 이들의 주장은 오늘날 여러 사회 현상에서 분명하게 입증되고 있다. 세계 금융 위기가 지나간 이후 신자유주의의 종언을 고하는 현상이 사회 곳곳에서 드러났다. 상당수 국가는 다시 과거 국가 중심의 경제정책으로 회귀하고 있다. 그러나 신자유주의는 완전히 매장된 것이 아니라 단지 안전지대를 확보한 상태일 뿐이다. 실제로 인간의 모든 생활 범주에서 시장이 차지하는 비중은 더욱 커지고 있다. 피에르 부르디외는 이러한 메커니즘을 '상징폭력'이라고 일컬었다.[12] 시장 중심 사회에서 인간은 시장을 자연스럽게 내면화하며 시장 논리를 의심 없이 받아들인다. 부분적으로는 기꺼이, 또 한편으로는 마지못해 시장 논리에 순응한다. 신자유주의 체제에서 개인이 감당하는 자기 억제는 더욱 증대되며, 개인은 내면의 기본 욕구를 스스로 억제하면서 그것을 순화하고 승화하기 위해 끊임없이 노력한다. 신자유주의 안에서 개인은 무한 경쟁을 즐겨야 하며, 경쟁 구도 속에서 불특정 경쟁자와 자신을 비교하고 측정하면서 자신의 능력치를 극대화해야 한다. 그 경쟁 과정에서 개인은 인간으로서 품위를 잃고 모멸감을 느끼며 실패를 거듭한다. 그러나 경쟁으로 인한 모든 산물은 개인이 떠안아야 하며, 실패와 좌절을 겪은 다음에도 새로운 기회가 오기를 기대하면서 또 다른 경쟁에 참여해야 한다. 이러한 신자유주의 체제에서 전통주의자들은 사회에 적절한 행위규범이 존재하지 않는다는 사실에 불안감을 느낄 것이다. 그리고 신자유주의에 저항하려는 이들은 국가와 시장의 긴밀한 결탁 관계를 '처벌'하고자 할 것이다. 이 대목에서 그리스는 아마 할 말이 꽤나 많을 듯싶다.

시장을 종교처럼 여기는 신자유주의에서 '이성'은 시장의 '도구'로 전락한다.[13] 도구화된 이성이 지배하면 모든 것은 '목적과 수단의 합리성'이라는 논리 아래 종속된다. 인간은 자연을 지배하기 위해 '이성'을 통한 계몽을 추구했으나 결국 도구화된 이성은 자연을 지배하다 못해 스스로를 억압하는 '자기지배적 이성'으로 나타나기에 이르렀다. 시장에 대한 권위주의적 신념이 깊어지면, 시장은 인간을 노예로 종속시키는 '익명의 신'이 되어 사회를 지배한다. 더 이상 시장을 대체할 수 있는 신념이 없으므로 모든 것이 시장 논리를 따른다.[14] 이러한 관점을 토대로 호르크하이머는 권위주의가 독립성을 확보하는 과정을 명쾌하게 해석한다. 시장을 대체할 신념이 없는 사회에서 개인은 시장을 내면화할 수밖에 없다. 일찍이 계몽주의자들은 이성을 통해 인간이 자연을 지배하고 세계를 다스릴 수 있다는 전제에서 출발했다. 그러나 도구화된 이성이 지배하는 시대에 개별 인간은 세계에 의해 통제되고 세계 또한 개인에게 통제당한다. 도구화된 이성이 시장의 도구로 전락한 사회에서 개인의 인격과 특성은 '시장화'되며 이는 곧 사회규범으로 자리 잡는다.

권위주의가 현대 개인의 삶에서 차지하는 비중이 커지는 것은 시장의 '수행성Performativity(수행이라는 뜻의 Performance는 행위 주체를 전제하지만 수행성은 주체를 전제하지 않는다. 오늘날 시장은 행위 주체를 알 수 없는 익명의 신이 되어가기 때문에 시장의 활동은 수행성이라고 표현할 수 있다-옮긴이)'과 관련지어 이해해야 한다. 시장 경쟁에서 승리한 이들은 권위를 배당받는 반면, 그렇지 못한 이들은 패자라는 낙인이 찍힌 채 승자들의 권위 아래 놓이는 상황을 겪는다. 현대 개인은 여전히 사회제도에 종속되어 있지만 (시장화된) 제도로 인해 점점 더 사회로부터 소외되고 제외된다. 과거에는 시민이 조직이나 단체 같은 사회제도를 바탕으로 구성된 공동체에 속하며 집단으로 연대했다면, 시장화된 사회에서 '시장 시민'은 각자 권리를 가진 개별 고객으로 간주된다.

사회 깊숙이 침투한 시장은 지속적으로 불확실성을 생산해낸다. 모든 것이 시장화된 사회에서 무수한 개인은 자신의 존재 가치를 발견하지 못하고, 자기효능감을 경험하지 못한 채 불확실성 속에서 잠식되어간다. 그들은 현재뿐 아니라 앞으로도 자신이 주도적인 위치를 차지할 수 없다는 사실을 깨닫는다. 예측과 통제가 가능한, 안정된 사회에 대한 개인의 욕구는 결코 충족될 수 없게 된다. 역설적이게도 시장 중심 신자유주의와 문명화는 모두 서양 사회의 산물이다. 모든 것이 시장화된 사회에서 각 개인이 경제 생산성을 가지면서 동시에 문명화된 인간으로 남길 바라는 것은 어쩌면 무리한 요구일 수 있다. 오늘날 현실 앞에서 서양 사회는 죄책감을 느낄 수밖에 없다. 요컨대 세계화라는 사회 변화는 다시금 개인에게 가해지는 '외부 압력'으로 작용하기에 이르렀다. 과거 문명화 과정에서는 개인이 사회로부터 오는 외부 압력(사회규범)에 순응하기 위해 자기를 통제했다면, 세계화된 사회에서 개인은 더 이상 외부 압력을 견딜 수 없어졌다. 세계화에서 가해지는 외부 압력은 개인이 감당할 수 있는 수준을 넘어섰으며, 이에 따라 개인의 감정에 도사리고 있던 혐오와 분노가 '압력 조절' 밸브를 뚫고 나와 분출되기 시작했다.

여기에 덧붙여 사회 분열 과정 또한 큰 역할을 했다. 악셀 호네트Axel Honneth는 탤컷 파슨스Talcott Parsons의 논거를 일부 수용하면서, 우리 사회의 (1) 법체계, (2) 경제, (3) 가족이 각기 2가지 기능을 이행해야 한다고 주장한다. 하나는 제도적 기능, 다른 하나는 사회 통합 기능이다. 사회를 구성하는 이들 하부 조직(법, 경제, 가족)은 지난 수십 년 동안 기능 변화를 거치면서 사회를 분열시키는 자원 역할을 했다. 심지어는 '사회 분쟁의 야만화'를 야기하는 수단이 되었다.[15] 이들 영역에서 일어난 변화를 살펴보면 오늘날 퇴행적 현대화가 일어난 원인 중 상당 부분을 파악할 수 있다. (1) 법률 영역에서 소수집단의 평등은 어느 정도 이루어진 면이 있다. '수평적 평등'의 관점에서 젠더·인종·성소수자 등의 평등권이 크게 향상된 반면, '국민의 사회권'은 상대적으로 불완전한 상태로 보장되고 있다. 가령 비정규직에 관한 법률은 여전히 미흡한 상태다. 이처럼 법체계가 불완전하게 기능하면서 (2) 경제 영역에도 영향을 끼쳤다. 경제 분야에서 법체계가 안정적으로 갖춰지지 않음으로써 고용관계와 노동조건은 더욱 악화되었다. 지난 30여 년 동안 이어진 (신)자유주의 논리는 경제적 자유뿐 아니라 사회적·문화적 자유 또한 내포하고 있다. 그동안 사회 구성원들은 자유주의를 기치로 자유와 평등을 향한 해방운동을 벌여왔다. 그런 점에서 경제 불안정과 불평등을 겪는 상황 아래 일어나는 해방운동은 사회직·문화직 평등을 주장하는 운동이자 규제 풀린 시장에 대한 저항운동이기도 하다. 마지막으로 호네트는 파슨스가 거론한 (3) 아버지 그리고 가장이 담당하는 역할을 강조한다. 가장은 가족 내 문제를 해결하는 데 중요할뿐더러 사회 평정을 이끄는 데 가장 큰 몫을 차지한다는 것이다. 가정에서 가장이라는 지위는 개인이 사회·경제활동에서 겪는 '인정 결핍'을 보충해주는 역할을 했다. 그러나 시대가 변하면서 상당수 남성은 가족 내에서 독점하던 '부양자'로서 지위를 상실했고 더불어 가족 대표이자 집안 최고 어른이라는 상징성마저 잃었다.

쇠퇴, 그리고 문명화의 침식

문명화는 20세기에 이르러 더 폭넓게 진행되었다. 20세기에는 과거 문명화 과정에서처럼 개인의 자기통제만이 아니라 '익숙한 생활 규범 준수'를 요구했다(여기서 규범은 파시즘 사회에서 겪은 야만적 충격이 남아 있는 상태에서 설정된 사회규범으로 볼 수 있다).[16] 더욱이 이 시기에는 높은 수준의 사회 안정과 신체 안전을 무엇보다 우선시했다. 평등과 통합의 중요성이 증대하는 사회였음에도 여전히 신분과 계급투쟁이 존재했으며, 특히 스포츠와 소비 그리고 문화 영역에서 벌어지는 계급투쟁은 더욱 강화되었다.

이후 20세기 중반 무렵부터 새로운 사회운동이 활발히 이루어졌고, 이러한 사회운동으로 인해 사회의 세력 균형이 변화했다. 보통은 여성해방운동처럼 자신들의 권리를 인정받기 위해 일어난 여러 운동을 떠올릴 것이다. 그러나 사회운동을 통한 세력 균형 변동에도 불구하고 기존 주류 세력은 자신들의 지위를 여전히 고수했다. 20세기 후반에 접어들면서 신분과 정체성에 대한 불확실성이 생겨나기 시작했으나, 그런 와중에도 이들 주류 기득권 계층은 자신들의 위치를 흔들림 없이 확보했다.

1980년대 이후, 늦어도 1990년대에 들어서면서부터 서양 사회를 지탱하던 원동력이 근본적으로 변화하기 시작했다. 사회적·경제적 활황 속에서 전반적인 발전과 상승이 이루어지던 시대는 한계에 다다랐다. 상승세의 종말은 '위'에 있는 이들 대부분에게는 별다른 영향을 미치지 않았으나 '아래'에 있는 몇몇 집단에는 상당한 타격을 입혔다. 그중에서도 한때 (넓은 범주에서) 기득권에 속했던 집단, 가령 중산층 바로 아래에 위치했던 숙련 노동자가 속한 집단에 사회·경제의 쇠퇴는 커다란 충격으로 다가왔다. 사회 발전 과정에서는 언제나 뒤처지는 개인이나 집단이 자연스럽게 발생하기 마련이다. 과거 사회 발전에서도 패배자라고 불리던 소외된 이들이 있었다. 하지만 오늘날 패배자들은 과거와 다소 차이가 있다. 얼마 전까지만 하더라도 확고한 사회적 위치를 가졌던 기득권이 도중에 실패하면서 갑자기 패배자로 밀려나는 경우가 허다하다.

엘리아스는 이러한 현상을 2가지 차원에서 바라봤다. 하나는 상승과 하락을 겪은 집단을 국내 차원에서 접근했고, 다른 하나는 세계질서 속에서 국가가 차지하는 위치를 중심으로 살펴보았다. 엘리아스는 국가 내부에서 사회적·경제적 상승과 하락 과정을 거친 집단을 다음과 같이 분석했다.

사회적·경제적 몰락으로 인해 권력과 지위를 상실하면, 낙담과 실망감 같은 감정을 겪으며 마치 꿈에서 깨어난 것처럼 공허감에 빠지다 목표와 가치를 잃은 이들은 허무주의와 냉소가 만연한 상태에 이른다. 이전에 누렸던 높은 위치를 그리워하며 다시금 과거의 영광에 도달하기 위해 스스로 퇴행의 길을 걷는다.[17]

이처럼 상승과 하락을 동시에 경험한 집단은 대부분 서양 국가에 속하는 경우가 많은데, 특히 과거 오랫동안 세계질서를 주도한 곳 가운데 지난 20~30여 년 동안 하락세를 겪은 국가가 이에 해당된다. 이런 집단은 유독 권위주의 메시지에 빠지기 쉽다. 그래서 '남성$_{XY}$을 다시 위대하게 만들자!'와 같은 선전 구호에 흔히 사로잡히곤 한다. 자본주의의 전 지구 전개는 이 퇴행적 현대화가 특유의 형태로 나타나는 데 일조했다. 자본주의의 세계화는 세계경제의 '비정상적인' 양적 성장을 가능하게 했다. 1980년대 후반부터 국가 간 소득 불균형은 상당 수준 줄어들었다. 여기에는 여러 아시아 국가의 비약적 경제 발전이 한몫했다. 더욱이 브릭스$_{BRICS}$(브라질, 러시아, 인도, 중국, 남아프리카공화국—옮긴이)가 신흥 경제국으로 부상하면서 이들은 '개발도상국'이라는 위치에서 점차 멀어졌다. 이러한 전 지구에 걸친 양적 성장 속에서 승자들이 생겨났고 이들은 새로운 중산층으로 떠올랐다. 이 중산층은 국내 차원이 아니라 세계 사회경제 차원에서 이해해야 한다. 이들의 생활수준은 서양 국가 중산층에 맞춰져 있으나 실제로는 서양 중산층에 비해 상대적으로 낮은 수준을 유지한다. 그러는 동안 서양 사회 내부에서는 불평등이 증가했는데, 중산층 이하의 소득수준이 정체되거나 기껏해야 소폭 상승하는 정도에 머물렀기 때문이다.[18] 과거 산업사회 중산층과 노동계층 상당수는 세계화라는 '현대화' 과정에서 패배자가 되었다. 이들은 '세계시민주의 엘리트'와 '세계화로 막대한 이득을 올린 고급 인력' 그리고 '자본주의에 편승하고자 노력하는 중산층'에 밀려나 지위와 권위를 잃었다.

여기에 덧붙여 '사회적·경제적 능력이 상대적으로 낮은 남성들'이 세계화에서 겪은 상실과 불안을 새로운 측면에서 살펴볼 필요가 있다. 앞서 언급한 것처럼 이들은 가족 내에서 가장이라는 상징적 지위를 상실했다. 이러한 과정을 겪은 남성들은 난민을 포함한 여러 사회적 소수자 때문에 자신의 위치가 실추했다는 느낌을 받는다. 이들에게서 표출되는 혐오와 적개심은 개인 차원에서 생겨나는 도덕 감정이기도 하지만, 동시에 정치 기획에 의해 유발되기도 한다. 종종 사회 기득권 세력이 주도하여 이런 감정을 불러일으키곤 하는데, 이 경우에는 '소수자에 대한 반감'이 기득권으로부터 발생했다는 이유로 정당화되곤 한다. 바이에른 주 총리였던 호르스트 제호퍼Horst Seehofer는 2011년 3월 다음과 같은 발언을 했다. "우리는 이민자들로부터 독일의 사회 복지제도를 지켜낼 것이다. 끝까지 대항하여 우리 사회를 보호할 것이다." 기득권으로부터 표출된 이런 주장은 최근 독일에서 기승을 부리는 극우 단체 페기다의 목소리에 힘을 실어줄 뿐이다.

탈문명화 과정

탈문명화가 일어나는 원인을 파악하기 위해서는 노베르트

엘리아스가 언급한, 기득권과 기득권 밖에 있는 집단 간 '세력 다툼'과 그들 사이의 '결합태Figuration(사회 구성원끼리 복잡하게 얽혀 있는 상호 의존 상태-옮긴이)'를 이해해야 한다. (넓은 의미에서) 기득권에 속했던 이들 가운데 상당수는 세계화의 물결에 떠밀려 기존 세력을 잃었다. 기득권 집단의 세력 상실을 '기득권 바깥 집단(아웃사이더)의 상승세'와 연결 지어 이해할 때, 경제적 배경만 고려해서는 안 된다. 기득권 집단은 자신들의 '경제적 지위가 하락'한 사실에만 상실감을 갖는 것이 아니라, 과거 자신들이 누렸던 '사회질서'를 회복하고자 하는 강렬한 열망을 품고 있다. 그러나 현실에서 이들 집단은 사회적·경제적 쇠퇴로 인해 자존감이 떨어져 있는 경우가 많다.[19]

이때 세력을 잃은 기존 기득권 집단은 아웃사이더 집단이 자신들 영역에 다가오는 것을 위협으로 느낀다. 위협에 대한 반응으로 기득권 집단은 아웃사이더 집단을 경시하고 차별함으로써 사회적 낙인을 찍는다.[20] 바로 이 지점에서 탈문명화의 원인을 찾아볼 수 있다.

기득권자들이 느끼는 불안감은 그들의 야만스럽고 난폭한 감정과 행동 표출에 직접 영향을 미치지 않는다. 기득권 집단을 실제로 위협하는 것은 그들이 사회에서 지녔던 세력과 표상이 흔들리고 하락하는 것이다. 세력과 표상은 기득권의 존재감을 나타내주는 하나의 거대한 가치였다. 하락세를 겪으면서 세력과 지위가 점점 약화되고 위태로워질수록, 기득권은 자신들에게 남아 있는 위상을 끝까지 지켜내기 위해 격렬히 싸워야 한다고 느낀다. 쇠락하는 위상을 지켜내고자 안간힘을 쓸수록 그들의 행동은 더욱 거칠어지며 그럴수록 기득권은 더욱 절박한 위험 속에 놓인다. 그리하여 기득권자들은 자신들이 자부심을 느꼈던 '문명화된 행위규범'을 스스로 무시하고 심지어 파괴하기에 이른다. 문명화된 행위규범은 사회 지배계층에 더욱 중요한 의미를 갖는다. 특정 사회집단에 소속감을 느끼고 그 집단에 적합한 구성원이 되고자 할 때 개인은 집단에서 요구하는 행위규범을 따르게 된다. 집단에 속함으로써 사회에서 가지는 세력과 상징성이 보장된다면 개인은 집단의 행위규범에 기꺼이 자신을 맞추려 한다. 특히나 사회에서 지배 위치를 가진 집단에 소속될 경우에는 이런 경향이 더욱 강해진다. 그렇기 때문에 이른바 권력을 가진 엘리트나 지배층 또는 강대국은 자신들의 '우월한 가치'와 '우월한 문명'을 내세우면서 자기네 위상에 도전하는 상대와 맞선다. 그리하여 진퇴양난에 빠진 (기존) 기득권자들은 문명화를 향해 가던 발걸음을 되돌려 오히려 문명을 무참히 파괴하는 데 앞장선다. 그들은 생각보다 쉽게 야만 상태가 된다.[21]

이러한 탈문명화 현상은 비단 중산층(또는 중산층 이하 집단)에서만 나타나는 것이 아니라 엘리트 집단에서도 마찬가지로 발생한다. 특히 '평균' 수준의 학력과 능력을 가졌고 '중간' 정도 소득을 버는 중년 남성들은 탈문명화를 경험하기 쉽다. 이에 대한 연구는 아직 시작 단계여서 더 구체적인 논의를 펼치기에는 부족한 면이 있다. 이 중년 남성들의 공통점은 무엇일까? 이들은 가족과 함께 저녁 식사를 한 다음 무엇을 할까? 인터넷에서 누군가를 향한 증오가 담긴 글을 찾아 읽거나, 그 메시지를 확산하는 일에 동조하는 무리에 이 집단이 포함되지 않는다고 확신하기는 어렵다. 이들 중년 남성층은 자신들이 착취와 멸시를 당하고 있다고 느낀다. 엘리트로부터, 세계화로부터, 더 나아가 여성과 난민으로 인해 부당한 대우를 받는다고 여긴다. 이들은 자신들이 사회에서 아웃사이더가 되었으며 국가에서도 비주류, 소수자로 전락했다고 생각한다. 따라서 소외층인 자기네 목소리를 들어주고 대변해주는 사람이 아무도 없다고 인식한다. 이러한 상실감을 해소하기 위해 이들은 자신들 외에 나머지 집단을 '부정적인 부류'로 분류한다.[22] 물질적·문화적 위치를 상실할지 모른다는 두려움이 혐오와 적개심 같은 부정적인 감정을 이끌어내고, 그로 인해 집단 정체성은 더욱 폐쇄적으로 변한다. 아도르노의 주장을 빌리자면 사회가 '하나의 지배 질서'로 인해 지나치게 안정된 상태를 유지한 탓에, 이미 오래전에 권위적이고 폐쇄적인 인격구조가 형성되었는지도 모른다.[23] 여기서 지배 질서는 시장 중심 신자유주의다. 오늘날 특정 집단을 중심으로 증오와 분노가 나타나는 주된 배경에는 '시장의 정복'이 있다. 사회의 거의 모든 질서가 시장화되고, 시장이 그 무엇으로도 대

체할 수 없는 일종의 지배 신념으로 자리 잡으면서 '권위주의적 공격'이 터져 나온 것이다.[24]

사회가 더 이상 변화할 가능성이 없다고 느끼면 개인은 자기효능감을 잃는다. 사회가 불안해지고 사회로부터 기대할 것이 없어지면 인간은 자신의 가치와 자존감을 다시 고양해줄 수 있는 특정한 전략을 붙잡는다. 이 전략은 인간의 안과 밖 모두에 영향을 미쳐, 내면 인식과 외부 행위에 깊이 자리 잡는다. 그런데 여기에서 모순이 하나 발생한다. 인간이 자신을 지탱해줄 특정 전략을 붙들게 된 것은 사회를 지배하는 권위주의 질서로부터 벗어나고자 하는 소망 때문이었다. 시장 중심 신자유주의 질서가 개인에게 가하는 권위주의적 부담으로부터 탈피하고, 개인의 자존감을 높이기 위해 새로운 전략을 찾은 것이다. 그러나 역설적이게도 새롭게 붙잡은 전략이 인간 행위와 인식에 깊이 관여함으로써 결국은 또 하나의 '외부 압력'으로 작용한다. 이러한 맥락에서 엘리아스는 국가사회주의를 예로 들었다. 사회에 불확실한 상황이 증가하면 '강력한 통치권자의 외적 통제'에 대한 요구가 생긴다는 것이다.[25] 혐오와 적개심은 다시 불안감을 조성하고, 인간은 더 확고한 정체성을 가지기 위해 '우리'라는 연대감을 형성하게 된다. 여기서 근본 문제는 이미 오래 시간에 걸쳐 극단적 개인화를 겪은 서양 사회의 개인들이 집단 정체성을 확립할 수 있을까 하는 의문이다. 끊임없이 '우리'라는 연대감으로 결속하지 않으면 이들의 집단 정체성은 쉽게 흔들릴 수 있다.[26] 기존에 존재하던 단체나 조직 등 사회 공동체가 침식되자 정치권의 정체성도 그에 맞춰 변화했다. 사람들은 이제 주권자로서 안정감을 느끼기 위해 정치권의 급진주의 행보도 허용하고 있다.

오늘날 몇몇 집단은 사회규범을 따르며 행동하는 것이 더 이상 아무런 가치가 없다고 여긴다. 사회는 파편화되고, 사회 공동체 어디에도 속하지 않은 개인들은 인터넷 공간을 부유한다. 사회통제가 거의 불가능한 인터넷 공간에는 증오가 가득한 메시지들이 자유롭게 퍼져나가고 있지만, 누구도 책임지지 않으며 개인들 대부분은 무심하게 방관하고 있다. 마침내 이 모든 것이 한데 모여 '증오와 분노의 동맹'을 이루었다. 독일 우파 대중주의 정당 '독일을 위한 대안'과 프랑스 극우 민족주의자 마린 르펜Marine Le Pen, 그리고 미국의 도널드 트럼프까지. 이들을 하나로 묶는 것은 바로 '문명화에 대한 거부'다. 그리하여 서양 세계는 자신들이 일궈낸 정신적 산물을 스스로 부정하는 시대로 들어섰다.

제 12 장

세계 경제 위기에서 후기자본주의 반대 운동까지

De la regresiÓn global a los contramovimientos postcapitalistas

세사르 렌두엘레스 César Rendueles

2008년은 많은 것을 바꿔놓았다. 1970년대에 안토니오 그람시Antonio Gramsci가 처음 헤게모니 개념을 언급한 이후 서양의 경제 엘리트 학자들이 정치적 정당성의 한계와 경계를 정의할 때 30년간 줄곧 사용해왔던 헤게모니는 이제 더 이상 통용되지 않는다.

지난 2008년 발생한 경제 위기는 이 시대를 지배하고 있던 자본주의 기능에 대한 개념을 모조리 뒤바꿔놓았다. 사람들은 전 세계 경제학자들이 기존의 자본주의를 통해 모종의 이득을 취하고 있다고 생각했고, 사회운동가들은 자본주의 기능의 개념에 반기를 들기 시작했다. 이제 대다수 사람들이 인식하고 있는 것처럼, 자본주의가 실패할 가능성은 민주화되었다. 프랑스 사회학자 로베르 카스텔Robert Castel[1]의 말을 빌리자면 현대적 배제의 가능성, 즉 탈퇴disaffiliation의 개념이 적용되는 것은 더 이상 비주류 계층에 국한되지 않는다. 이제 더 이상 이러한 탈퇴 문제는 이민자, 공장노동자, 또는 신자유주의 세계화 과정에서 제일 먼저 소외된 하위 계층만의 전유물이 아니다. 왜 이러한 현상이 발생하는지에 대해서는 다양한 방법으로 해석해볼 수 있다. 우선 일련의 경제 위기에 타격을 입은 희생자들 사이의 제로섬 게임으로 이해할 수도 있고, 아니면 단순히 세계화 추세에서 비롯된 결과로 치부해버릴 수도 있다. 확실한 것은 이러한 현상들이 왜 발생하는지 이해한다면 우리 시대가 겪고 있는 혼란한 정치·경제·사회·문화 현상을 제대로 파악할 수 있는 열쇠를 쥐게 된다는 점이다.

이 시대 대다수 사람들이 경제 위기로 고통받고 있는 역사적 흐름은 경제학자들에게 큰 교훈을 남겼다. 특히 경제 '대침체'라는 말은 더 이상 낯선 용어가 아니라 오히려 빈번하게 사용되고 있다. 그러나 지난 2008년 이후 발생한 일련의 사회현상 (아랍의 봄에서부터 시작해 결국 시리아의 승리로 끝난 민중 혁명, 이로 인해 발생한 수백만 명의 난민 문제, 브렉시트 문제 등)은 기존의 경제학 개념으로 설명하기 역부족이었고, 이러한 사회현상을 기술적으로 설명하려는 노력은 종종 "국내총생산이 2분기째 계속 하락 중이다"라는 식으로 표현될 수밖에 없었다.

사실 거시경제를 통해 사회현상을 표현하려는 노력은 매우 무의미하다. 경제 관점에서 세계적으로 발생한 사회 위기 현상을 해석하려는 노력은 경제학자들의 대단히 자기중심적인 발상이자 전근대적인 방법이라 할 수 있다. 2008년부터 발생한 일련의 사회현상이 예외적이고 특수하다는 생각은 이제 설득력을 잃었다. 지난 수십 년간 겪어온 경제 쇼크와 민주화 국가와 기관의 불법 행위, 부조리 행태가 일상이 되었다고 느끼는 전 세계 사람들은 최근 발생한 사회현상이 일시적인 현상이라고 생각하지 않는다. 경제 후진국 국민들, 특히 40대 이상의 중년 멕시코인이나 콜롬비아인은 단순히 이러한 사회현상을 세계 경제 위기나 국가정책의 불완전함에서 비롯된 것이라고 안일하게 생각할 수도 있다. 선진국 국민들 중에서도 이런 생각을 하고 있는 부류가 있을 수도 있다. 아직도 세계적인 위기 현상을 안일하게 생각하는 사람들을 위해 내가 직접 경험했던 사례를 언급하고 싶다.

　나는 사회학을 전공하는 제자들과 종종 작은 실험을 하곤 한다. 최근 스페인의 '빈곤가능성지수'에 대해 실험한 적이 있었다. 2016년 스페인의 빈곤가능성지수는 22퍼센트에 달했다. 이 책을 읽고 있는 독자들은 경제 위기 시작 전 스페인의 빈곤가능성지수가 얼마였다고 생각하는가. 스페인이 경제 기적을 일으키고 세계경제 8위라는 기염을 토하고 경제의 최고점에 이르렀던 시절 스페인의 빈곤가능성지수에 대해 생각해본 적이 있다면 말이다. 대다수 사람들은 내 질문에 경제 위기 전 스페인의 빈곤가능성지수는 10퍼센트 미만, 즉 한 자리 수였을 것이라고 답한다.

경제 위기가 시작되기 바로 직전인 2007년, 스페인의 빈곤가능성지수는 19.7퍼센트였다. 이미 경제 위기 시작 전부터 스페인 대부분의 가계는 빈곤가능성에 노출되어 있던 상태였다. 사회적 불평등은 그 이면을 들여다보면 일시적인 경제 위기나 불황에서 비롯된 결과물이 아니라 경제 불황과 상관없이 오랫동안 지속되어온 고질병이었던 셈이다.

사실 일련의 위기 현상은 거대한 세계 자본주의 흐름에서 필연으로 탄생한 역사적 귀착점이다. 이미 1980년대 초반부터 전 세계에서 동시다발로 발생하고 있는 금융 위기에서 그 흐름을 눈으로 직접 확인할 수 있다. 일찍이 멕시코, 미국, 일본, 핀란드, 태국, 인도네시아, 필리핀, 스페인, 러시아, 아르헨티나, 아이슬란드 등이 경제 위기를 경험한 바 있다. 데이비드 하비David Harvey가 지적한 대로 국지적으로 발생한 지역 위기 현상은 신자유주의 이데올로기에 위협을 가하는 것이 아니라 반대로 신자유주의 현상을 한층 더 강화시킨다.[2] 국경을 초월하여 한층 심화된 국가 간 경제 상호 의존도와 탈규제 정책에서 발생한 금융 위기는 정치 개혁을 가속화하는 데 이용되었고, 결국 정치 개혁을 통해 노동자들의 협상 능력을 제한하게 되었다. 또한 1980년대 초반부터 발생한 일련의 사회 혼란 현상은 신자유주의자들이 공격적인 방법으로 이데올로기를 정립하는 데 기여했다. 그리고 현대인의 정신적 고통, 공공기관의 권위 추락, 사회문화 현상의 후퇴 경향, 정책의 양극화 등은 신자유주의자들의 정책 이론을 정립하기 위해 도구로 사용되었다. 지금 와서 이러한 현상들은 신자유주의 이론을 오히려 갉아먹고 있다. 우리 시대의 경제 대침체는 새로운 시대의 도래일 뿐 아니라, 서양 경제학자들이 1970년대 자본 축적의 위기를 극복하는 데 이용한 전략의 종말을 의미한다. 서양 경제학자들은 위기를 극복하기 위해 19세기 맨체스터 학파의 자유주의로 돌아가는 전략을 구사했고, 이러한 전략으로 인해 당시 지배층은 압도적인 승리를 거뒀다. 자기 복제와 자가 확대가 가능한 데다가 기본적으로 제재를 가하는 어떤 종류의 제한과도 양립하지 못하는 자본주의라는 사회 시스템 안에서 압도적 승리를 거두었다는 것은 불행의 서막을 알리는 셈이었다.

최근 수면 위로 떠오른 반대 운동 움직임

비슷한 사례로 1940년대에 오스트리아 출신 사회철학자 칼 폴라니는 당대에 발생한 정치·경제·사회·정신 위기는 예측 불가능한 비정상 사회현상이 아니라 사회 전체에 만연한 상업화 과정에서 자연스럽게 생겨난 합리적 단절이라고 해석했다. 19세기 말은 식민주의 시대로 전 세계가 팽창하던 시기였고, 이 과정에서 유럽에는 자연스럽게 상업화 과정이 발달했다.[3] 이런 관점에서 해석하자면, 제1차 세계대전과 제2차 세계대전 발발, 뒤이은 전체주의 등장과 확산 현상은 역사상 전례가 없는 경제성장과 '팍스 메르카토리아pax mercatoria(상업화를 통한 평화)'를 겪으며 내재해 있던 긴장 상태로부터 생겨난 부산물이었다.

폴라니는 경제 자유화의 정당성과 권위에 대해 의문을 제기하기보다 오히려 경제 자유화의 가능성 자체에 의문을 제기했다. 스스로를 규제하는 시장이라는 이상 모델은 유토피아식 발상이고, 나아가 자멸을 초래할 수 있다고 지적했으며, 스스로를 제한하는 시장이란 개념 자체도 인간이 지닌 다양한 삶의 방식 중 어느 것과도 일치하지 않는 기괴한 개념이라고 지적했다. 자유시장이라는 것은 지금까지 한 번도 존재한 적 없고 앞으로도 존재할 수 없다는 것이 그의 생각이었다. 폴라니는 자신들이 경제 대침체에 타격을 받았다고 생각하는 사람들의 불만과 구조적 단점을 보완할 수 있도록 상업화 과정에는 언제나 국가의 공격적 개입이 필요하다고 보았다.

또한 폴라니는 우리가 실제로 할 수 있는 역사적 선택은 자유시장과 국가의 적극 개입, 둘 중 하나가 아니라고 지적했다. 우리가 할 수 있는 선택은 다양한 정책 가운데에서 정책적으로 대응 운동을 택하는 것일 뿐이라고 그는 역설했다. 정책 반대 운동은 다양한 정책 해결 방법 중 하나로 자본주의의 암적 존재와도 같은 현상들을 완화시키기 위해 필수로 생겨난다. 이런 정책 반대 운동이 거꾸로 작용하여 일부 권력층의 특권을 강화시켜 줄 것인지 또는 전체주의로 흘러갈지는 아무도 모른다. 어쩌면 인간이 지닌 유토피아에 대한 환상과 민주주의를 더욱 심화시킬 기회를 열어줄 수도 있다.

폴라니는 정확히 제1차 세계대전과 제2차 세계대전 사이 기간 동안 발생한 정치 폭발 현상을, 각자 나름대로 시장 제한을 해석하던 여러 후기자유주의 이론 간 충돌의 결과로 해석했다. 한편 그람시가 민중 저항으로 위기에 처한 지배 세력이 위기를 극복하기 위해 지배의 혁신을 도모하는 "수동적 혁명"이라고 명명한 방법도 존재한다. 대대로 이어온 계층화 시스템을 유지하려는 의도로 정부가 추구하는 경제 규제를 포함해서 획기적 변화를 동반하는 권위적 개입이다. 물론 탈상업화를 촉진시켜 불평등을 완화하고 종국에는 해방의 길로 나아가려는 방향도 있었다.

최근 이미 폴라니가 경험했던 대로 정치 양극화, 정부기관의 불안정성, 집단 혐오와 같은 20세기와 매우 비슷한 사례가 발생하고 있다는 사실에 주목해야 한다. 우리는 후기신자본주의사회에 살고 있다. 이런 상황에서 자유시장이라는 이상에 불과한 경제 모델 정책은 살아 있지만 살아 있는 게 아닌 좀비 같은 정책으로, 국민에게 고통을 유발하고, 결국 모두를 죽음으로 내모는 행위다.

지금 전 세계에서 신자유주의 디스토피아에 대한 반응으로 강력한 반세계화운동이 시작되고 있다. 반세계화운동 대부분은 극우주의 환경에서 탄생했는데, 민족주의·외국인 혐오·종교적 단결·대중 포퓰리즘에 근거하여 발생하고 있다. 이미 서양의 정책 기관들은 민주주의 수호자 역할을 그만두었다. 안보 문제에서는 이미 그 역할을 제한하고 있으며, 정책은 정당성을 잃어가고 오히려 대중의 난폭함을 부추기는 방향으로 가고 있다. 2014년 빅토르 오르반 헝가리 총리는 헝가리식 "제한 민주주의"를 역설했으며, 2016년 도널드 트럼프의 대선 승리는 서양 사회에 이미 만연해 있던 현상을 표현한 것에 불과하다. 멀리서 사례를 찾을 것 없다. 도널드 트럼프 대통령이 미국과 멕시코 사이에 장벽을 세우겠다고 언급했을 때 우리는 맹비난을 퍼부었다. 그러나 스페인도 아프리카와 유럽 사이에 이미 물리적 장벽을 세운 바 있다는 사실을 간과하면 안 된다. 스페인과 북부 모로코 지역 사이에는 몇 년 전부터 6미터 높이의 삼중 철조망을 설치했고, 이로 인해 이미 수백 명의 이민자가 심각한 부상을 입었다.

다행히 최근 발생하는 반세계화운동은 단순히 역사의 일부일 뿐이다. 국경을 초월한 연대감을 바탕으로 장기 관점에서 사회변혁을 꾀하기 위해 경제 위기를 이용하려는 민주화된 대안역시 존재한다. 만일 금세기 초 라틴아메리카가 1999년 시애틀 시위에서 촉발된 반세계화 편에 섰었다면,[4] 오늘날 유럽 남부의 반주변부Semi-Periphery 국가에 새롭게 설립된 대항헤게모니 연구소는 라틴아메리카에 세워졌을지 모를 일이다.

유럽 주변부로부터 배우다

당연한 이야기지만, 경제 위기는 특히 유럽 남부 지중해 지역 국가들에 심각한 정치 타격을 줬다. 앤서니 기든스Anthony Giddens 나 로널드 잉글하트Ronald Inglehart 같은 학자들이 진단하고 설명했던 것처럼, 정치적 정당성이 위기에 처한 상황에서 남부 유럽 국가들은 갈등과 화해의 양면성을 동시에 가진 포스트모더니즘 탈정치화 현상을 겪게 된다.[5] 특히 스페인에서는 지금까지 정치 시스템에 균열이 가기 시작했다. 기본 경제정책 개념이 매우 유사한 양 정당이 번갈아 정권을 잡는 정치 시스템이었는데, 이 시스템에 금이 갔다. 스페인의 집권 여당과 야당은 정당 이름만 다를 뿐 노동시장의 규제 철폐, 부의 재분배 정책 제한에서 기본적으로 생각이 비슷했다. 한마디로 부동산 시장 호황에 바탕을 둔 경제정책을 심화하는 방향으로 줄곧 정책을 이어왔고, 이와 같은 정책은 높은 소비구매력 유지와 계층 간 자유로운 이동을 보장해주었다. 그러나 이런 정책은 대부분 신기루에 불과했다. 이것은 결국 실업률을 높이고 경제 불평등과 사회 불안정을 배가시킨 반면, 재분배 복지 정책은 최소한으로 시행되었다. 하지만 이런 정책 기조는 매우 효율적인 사회 통합 방식이었고 어느 정도 성공을 거둔 것도 사실이다(북유럽 국가들 사이에서는 스페인 경제 위기가 국가재정 낭비와 무책임한 경제정책에서 기인했다는 믿음이 일반화되어 있다. 실제로 2007년까지 스페인은 자유경제의 정석 모델이었고 국가 부채가 국내총생산의 35퍼센트에 달했다. 같은 기간 독일의 국가 부채는 국내총생산의 60퍼센트였다. 스페인의 국가 부채는 위기 이후 급속도로 증가했으며, 정부는 급히 공공 지출 억제 정책을 시행하고 유럽연합의 엄격한 기준을 준수했다).

경제 위기는 그때까지 사회 전체에 형성된 합의에 의문을 제기하는 계기를 만들었다. 부동산 시장의 호황은 한바탕 꿈에 불과했고, 달콤했던 꿈은 곧 악몽으로 변했다. 대량 실업 사태(현재 스페인 실업자 수는 약 400만 명으로 추정되며, 이는 약 150만 가구 구성원이 모두 실직 상태라는 의미다)와 빈곤(스페인 아동 3명 중 1명이 빈곤가능성 위험에 노출되어 있다), 그리고 추방(위기 시작 때부터 약 50만 명이 추방되었다)이 잇달아 발생했다. 그동안 음지에서 셀 수 없을 만큼 많이 이뤄지던 정치인의 부패 사례는 언론 보도 등을 통해 국민에게 알려졌고, 경제학자들과 정치인들이 서로 일종의 담합을 하여 정책을 자기들에게 유리한 방향으로 시행했기 때문에 중대한 국가 위기가 왔다는 것이 국민들 사이에서는 공공연한 사실로 이야기되었다. 더구나 2011년 결정적인 부정부패 사건이 수면 위로 떠오르면서 판도라의 상자가 열렸고 사회 전체가 혼란에 빠졌다. 다행히 사회 혼란 현상과 함께 15M운동이 일어났다. 15M운동이란 스페인에서 2011년 경제 위기 이후 정부의 긴축정책과 높은 실업률, 구조조정에 분노한 시민들이 시위를 벌이며 거센 정치 변화의 바람을 일으킨 사건이다. 그런데 그보다 더 큰 변화는 바로 2014년에 발생했다. 국가정책 기관을 목표로 한 사회변혁 움직임이 발생했다. 단순한 변화의 바람인 줄 알았던 15M운동이 폭풍의 핵으로 부상했다. 우선 선거를 통해 정치 지형이 바뀌었다. 유럽의회 선거에서 8퍼센트 지지율로 15M운동의 결실인 포데모스당이 유럽의회에 입성했다. 몇 달 후 스페인 지방선거에서는 많은 후보들이 15M 정신과 비슷한 색깔의 목소리를 내기 시작했다. 특히 스페인 3대 주요 도시인 마드리드, 바르셀로나, 발렌시아에서는 변혁을 앞세운 사람들이 당선되었고, 탈상업화의 기치를 앞세우거나 적어도 정부에 비판적인 사람들이 선거에서 두드러진 강세를 보였다는 것은 매우 주목할 만한 결과였다.

오언 존스Owen Jones가 지적한 대로("우리에게 필요한 새로운 정치 모델이 있다. 그 모델은 스페인에서 찾을 수 있다.") 시대 흐름에 반하는 움직임이 포착되기 시작한 것은 매우 고무적인 상황이었다.[6] 다른 국가들에서 본받을 만한 대중 참여, 대중 주도 운동의 모델일 수 있었다. 다른 지역에서 발생한 현상들과 달리, 스페인의 위기 대처 방식은 단순히 외국인 혐오 방향으로 흘러가거나 기존 권위, 권력에 기대는 경향을 거의 보이지 않았다. 앞서 말한 현상들에 스페인 국민들이 면역력을 갖게 된 것은 여러 요인이 복합으로 작용한 결과라고 설명할 수 있다. 잠재의식 속에 독재정치에 대한 기억이 아직 생생히 남아 있었기 때문일 수도 있고, 경제 위기로 인한 극심한 고통을 견뎌내기 위해 내부적으로 국민들끼리 강한 결속을 도모한 것일 수도 있다. 아니면 집권 여당 내에서 극우주의 세력이 조화를 이루어 통합된 형태로 나타나고 있었기 때문인지도 모른다. 민주주의를 회복하려는 노력에 대한 국민들의 무관심과 사회 혼란 현상을 연결시킬 줄 아는 사회운동이 출현했다는 것은 고무적이다. 얼마 전까지 사회운동 언저리에서 논의되던, 지위 정상화를 추구하는 경향이 미약하지만 생겼다고 해도 과언이 아니다. 오늘날 스페인 대중 사이에서 페미니즘, 사회주의 경제체제, 참여민주주의에 대한 논의는 위기가 발생하기 전보다 훨씬 빈번하다.[7]

사실 우리가 품어야 할 질문은 왜 정치 변화가 더욱 심도 깊고 빠르게 진행되지 않는가 하는 것이다. 어떻게 스페인 국민 다수가 항상 보수 정당에 표를 던지고 그로 인해 보수 정권이 민주주의 사회비용을 대폭 삭감하고, 손쉽게 부패 연결 고리를 만들어 권력을 유지할 수 있었는지 국민들 스스로 자문해보아야 한다. 질문에 대한 대답 전부가 될 수는 없지만, 일정 부분 그 책임을 대중매체에서 찾을 수 있다. 언론이 국민들에게 야당에 대해 극단적으로 나쁜 인식을 심어주는 데 얼마나 성공했는지와 연결해볼 수 있다. 물론 좌파 정당도 기존 정권을 대신할 수 있는 정치 대안 모델을 찾아내지 못해 국민들을 설득시킬 수 없었던 것이 사실이다. 제대로 된 대안 모델이 아니고서는 상대방 논리를 이데올로기 논증으로 절대 넘어설 수 없다.

사회 위기와 중산층의 한계

　15M운동으로 결성된 정당 포데모스와 스페인 변혁 운동은 노동의 중심부로 들어서는 문턱에 와 있지만, 아직 문지방을 넘지 못하고 있다. 사회적 불안감에 바탕을 둔 계급 간 연대를 이끌어내기엔 역부족이었고, 부동산 시장과 사회·문화 자본 앞에서 기본이 되는 미시주체를 넘어설 동력을 갖추지 못했다(일부 유럽 좌파 사이에는 스페인의 포데모스와 각종 사회 변혁 움직임이 우익 포퓰리즘 정치 영역에 포함된다는 인식이 퍼져 있다. 이는 완전히 잘못된 생각으로, 포데모스 프로그램은 완벽한 정통 좌파 정당의 변형된 이데올로기와 일치한다. 이데올로기 면에서 희석된 용어를 사용해 지지 기반을 확대하려 노력했고, 제한적이지만 이 노력은 성공을 거두었다. 설문 조사에 따르면 유권자에게는 여전히 정치 정체성이 선거에서 매우 중요한 요소로 작용하고 있다). 경제 위기, 불평등, 부정부패에 대한 분노에서 시작된 사회 움직임은 여전히 대안 사회 모델을 제시하지 못했다. 대학교수들이나 관심을 가질 만한 이론이나 활동가들이 찾고 있는 이데올로기에 국한된 것이 아니라, 일반 국민 대다수에게 좋은 삶이라는 실질적 대안을 제시하는 데 실패했다. 다수의 일반 대중은 좋은 삶을 위해서라면 다소 위험한 정책 시행마저 감수할 수 있다고 생각한다.

　다른 국가들처럼 스페인에서도 사회 중산층 사이에서는 긴축 등 정부 정책에 대한 저항이 생겨났다. 정부 정책에 대한 분노는 즉각 나타나는 물질적 타격과 고통뿐 아니라, 실존하는 사회 혼란과도 맞닿아 있다. 다시 말해 대를 이어 내려온 사회적 합의는 이행되지 않았고, 계층 간 이동 사다리는 사라졌다. 중산층의 상실감은 제한적 정치 변화의 원동력으로 작용한다.

오래된 마르크스주의 사상 중에 이런 말이 있다. "되찾기 위해서는 충분한 대가를 치를 가치가 있다." 마르크스는 자본주의에서 패배한 이들이 정치 변화를 일으킬 수 있는 매우 중요한 요인이라고 보았다. 전 세계를 이롭게 만드는 유일한 요소라고 생각했다. 그러나 누구도 마르크스의 생각처럼 움직이지 않았다. 각 계층과 개인은 근시안 사고에 사로잡혀 특정한 자기 이익만 추구하는 존재기 때문이다.

많은 사람들은 이렇게 생각한다. 고도로 발전한 사회에서는 실업 문제를 다루지 않는 편이 합리적일 것이라고. 고도로 발전한 사회에서는 우리가 한정된 자원을 가지고 경쟁해야 한다면 분명 더 나은 정책 대안을 제시할 수 있을 것이라고. 실업 문제 자체에 대한 해결책을 제시하고, 개인 자유 시간을 보장할 방안을 찾고, 더 생산적인 일에 가치를 부여할 방안을 제시할 수 있을 것이라고. 그런데 실상 우리는 현실을 타파하기 위해 소수의 고부가가치 일자리에만 매달릴 뿐, 정권이 바뀌고 구조조정이나 삭감이 동반되는 정책을 시행할 때 그것을 받아들일 준비가 되어 있지 않다. 그래서 자기 이익에만 몰두하여 매우 근시안적으로, 편견에 사로잡혀 사물을 바라보게 된다. 사회 재편과 그에 따른 이익은 충분히 인지하고 있지만, 하루아침에 시스템을 바꾸기 위해서는 정치적 합리성이란 제단에 우리 자신을 제물로 바치는 도덕적 영웅이 될 준비를 해야 한다.

여러분이 이제 스무 살이고 지난 5년간 가족 구성원이 모두 실직 상태에 있었다고 치자. 그리고 이 도시의 청년 실업률은 70퍼센트에 달한다. 이 경우 노동시장 자체를 제거하는 편이 훨씬 실현 가능한 일이라고 생각할지도 모른다.

해방 프로젝트가 성공하기 위해서는 중산층이 이미 기정사실화하거나 신봉하고 있는 실용주의 담론을 즉각 깨뜨리는 것이 필요하다. 종종 이러한 실용주의 담론은 이데올로기 면에서 급진 성향을 띠기도 한다.

전통 좌익 노동운동이 마주한 문제는 프롤레타리아계급의 소외나 천박한 캐비아 좌파gauche caviar(부유한 생활을 하면서 진보를 주장하는 좌파-옮긴이) 같은 이데올로기 문제가 아니다. 그보다는 정치 변혁을 위한 사회 기반 조성에 더 관심을 가져야 한다. 최근 해방 프로젝트에 대한 담론은 사회적으로 피폐해진 환경에 근거를 두고 있다. 신자유주의가 진정으로 승리한 점은 시민사회를 뒤흔들어놓고 사회를 매우 불안정하게 만들었다는 것이다. 신자유주의로 인해 오늘날 사회는 지극히 불안정하고 개인주의적이며, 국민들은 소비에만 혈안이 되어 있다.

1987년 당시 영국 총리 철의 여인 마거릿 대처는 인터뷰에서 유명한 말을 남겼다. "There is no such thing as society(사회 같은 것은 없다)." 많은 사람들은 이 표현이 방법론적 개인주의를 표현한 것이라고 해석했다. 사실 이 표현은 개인주의에 국한된 것이 아니라 정치적인 의미였다. 마르크스주의자보다는 미국 사회학자 리처드 세넷_{Richard Sennett}이나 미국 역사학자 크리스토퍼 래시_{Christopher Lasch} 같은 신공산주의자들이 받아들여야 할 개념이다.⁸

1980년대 노조의 세계적 종말은 지금처럼 노동자들의 급격한 노동 협상력 약화를 의미하지는 않았다. 오히려 대중에게는 물질적 존립 방식에서 다양한 분야의 사회화가 붕괴되는 것을 의미했다. 노동자들과 달리 지배 계층은 포스트모더니즘 개인주의화를 지켜내는 데 성공했다. 이 방식을 지켜냄으로써 계층의 사회 자산(예를 들어 엘리트 교육기관 유지나 생활 방식이 비슷한 인간관계망 보존)을 유지했을 뿐 아니라 고도 소비에 바탕을 둔 계층 고유의 문화유산을 고스란히 지켜냈다. 오늘날 떠오르는 반대 운동(해방 프로젝트)의 성공 가능성은 전 세계에 걸친 사회 연결 고리를 재건하는 일이 관건이 될 것이다. 이제 이 연결 고리에서는 물질 요소가 상당히 많은 부분을 차지하게 된다. 단순히 연봉만 높은 것이 아니라 더 풍요롭고 질 좋은 일자리가 중요해진다는 뜻이다

세계적으로 학습된 무방비 상태와 유럽의 가능성

최근 떠오른 대항 헤게모니에서 두 번째 걸림돌은 일종의 "세계적으로 학습된 무방비 상태"라고 일컬을 수 있다. 오늘날 자본주의는 세계 정치 협력 메커니즘의 부재로 인해 더욱 가속화하고 있다. 서양 민주주의에서 시장은 투표권, 즉 정치에 지분을 가지고 있고, 이 지분은 곧 의회의 지분보다 더 큰 비중을 차지한다. 최근 대표 사례를 들어보면, 바로 그리스다. 2015년 그리스 국민들은 선거에서 잘못된 투표를 하는 실수를 범했다. 유럽연합 측은 곧바로 금융·정치 전쟁을 선포했고, 이 같은 결정은 유럽 대륙 전역에 매우 큰 교훈을 주었다.

오늘날 민주화 운동은 국민 대다수를 설득할 능력을 갖추고 있지 못하다. 국민들을 설득하려면, 정치 주권을 회복할 수 있는 실질적 무기를 갖추고 학습된 무방비 상태를 이겨낼 능력을 갖춰야만 한다. 실질적 무기 중 하나는 국민국가의 경계를 넘어서는 초국가적 헌법 개입이 가능한 범위를 지리적으로 한층 확대하는 것이다. 다시 말해 전 세계 금권정치를 타파할 능력을 지닌 국경을 초월한 연합을 결성해야 한다. 한 가지 좋은 소식은 전통적 국제주의에서와 달리 오늘날 유럽은 다른 무기를 가지고 있다는 사실이다. 바로 대륙 헌법이 태동할 준비를 하고 있다. 국경을 초월한 정치 개입의 장이라는 대항 헤게모니 운동에 단일 유럽이라는 마지막 희망이 있다는 것이다. 사실 유럽연합은

2008년 위기 시작 무렵부터 매우 급속한 퇴행 과정을 경험한 바 있다. 유럽연합은 결속력이 약한 무척 진부한 국가주의의 일종으로 해석할 수 있다. 이는 유럽 문화의 산물이자 유럽이 극복해야 할 성향이다. 그리고 또 한 가지, 유럽은 바로 스스로가 이 세계의 도덕 경찰 역할을 맡고 있다는 자만심에 차 있다. 사실 유럽은 유럽이기 때문에 중요한 것이 아니라 오히려 그 반대라고 할 수 있다. 정치·사회·문화 전통에 대한 유럽의 집착에도 불구하고, 유럽연합은 후기자본주의의 세계적 협력 형태 구축으로 한 걸음 나아갈 수 있었다는 점에서 중요하다. 우리는 하나의 이데올로기나 이상에 불과했던 이야기를 유럽연합이라는 시대의 흐름으로 바꿔냈다.

유럽연합의 기원을 거슬러 올라가면 상업적 평화 원칙이 매우 훌륭한 성공을 거둔 사례로 이해되고 있다. 정치·문화 면에서 심각한 갈등을 겪던 유럽인들은 무역을 통해 서로에게 친밀함과 친숙함을 느끼게 되었고, 이로 인해 유럽이 공통분모를 가질 수 있다는 환상을 지니게 되었다. 이것이 유럽연합의 기원이었다.[9] 유럽 전역을 쑥대밭으로 만든 수차례의 종교전쟁에 이미 질릴 대로 질린 학자들, 몽테스키외 같은 학자들은 경제적 공통 관심사를 통해 각기각기 찢긴 유럽이 상처를 봉합할 수 있을 것이라 생각했다.

지난 40년간 몽테스키외의 이론은 잘 시행되는 것 같아 보였다. 유럽연합은 매우 성공한 지역 통합 실험처럼 보였고, 시장이 평화적으로 기능할 수 있다는 사실과 정치 단합을 위한 경제 발판을 마련할 능력이 있다는 사실을 충분히 보여주었다고 생각했다. 사실상 유럽연합은 현실에 기반을 두고 있지 않다. 유럽 국제 관계에서 상업화란, 국가 차원에서 노동의 힘을 부분적으로 비상업화해도 된다는 강력한 사회적 합의를 통해 균형을 이루고 있는 상태였다. 다시 말해 1970년대 말까지 유럽경제공동체European Economic Community는 유럽의 복지와 함께 발전했고, 이러한 경제와 복지의 동시 추진은 유럽연합의 성공에 크게 기여했다. 사실 미국의 전폭적인 지지와 도움이 없었다면 불가능한 일이었을 수도 있다. 당시 미국은 소련의 팽창 정책을 억제하기 위해, 국가의 개입을 옹호하는 케인스주의에 근거한 정책을 펼치고 있었다. 그러나 냉전 종식 이후 유럽의 복지는 신자유주의 헤게모니로 인해 점차 퇴보 기조를 보였고, 유럽연합이 제대로 된 금융 정책과 사회 정책 없이 단일 통화를 도입하겠다는 결정을 내리면서 속 빈 강정 같은 금융 상황을 보여주었다. 정책도 준비되지 않은 상태에서 단일 통화를 도입한 것은 슬로비디오처럼 아주 천천히 자살하는 행위나 마찬가지였다.

유럽연합이 찾을 수 있는 유일한 탈출구는 지난 역사에서 얻은 교훈이다. 물론 역사를 왜곡 해석하는 우를 범하지 말아야 한다. 유럽은 정치 통합 건설 과정에서 시장에 우선권을 주는 실수를 범한 경험이 있다.

유럽 남부 반주변부 국가에서 시작된 민주적 반세계화운동만이 유럽의 정치 통합을 촉진시킬 여건을 갖추고 있다. 반세계화운동에 참여한 사람들은 기존 전통 정당에 맞서 시장의 독재를 종식시킬 대중 권력을 얻기를 간절히 바라고 있다. 브렉시트의 예처럼 신보호무역주의자들이나 정체성을 추구하는 사람들과 달리, 이들은 더 확장된 영역을 원한다. 국가주의 영역에서 벗어나 성공을 거둔 세계 경제 엘리트 학자들에게 대항하려면 더 넓은 영역에서 영향력을 행사할 수 있어야 하기 때문이다. 그런 의미에서 유럽 차원의 "탈상업화"는 전 세계에 널리 퍼져 있는 신자유주의 질서에 아주 강력한 도전이 될 수 있다. 이는 새롭게 정립된 이론이 아니라 이미 20년 전 영국 정치학자 피터 가우언Peter Gowan이 주창한 이론이다.[10] 유럽연합은 세계 제1의 경제 권역으로 이미 구성 국가들이 확고한 민주정치체제를 정립하고 있다. 따라서 가우언이 제시한 것처럼 후기자본주의 시대에 세계화를 이끌어갈 능력을 이미 갖추고 있을 뿐 아니라, 나아가 더 민주적이고 더 공정하게 세계화를 꽃피울 토양을 이미 갖추고 있다.

경제 침체와 자본주의를 넘어

불안정한 하위 사회계층이 "계급 그 자체"로 전환하려면 새로운 사회화 도구와 국제 협력 기구 창설이 필요하다. 새로운 사회화 도구와 국제 협력 기구 창설을 통해 계급을 전환한다는 유토피아식 프로젝트는 이 시대 해방운동에서 가장 쉬운 부분이라고 볼 수 있다. 정말 어려운 건 해방 프로젝트보다 훨씬 성공을 거둔 것으로 보이는 반대쪽의 주장과 논리를 깨뜨리는 일이다.

지난 몇 십 년간 정치에서 이룩한 중요한 진보는 사회운동가들을 중심으로 일어난 민주주의 개념의 회복이었다. 매우 도전적이고 불온하지만 이상적인 정치 형태로서 민주주의 말이다. 모든 종류의 아주 정교한 이론에 대응할 수 있게 잘 무장하고 반대쪽에서 주창하는 영웅적 행동주의 같은 전통 개념을 극복했다는 사실은 매우 고무적인 소식이다. 전 세계에 걸쳐 가장 활발한 대중운동은 정상화로 복귀하려는, 매우 급진적이라고 알려진 운동이다. 아주 똑같진 않지만 그런대로 전통적인 삶의 방식을 추구하고, 가정을 꾸리고, 본인이 태어난 곳에 터를 잡고 생활하고, 본인이 가진 소명을 위해 공부하고, 정부에서 실행하는 시책을 믿고, 그 시책에 참여할 기회를 갖는다는 의미의 정상화 말이다. 우리 삶을 정상화시킨다는 아주 소박한 바람을 실천하기 위해서는 우리가 알고 있는 세계를 거꾸로 뒤집어야만 가능하다.

독일 철학자 안젤름 야페Anselm Jappe가 지적한 대로, 주요한 정치 변화는 조용히 이뤄지는 동시에 매우 분쟁 소지가 많다. 이를테면 부자에 대한 과세야말로 주요한 정치 변화다. 부자 과세와 공공 서비스 부문의 질적 향상 추구는 이미 우리가 사회변혁의 길로 들어섰다는 것과 같은 의미다. 이는 더 강한 사회연대를 추구하는 변형된 자본주의를 통해 가능하며, 일종의 21세기식 케인스주의 정책으로 회귀하는 것과 같다.

우리는 후기자본주의를 자본주의자 없는 자본주의라는 의미로 받아들인다. 또한 종종 우리 사회가 연대감으로 강하게 결속되어 있고, 약간의 정책 변화만 준다면 실질적 협력 정책을 구사할 수 있다고 생각한다. 모든 것이 디지털 기술과 특별히 연결되어 있어서 실제로 실행하는 건 어렵지 않다고 생각한다. 그러나 이는 상상에 불과할 뿐, 사실이 아니다.

우리는 현재 재앙과 같은 환경 문제에 직면해 있지만 해결책을 찾지 못하고 있다. 사실 우리는 자본주의 실패를 두려워하기보다 오히려 자본주의 성공을 두려워해야 하는 시기에 와 있다.

영국 경제학자 리처드 토니Richard Tawney는 툭 까놓고 이야기하자면 정치 변혁은 우리의 권리가 아니라 우리의 의무 사항이라고 말했다. "민주주의는 그 기능이 정치체제에 국한된다고 본다면 결속력이 약하거나 아예 없는 단순한 정치체제에 불과하다. 민주주의는 일종의 정부의 형태여야 할 뿐 아니라 사회 모델과 조화를 이루는 삶의 방식, 사회의 종류여야만 한다"[11]라고 자신의 책에서 언급했다. 리처드 토니의 말에 정말 중요한 진실이 숨어 있고, 그 진실은 시몬 베유나 다른 간전기間戰期 기독교 사회학자들의 생각과 매우 가깝다. 혁명 이야기에 눈멀거나 사회적 합의가 마비되는 현상을 피하기 위해 우리에게는 어떤 방식으로든 나아갈 방향키가 필요하다.

위험을 감수하는 정책이나 급격한 변화에 반발하면서 본인들 스스로 이 사태에 "책임이 있다"라고 선언한 좌파들은 대부분 과거에 향수를 느끼고 있다. 과거라고 표현하지만, 바로 얼마 전으로 돌아가고 싶은 기분을 느끼는 사람들이다. 그들은 신노동주의가 만연해 있고 아직 세계화가 인간다운 형태로 나타난 시절로 돌아가기를 원한다. 그렇지만 이는 너무나 완벽하게 정치·경제·사회 위기를 촉진시키는 해법이다. 경제 대침체는 지난 40년간 서양이 만들어온 방식의 단절을 의미하는 것일 뿐 아니라, 지배계급이 특권을 유지할 목적으로 지켜왔던 질서를 재형성하려는 다른 시도의 결과물인 셈이다. 재앙을 피하기 위해서는 정상의 급진화에서 단절의 정상화를 추구해야 한다. 세계경제라는 카지노의 승자들뿐 아니라 이미 난폭함의 탈을 쓴 자본주의에 참여한 우리 삶의 여러 단면들과도 열린 갈등을 겪어야 한다는 뜻이다.

제 13 장

강요된 후퇴: 신자유주의적 자본주의 종말의 서막

Die Wiederkehr der Verdrängten als Anfang vom Ende des neoliberalen Kapitalismus

볼프강 슈트렉 Wolfgang Streeck

신자유주의는 세계화와 함께 도래했다. 아니면 세계화가 신자유주의를 동반한 채 일어났다고 볼 수 있다. 그렇게 세계는 신자유주의 세계화 기류에 따라 '거대한 후퇴'(이 개념은 최근 세계 도처에서 일어나고 있는 일련의 현상을 일컫는 정치적 수사로 사용되고 있다. 이에 대한 더 구체적이고 명확한 설명은 이어지는 글에서 보완하겠다)의 길로 접어들었다. 1970년대 들면서 자본이 산업사회를 재건하기 시작했고 그로 인해 자본은 국가의 손에서 벗어났다. 1945년 이후 수십 년 동안 국가 관리 아래 있던 자본이 점차 독자적 역할을 하게 된 것이다.[1] 그동안 노동시장은 황폐화되었고 생산성은 침체되었으며 투자를 통해 얻을 수 있는 이윤은 점점 줄어들었다. 이러한 변화 속에서 노동조합의 요구 조건은 더욱 까다로워졌다. 국가는 더 이상 자본주의를 관리하고 통제할 수 없어졌으며, 이로써 자본주의는 국가에 완전한 작별을 고했다. 국가를 벗어난 자본주의는 더 넓은 무대로 나가 기세를 새롭게 확장하고 있다. 앞으로 자본주의는 아무런 한계도 통제도 없는 전 지구의 경제 무대에서 팽창할 것이다. 시장은 더 이상 국가에 속하지 않으며 도리어 국가가 시장에 포함되는 시대가 온 셈이다.

신자유주의는 티나TINA, There is no alternative(마거릿 대처가 자신의 정책을 강조할 때마다 썼던 문장인 '대안은 없다'의 줄임말로, 티나는 대처의 별명이자 신자유주의자를 가리키는 표현이다-옮긴이)라는 새로운 '여신'이 등장하면서부터 중요한 전환점을 맞이했다. 이른바 티나를 따르는 사제들의 행렬은 마거릿 대처(1979~1990년까지 영국 총리)에서부터 시작되어 토니 블레어(1997~2007년까지 영국 총리)를 거쳐 앙겔라 메르켈Angela Merkel(2005년부터 독일 총리 재임)까지 이어졌다. 티나를 섬기고자 하는 이들은 '모든 국가가 경제로 통합되어야 한다'고 외치는 엄숙한 성가를 불러야 하며, 세계질서 안에서 자본이 폭발하는 것은 자연의 법칙이자 공익을 위한 불가피한 상황이라고 받아들여야 한다. 또한 자본의 영향력이 확산되고 확대되는 일에 적극 동참하며 이를 가로막는 모든 장애물은 가차 없이 제거해야 한다. 정부 주도의 '자본 통제'와 같은 이교도적 계략은 신속히 찾아내고 근절해야 한다. 누구도 '전 지구적 경쟁'에서 빠져나와서는 안 되며, 국가의 보호 아래서 편하게 쉬는 것 역시 용납되지 않는다.

신자유주의 질서 아래서 자유무역협정은 시장을 개방했고, 국가의 간섭으로부터 시장을 보호하는 역할을 했다. 국가 정부를 대신하여 '글로벌 거버넌스Global Governance'가 세계경제를 관리하며, (모든 것의) 상품화를 '보호'하는 대신 상품화가 가능하도록 기반을 마련했다. 그리하여 사회(복지)국가 역시 '경쟁 국가'가 되어 자본주의적 합리화 시대에 합류해야만 했다.[2]

1980년대 후반에 이르러 신자유주의는 이른바 '유일사상Pensée unique'이 되어 세계질서를 아우르는 이데올로기로 자리 잡았다. 신자유주의 이데올로기 아래서 중도우파와 중도좌파는 별다른 차이점 없이 존재한다. 기존 정치 쟁점들은 더 이상 문제가 되지 않았으며, 다만 국가 '경쟁력'을 향상시키기 위한 '개혁'만이 중요한 쟁점으로 간주되었다. 그 개혁의 과정에서 공기업은 민영화되고 노동시장은 유연화되었으며, 경쟁에서 살아남기 위한 방편으로 많은 영역이 시장화되었다. 과열된 경쟁은 '위'에 있는 이들에게는 긍정적으로 작용했으나 '아래'에 속한 이들에게는 결국 부정적인 영향을 미쳤다. 이러한 시장 중심 경쟁 구도는 불평등한 소득분배로 이어졌으며 동시에 도덕적 의문을 야기했다. '분배 투쟁'이 있어야 할 자리에 시장 만능주의 해법이 자리했고, 결국 정치와 제도 그리고 개인이 선택할 수 있는 유일한 길은 이러한 흐름에 적응하는 것뿐이었다. 그리하여 정당들은 변화하는 상황에 순응하는 방식으로 퇴행을 선택했다. 일종의 '담합Kartell/Cartel 정당'을 형성하여 시민보다 정부에 가까이

다가감으로써 마치 국가의 도구처럼 기능한 것이다.[3] 선거 참여
가 줄어들고 정당 지지자가 감소하는 데다 시민사회가 다양하
게 분화하면서 기존 정당은 지지층을 확보하기 어려워졌다. 거
기다 1980년대 초반부터 노동조합 조직체가 와해되기 시작했는
데, 이는 전 세계적으로 노사 갈등과 분쟁이 급격히 줄어드는 현
상과 맥을 같이한다. 따라서 사회 전반에서 시민이 협력하고 연
대할 구심점이 사라졌다. 다르게 표현하면 신자유주의 체제 아
래 정당들은 시민 참여가 '동원 해제'된 상태로, 전후 민주주의
의 '재분배 도구'로 사용되면서 드넓은 '최전선' 앞에 서 있다고
할 수 있다. 더 안전하고 더 정상인 상태를 요구하는 시민의 목
소리를 뒤로 한 채, 나아갈 길을 찾아 방황하고 있는 셈이다.

　　제도적·정치적 후퇴 과정에 들어선 신자유주의 혁명은 마
침내 '탈진실Postfaktisch/Post-factual, Post-truth의 정치'라는 새로운 시대를
열었다. 전 지구를 하나로 묶었던 신자유주의 세계화가 번영과
안정에 대한 약속으로부터 멀어졌기에 이러한 약속이 실현되기
를 바라는 열망은 더욱 가중되었다.[4] 1970년대에 연이어 발생한
인플레이션과 실업률 증가 등 경제 위기는 1980년대 국가 부채
증가로 이어졌다. 그리하여 1990년대에는 국가재정을 회생시키
기 위한 방책으로 이른바 사회정치적 '개혁'을 감행했다. 그러나
이 개혁 과정에서 조세와 규제 정책이 '불공정'하게 이루어지면
서 한편으로 가계 부채가 증가할 가능성이 열렸다. 인플레이션
으로 인한 국가 부채가 민간 부채로 이어지면서 가계 부담을 가

중시킨 것이다. 사회정치적 개혁으로 국가 경제가 한동안 성장세를 보이다가도 이내 정체와 침체를 겪는 이유가 바로 여기에 있다. 취약한 가계 살림 구조를 보완하지 못한 채 진행된 제도 개혁으로 인해 불평등과 부채는 여전히 줄지 않았고 오히려 더욱 늘어났다. 낙수 효과Trickle-down effect 대신 분수 효과Trickle-up effect가 발생하면서 '아래층'에 있는 저소득 서민층의 가계 불황은 극심해졌다. 뿐만 아니라 개인, 가계, 지역 간 소득 격차가 심화되고 유로존 국가들 사이에서도 소득 불평등 정도가 커지고 있는 실정이다. 미래를 보장받은 듯했던 지식정보사회 역시 오늘날 산업사회가 몰락한 만큼 축소되고 둔화될 조짐을 보이고 있다. 인구가 급격히 감소하면서 자본주의가 지속적으로 작동할 수 있는 원동력 또한 그만큼 줄어들었다. 그리하여 국가는 세금으로 국가재정을 충당했던 '조세국가'에서 빚으로 재정을 운영하는 '부채국가'로 변했고, 결국 '재정 건전화를 위한 통합국가'로까지 이어졌다. 그러나 이 변천 과정에서 적절하게 대응하지 못한 나머지 국가는 매번 더 불리한 상황에 처하게 되었다. 가령 21세기 초반 새롭게 등장한 재정 건전화 국가는 초국가적 통합을 통해 이루어지는데, 유럽연합 같은 다차원 정권을 구성하여 각국 국내 정치를 조율하고 통제한다. 이러한 재정 건전화 국가는 국가 중심 구조 정책에서 손을 뗐고, 그리하여 전 세계 금융 위기와 그리스 경제 위기를 대비하지도 파악하지도 못한 채 다시 위기에 봉착했다.[5] '글로벌 거버넌스'는 이러한 위기에 아무런 도움이 되지 못한다. 오늘날 글로벌 거버넌스는 자본주의경제로 연결된 국가들 위주의 협치 구조여서, 경제 위기로 인해 이 연결망에서 떨어져 나간 국가는 더 이상 보호받을 수 없다. 세계화라는 '아름다운 신세계'가 위험에 빠지지 않기 위해서는, 초국가적 합의를 구축하여 세계화를 방해하는 장애물을 무력화시키는 것이 무엇보다 중요하다. 실제로 이를 목적으로 만들어진 '도구적' 조직들은 한동안 적당한 성과를 내며 세계무대에 존재했다.

'탈진실의 시대'

거짓말은 언제나 뻔뻔하고 대담한 방식으로 정치권에 등장한다. 미국의 전 국무장관 콜린 파월Colin Powell이 유엔 안보리에서 파워포인트를 넘기며 진행했던 보고를 떠올려보자. 이라크 전쟁을 개시하기 전, 그는 이라크에 대량 살상 무기가 있다는 명확한 증거라며 트레일러가 찍힌 사진을 제시했다. 독일에도 이러한 거짓말은 비일비재하다. 생각해보면 과거에 정치인들이 했던 주장 가운데 상당수는 이미 의미를 잃고 사장되었거나 잘못된 주장이었다고 판명 난 경우가 많다. 사회민주주의자면서 존경받는 국방장관들은 예나 지금이나 독일의 안보를 내세우며 파병을 주장한다. 우호적인 대미 관계와 국제사회에 대한 책무를 목적으로 아프가니스탄에 독일군을 보내면서도 국토방위라는 명분을 제시하는 식이다.

민주주의가 '후기민주주의Postdemokratie/Post-democracy'로 변천하는
과정에 신자유주의 혁명이 결부되면서 세상에는 새로운 형태
의 정치적 속임수가 모습을 드러냈다.[6] 바로 전문가들의 거짓말
이다. 그 발단은 래퍼 곡선Laffer-Kurve/Laffer-curve에서 시작되었다. 레
이건Ronald Reagan 대통령이 참고했다는 경제학자 아서 래퍼Arthur B.
Laffer의 곡선은 세율과 조세 수입의 관계를 포물선 형태로 설명
한다. 간단히 말해, 세율이 '일정 수준' 줄어들면 경제 활성화가
이루어져 세수입이 증가한다는 이론이다. 하지만 래퍼의 조언
을 따른 레이건의 감세 정책은 결과적으로 실패했으며 오늘날
에도 감세를 통해 경제성장을 도모하는 정책들은 한계를 보이
고 있다.[7] 여기에 이어서 1988년 유럽공동체 운영위원회에서 발
표된 '체치니Cecchini 보고서'를 보면 또 다른 정치적 속임수가 발
견된다. 이 보고서는 유럽이 경제 공동체를 통해 무역 장벽을 허
물고 단일 시장을 형성하면, 유럽 내 총생산이 5퍼센트 이상 늘
어나고 소비재 가격이 6퍼센트 가까이 줄어들면서 구성원들에
게 돌아갈 보상이 상당할 것이라고 주장했다. 아울러 수백만 명
의 일자리를 창출하는 등 전반적인 재정 상태가 향상되어 유럽
각국의 총생산 역시 과거보다 2.2퍼센트쯤 성장할 것이라고 했
다. 그사이 미국에서는 버냉키Ben Bernanke, 그린스펀Alan Greenspan, 서머
스Larry Summers 같은 금융 전문가들이 한목소리로 공통 의견을 제
시하며 미국 경제정책을 주도했다. 이들은 기본적으로 경제활

동에 참여하는 개인과 기업을 '합리적 경제주체'로 간주하고, 이들이 활동하는 시장은 스스로 조율이 가능한 '완벽한 구조'라고 판단했다. 따라서 경제주체들은 완전한 정보와 합리적 판단을 통해 투자할 것이며, 투자가 증대되고 경제가 활성화되면 시장이 스스로 안정된 상태를 유지하기 위해 예방책을 마련할 것이라고 봤다. 그리하여 그린스펀을 비롯한 미국 금융 전문가들은 '자유로운' 경제활동을 적극 장려하는 반면 국가 주도 규제는 최소화해야 한다고 주장했다. 이들은 경제 '버블'을 부정했고, 거품경제에 맞서는 규제 정책도 지양했다. 거품이 부푸는 줄도 모르고 그 안에 있었던 이들은 터져버린 거품이 '고통 없이' 사라진 뒤에야 비로소 엄청난 후폭풍을 감당해야 했다.

　이와 동시에 여러 정당들과 정부 그리고 주류에서 활동하는 대중 마케팅 전문가들은 '서사Narrative'를 확산시키며, 이 서사를 자신들의 의사 결정 또는 무의사 결정을 부당하게 정당화하는 데 활용한다(여기에서 '서사'는 문학 또는 심리학에서 사용하는 용어를 정치 맥락에 접목한 것으로, '일련의 사건들이 가지는 서사성' 또는 '언어로 표현할 수 없는 모든 종류의 서사성을 포함하는 이야기'를 뜻한다. 최근 유럽에서는 잇따라 벌어진 '부정적' 정치 결정에서 벗어나 새로운 정치 '서사'가 마련되기를 바라는 목소리가 높아지고 있다). 과거에도 그랬듯이 앞으로도 정부 조직은 이른바 전문가들의 지식을 수용하여 정책에 적용하는 일을 지속할 것이다. 전문가들의 조언이 과거에 어떤 일을 야기했는지 전혀 개의치 않고, 끊임없이 그들의 정치적 속임수를 따르는 것이다. 금융 위기를 겪고도 골드만삭스Goldman Sachs 출신 인사들을 정부 관료 요직에 포진시키는 것을 보면 알 수 있지 않은가. 시간을 거슬러 올라가보면 이와 비슷한 일들은 정치권에서 이미 수차례 벌어진 적 있다. 오바마 정부의 법무장관이던 에릭 홀더Eric Holder는, 2008년 당시 미국발 금융 위기의 잠재 원인이라 할 수 있는 여러 금융기관에 책임을 묻지 않았다. 법무장관을 사임한 후 대형 로펌으로 돌아간 에릭 홀더는 거대 은행들과 투자 기관들을 법정에 세우는 대신, 거액의 수임료를 받으며 그들을 전문으로 변호하는 위치에 섰다. 힐러리 클린턴은 백악관에서 나온 뒤 약 15년 동안 막대한 재산을 축적했다. 수십만 달러에 달하는 강의료를 받으며 골드만삭스에서 연설을 한 일은 유명한 사건 중 하나다. 더불어 힐러리의 선거 캠프에서 경제 자문 역할을 했던 래리 서머스 역시 골드만삭스 출신인데, 그는 자신을 '고된 노동자들의 대변인'이라 칭하며 힐러리의 선거운동에 일조했다. 오랫동안 자본주의 발전에 앞장서며 사회 '상류층'에 머물던 사람이 스스로를 평범한 '중산층'으로 강등시킨 것이다.

신자유주의적 국제주의 질서에서 민주주의 정부들은 대중에게 '환상'을 확산시키는 기술과 전략을 발전시켰다. 그러므로 2016년에 벌어진 브렉시트 국민투표와 도널드 트럼프의 등장으로 인한 클린터니즘Clintonism의 붕괴는 '탈진실 시대'의 본격 시작을 알리는 신호탄이라고 할 수 있다(2016년 11월 15일, 『옥스퍼드 사전』은 '탈진실Post-truth'을 올해의 단어로 선정했다. 이 말은 독일어권 사회에서도 널리 사용되어 독일에서 선정한 올해의 단어가 되기도 했다. 대중 사이에서 '저 위에 있는' 이들에 대한 반감과 불만이 점차 확산됨에 따라 '진실'을 무시하고 '거짓'을 공공연하게 받아들이는 현상이 증가했다. 진실을 요구하는 목소리 대신 '진실처럼 느껴지는' 발언에 힘이 실리면서 오늘날 사회는 '탈진실 시대'에 안착했다). '후기민주주의' 시대는 세계무대에서 사라지고 있다. 세계화가 부와 번영을 보장하리라는 '서사'를 믿었던 대중은 불공정한 분배를 경험했고, 상위 1퍼센트에게만 축적되는 부를 보며 인내심에 한계를 느꼈다. 참았던 인내가 터지면서 후기민주주의 또한 마침표를 찍었다. 후기민주주의 실패 이후 탈진실 시대에 들어선 오늘날, 행정 관료들 입에서 나오는 발언을 '팩트 체크Fact check' 하는 일은 이제 필수 사항이 되었다. 신자유주의 체제에서 관료들은 국내 경제를 전 지구 경제의 흐름에 내맡겼다. 국내 경제의 내실을 다지는 대신 상당 기능을 시장 중심 세계화에 위임했다. 또한 각국 정치 관료들이 경제·물질 영역 위주로 관심을 쏟는 바람에 국내의 정치 교육(교양) 분야를 소홀히 한 점도 간과할 수 없다. 따라서 이러한 문제점을 풀어가는 방법으로 정치·경제정책을 보완할 필요가 있다. 이를테면 (국내외) 구조 정책을 시행하기 전에 '적성검사'를 실시하여, 국가가 정책을 통해 실제로 개선이 가능한지 확인해보는 것이다. 그리고 정책과 관료에 대한 결정권을 가진 유권자들도 일종의 '능력 평가'를 거치게 하여, 일정 수준 이상을 통과한 이들에게 투표권을 부여하는 방법을 생각해볼 수 있다(산드로 가이켄Sandro Gaycken은 2016년 11월 29일 자 「프랑크푸르터 알게마이네 차이퉁Frankfurter Allgemeine Zeitung」에 "우리는 인식 통치Gnosikratie가 필요하다"라는 제목의 기사에서, 선거에 참여하고자 하는 사람들은 정치적 판단 능력을 갖추어야 한다고 주장했다. 사회 전반의 다양한 영역에 대한 기본 소양을 가진 이들만이 투표권을 행사할 수 있도록 기표소에서 정치, 경제, 외교, 환경 등에 관한 선다형 테스트를 실시해야 한다는 것이 이 기사의 주요 논지였다).

킴 카다시안Kim Kardashian, 셀리나 고메즈Selena Gomez, 저스틴 비버Justin Bieber처럼 자본주의에 편승하여 혜택을 누린 유명 연예인은 그동안 걸러지지 않은 메시지를 페이스북에 올리며 불특정 다수로부터 반감을 샀다. 그런데 이러한 유명인이 소셜미디어를 통해 선거와 투표에 대해 언급하기 시작했다는 것은 우리 사회가 후퇴하고 있다는 신호이기도 하다. 과거에도 사회가 퇴행 조짐을 보이는 일종의 전환기가 있었다. '인도주의적 개입'이라는 명목으로 기존 사회 공동체를 무너트린 적이 있었고, 동서 간 양극 갈등이 있었다. 과거에 이데올로기로 대립했던 양극 갈등은 오늘날 새로운 모습으로 부활하여 소련 대신 러시아가 갈등의 한 축에 서 있으며, 공산주의 대신 인종·종교·성소수자가 갈등의 대척점에 위치하고 있다. 탈진실 시대에 진실과 도덕은 더 이상 중요한 가치가 아니다. '전문가들'의 의견을 거역하면서까지 유럽연합을 탈퇴하려는 이유를 묻는 질문에, 영국 보수 정당의 한 정치인은 이렇게 답했다. "이 나라에는 전문가들이 너무 많으니까요!"[8]

도덕화, 탈도덕화, 그리고 강요된 후퇴

오늘날 나타나고 있는 '정신' 경향은 이전에 없던 새로운 특징을 가지고 있다. 말하자면 자본주의적 민주주의 사회라는 청명한 하늘에서부터 내려온 '문화적 분열'이 현 시대를 사는 시민의 정신에 자리하고 있다. 문화적 분열 구조의 근간을 이루는 것은 '세계화'에서 비롯된 불안과 불쾌감이다. 문화적 분열의 내부에 감춰져 있던 이 불편한 감정들은 아주 오랫동안 드러나지 않은 채 자라나고 있었으며, '세계화의 패배자들'이 증가함에 따라 더욱 증폭되었다고 할 수 있다. 2008년 이후 일어난 대규모 시위는 쌓인 감정이 표출되는 과정 중 하나였다. 금융 위기가 발발하고 얼마 지나지 않아 세계화에 대한 비판의 물결이 거세게 몰아쳤고, 거대한 '양적' 분노는 '질적' 변화를 겪으면서 곳곳에서 시위 형태로 드러났다. 금융 위기 이전까지 감정이 폭발하지 않은 이유는 1990년대 말 무렵에 '세계화 팬클럽'에 가입하여 세계화 신화를 믿고 지지하던 이들이 여전히 존재했기 때문이다. 그들은 세계화에 대한 일말의 기대와 희망을 가지고 참고 기다렸다. 세계화를 해결책으로 여겼던 그들은 그러나 세계화가 돌연 문젯거리가 되는 사태를 겪으면서 하루아침에 기댈 곳을 잃어버렸다.

세계화 전성기에는 의식산업Bewusstseinsindustrie/Consciousness industry(교육, 문화, 미디어 등 생산과 소비 과정에서 인간 의식에 영향을 미치는 산업-옮긴이)이 확고한 입지를 다질 수 있었다. 세계시민주의와 다문화주의에 기반을 둔 의식산업은 문화·사회의 다양성과 함께 성장했다. 세계화가 활황을 누릴 무렵에는 자본주의 시장이 팽창하면서 자유주의 가치에 대한 열망 또한 높아졌다. 1960~1970년대 사회혁명운동에서 주창했던 자유주의 가치는 모든 억압으로부터 인간을 해방시키고자 하는 유토피아 언약을 담고 있다(샤펠로와 볼탕스키는 사회가 자본주의로 변화하면서 '68 혁명'에서 발현된 자유주의 정신이 사회 변화에 '흡수'되었다고 주장한다).[9] 그리하여 신자유주의라는 유일사상에 자유주의 가치가 더해진 데다 도덕 절충주의Juste milieu가 융합하면서 국제사회는 하나의 담론공동체Diskursgemeinschaft를 형성했다. 당시의 정신적 토대를 바탕으로 확보한 '영공권領空權'은 오늘날 '문화 전쟁'에서 '작전 본부'를 담당하고 있다. 이 문화 전쟁은 한편에서는 전 지구로 확장되는 자본주의를 '도덕화'하는 반면, 다른 한편에서는 신자유주의적 자본주의에 의해 자신들의 이해관계가 훼손되었다고 생각하는 이들을 '탈도덕화'하는 방식으로 진행된다.

지난 수십 년간 서양 민주주의 사회의 선거 참여를 살펴보면, 시민 참여율이 얼마간 줄어든 다음에는 곧이어 다시 증가하는 추세가 나타나곤 했다. 특히 중산층 이하 시민의 선거 참여가 두드러지게 높아졌다. 정치 공동체를 통해 민주주의를 재발견하려는 움직임이 일어났고 그에 발맞춰 새로운 종류의 정당과 사회운동이 생겨났다. 이렇게 생겨난 정당과 사회운동은 국가 정치체제를 혼란스럽게 만들었다. 따라서 오랜 세월 국가와 밀접한 관계를 맺으며 국가기관의 도구처럼 기능하던 정당들과, 이들의 자문 역할을 하던 전문가들은 스스로 존폐의 위기에 빠졌다고 느꼈다. 동시에 자신들이 수호하던 '민주주의'가 위태롭다고 인식하면서 신생 '세력'들에 맞서 싸웠다. 이들의 전투에 탈진실의 '사실적 지식'이 빠르게 잠입하는데, 이 전투의 슬로건이 이른바 '포퓰리즘'이다. 좌파 개혁 사조, 조직 형성과 비슷하게 만들어진 우파 포퓰리즘 정당은 티나TINA 논리에 대항하며, 신자유주의 세계화에 책임이 있는 정치권과 담을 쌓는다는 전제 아래 출발한다.

포퓰리즘이라는 개념은 긴 역사를 가지고 있다. 미국에서 정치·사회 개혁 운동이 활발하게 일어난 1920년대 '진보 시대'로 거슬러 올라가면 포퓰리즘 정치의 시초를 발견할 수 있다. 특히 이 시기에 노동자와 농민 중심 지지층을 바탕으로 활동했던 로버트 M. 라폴레트Robert M. La Follette(1924년 혁신당 대통령 후보)는 대표 좌파 포퓰리스트 정치인이라고 할 수 있다. 후에 포퓰리즘은 남미에서 일어난 정치 개혁 운동으로 인해 중립적 의미의 이데올로기로 자리 잡는다. 이 개혁 운동은 이른바 '엘리트'라 지칭되는 정치 기득권 세력에 대항하는 '민중'의 움직임이었기 때문

에, 과거 포퓰리즘이 가졌던 이데올로기 성향에서 벗어났다.[10]

대략 1년 전부터 전 세계에 포퓰리즘이 확산되었고 기존 정당과 미디어는 새롭게 떠오른 대안 정당과 사회운동을 명확히 정의 내리지 못한 채 (우파 국가주의) 포퓰리즘이라고 규정짓고 있다. 그리하여 자유주의적 국제주의를 표방하던 정당들은 우파 포퓰리즘의 급부상에 대항하기 위해 좌파 연합을 조직하려는 움직임을 보인다. 전통 포퓰리즘은 '정치 갈등 상황 속에서 의견이 일치하는 민중의 연합'으로 상징되었다. 권력을 남용하는 소수 엘리트들을 몰아내기 위해 '서민'이 연대하는 대중주의 운동이었던 것이다. 오늘날 포퓰리즘은 좌파 진영뿐 아니라 우파에서도 마찬가지 의미로 사용되는데, 우파에서는 포퓰리즘을 차용함으로써 세계화를 추종했던 이들도 거부감 없이 반反세계화에 합류할 수 있는 기회를 제공한다. 포퓰리즘에는 여전히 과거 민중 중심의 개혁 운동에 대한 상징성이 남아 있기 때문에, 우파에서 포퓰리즘을 표방하면 기존 좌우 이데올로기가 희석된다. 이에 따라 우파 포퓰리즘은 트럼프와 샌더스를 극명하게 구분하는 것을 방해한다. 이는 독일에서도 비슷한 현상으로 나타난다. 극우 정당의 페트리Frauke Petry('독일을 위한 대안' 당 대표-옮긴이)와 좌파당의 바겐크네히트Sahra Wagenknecht처럼 양극단의 정치인들 또한 포퓰리즘 정치로 부상한 덕에 프로파간다가 서로 큰 차이 없이 비슷한 취급을 받고 있다(양극단에 있는 포퓰리스트들은 한목소리로 신자유주의를 비판하는데, 사실 오늘날 신자유주의를 반대하며 등장한 포퓰리스트들 대부분은 신자유주의 세계화의 혜택을 받은 '엘리트' 출신이다).

　다른 이들로부터 '포퓰리스트'라고 불리는 사람들과 스스로를 포퓰리스트라 일컫는 사람들 사이의 간극이, 오늘날과 같은 금융자본주의 위기 사회의 정치 갈등 노선을 지배하고 있다. 여기서 문제시되는 것은 세계 자본주의와 국가 사이의 갈등 관계가 아니다. 현재 자본주의사회는 냉전 이후 가장 격렬한 극단 대립을 경험하고 있다. 국내 정치의 중요성과 정당성에 대해 지금처럼 논쟁이 벌어진 적이 없으며, 국내 정치 안에서는 정체성과 이해관계가 뒤섞인 채 양극단으로 분리되고 있다. 두 극단은 상대방을 적대시할 근거와 계기를 끊임없이 만들어내며 반목과 대립을 이어가고 있다. 신자유주의 '신념 전쟁'에서는 도덕적 판단을 간과하고 넘어갔다. 그 결과 사회와 개인의 정체성에 날카롭고 깊은 층을 만들어냈다. 존경과 경멸, 포함과 제외, 인정과 제명 같은 도덕적 옳고 그름과는 동떨어진 위태롭고 극단적인 층위들이 형성된 것이다.

　범국가 차원의 갈등에서 보면 '국제주의자들'은 민주주의를 앞세워 '국가주의자들'에게 경고를 보낸다. 국가주의의 국제화에 맞서 대응하는 것이다. '권위주의자들' 역시 '신자유주의자들'에게 대항하기 위해서는 국내'외'로 투쟁해야 한다고 주장한다. 권위주의와 국가주의가 국제 세력 확장이라는 명목으로 동일시되어가고 있는 것이다. 실제로 유럽 우파 포퓰리즘 정당 지도자들과, 독재자가 되어가는 터키 대통령, 그리고 트럼프와 같은 국가주의자들은 (권위주의 체제인) 러시아에 점점 더 우호적인 입장을 취하고 있다.

정치가 국제화된다는 것은 이데올로기나 노선이 국경을 초월하여 조직적으로 촘촘하게 연결된다는 뜻이다. 오늘날의 '포퓰리스트들'은 국가주의를 내세우며 정치의 국제화를 (겉으로는) 거부하지만, 실제로 포퓰리스트 '엘리트들'은 대중의 조직적인 연결망을 통해 자신들의 정치 세력과 노선이 국경을 넘어 확대되는 것을 (암묵적으로) 받아들인다. 국제주의 정치 언어에서 '포퓰리즘'은 인식의 문제로 간주된다. 본래 포퓰리즘은 현실 속 '복잡한 문제'에 대해 '단순한 해결책'을 원하는 다수 추종자로부터 원동력을 얻는다. 추종자들의 지지를 받으며 포퓰리즘의 선두에 있는 포퓰리스트들은 주로 현실에 닥친 문제를 신랄하게 비판하면서, '대중'이 원하는 대로 현안을 '간단하게 해결하겠다'는 약속을 내세운다. 실제로 대중이 직면한 복잡한 문제는 '복합적인 해결책'을 동원해야 하지만, 포퓰리스트들은 대중에게 이러한 사실을 드러내지 않은 채 어떻게든 쉽게 해결하겠다는 입장을 표방한다. 그리하여 새로이 등장하는 우파 포퓰리즘 정당들은 '서민의 거대한 후퇴'를 기반으로 생성된다. 교육 수준이 상대적으로 낮으면서 고학력자에 대한 존경과 선망을 지닌 '서민들'은 자신들의 복잡한 문제를 단순하게 풀어줄 비정치적 전문가와 관료에게 정치적 의사 결정권을 양도함으로써 그들에게 힘을 실어준다. 포퓰리스트들은 자신들이 원치 않는 제도나 법률이 국민투표를 통해 폐지될 수 있다는 담론을 조성하고 대중을 선동하여, 결과적으로 자신들이 원하는 방향으로 국가기관과 정부를 이끌어간다.

반세계화를 내건 정당들과 그 지지자들은 일상에서부터 도덕적·문화적 이탈을 감행한다. 반세계화 옹호자들은 국내 정치권을 향해, 세계화로 인해 발생한 위험과 부작용으로부터 보호해달라고 요구한다. 그런데 이들이 도덕적으로 미성숙한 인식을 가지면 이들의 정치적 요구는 도덕적 정당성을 벗어난다. 반세계화 우파 포퓰리즘은 과거 인종차별주의를 기치로 내세워 전쟁을 선동했던 것과 비슷한 맥락으로 '인종주의적 국가주의'라는 슬로건을 내세우고 있다. '인종주의적 국가주의자들'은 전지구 경쟁 구도인 '세계화'에 맞설 수가 없다. 이들의 '인종주의'는 도덕적 정당성이 결여되어 있으며, 국경을 수호하려는 '국가주의' 역시 세계화라는 범국가 경제 질서를 거스를 힘이 없다. 이들은 세계화가 불러일으킨 '두려움과 불안'을 중심으로 대중을 결집하는데, 여기에는 물질적 박탈감에서 오는 불안과 사회적 지위가 하락하는 것에 대한 두려움을 내포하고 있다. 물질적·사회적 박탈감에 항거하는 운동은 파시즘에 빠질 위험이 있으며, 무엇보다 과거에 전혀 다른 정치 노선에 있던 대중을 한데 결속시키는 셈이 된다. 이전에 세계화 편에 섰던 평범한 대중이 두려움과 불안으로부터 벗어나기 위해 기존 노선을 변경하여 반세계화 정치 세력에 합류하면, 과거 자본주의 현대화로 '물질적' 결핍을 경험하고 이에 맞섰던 사회주의 노동자들과 한 테두리 안에서 만난다. 그리하여 오늘날 공론화되고 있는 반세계화 (국가주의) 움직임은, '위'에서 주도하여 촉발된 분노가 '아래'에서 동원되어 퍼져나가는 형세를 보인다. 이와 더불어 인터넷을 기반으로 하는 소셜미디어가 급속히 확산되면서, 세계화 과정에서 패배자로 전락했으나 도덕적 자기 검열을 고수하던 집단들의 빗장을 열었다. 이들은 세계화의 산물인 소셜미디어라는 인프라를 바탕으로 자신들만의 의사소통의 장을 구축한다. 그리고 그 안에서 아무런 두려움 없이 자신들과 정치 노선이 다른 엘리트들을 문화적·도덕적 낙오자로 여기며 모욕한다(독일 극우정당인 '독일을 위한 대안'은 다른 정당들보다 훨씬 많은 페이스북 팔로어를 보유하고 있다).

단절

2016년에 있었던 브렉시트 투표나 트럼프의 당선은 일반 대중뿐 아니라 사회학자들에게도 무척이나 놀라운 현상이었다. 현재 신자유주의 국제사회에서 나타나고 있는 분열 현상에 대한 연구는 아직 충분히 이루어지지 않았다. 권력과 여론을 쥔 엘리트들에 의해 사회가 퇴행하고 있는 이 당황스러운 광경을 지켜보면서, 누군가는 단순히 대중의 정치적 무관심이 낳은 결과라고 단정 짓기도 한다. 하지만 오늘날 우리 눈앞에 벌어지고 있는 일은 그렇게 간단히 설명되는 현상이 아니다. 미국의 이른바 '유수한' 대학들조차 사회현상을 미리 감지하고 분석하는 데 실패했다. 충분한 재정 지원을 받으며 진행한 여론조사를 통해 대중의 '여론'을 파악하고자 노력했음에도 그들은 '조기경계시스템'을 마련하지 못했다. 지금처럼 불안정한 위기 사회에서는 20여 분의 전화 인터뷰만으로 '여론 흐름'을 읽어낼 수 없다. 전화에 응하는 대중 가운데는 사회조사 연구기관을 상대편 권력 집단의 '스파이'로 여기는 사람들이 꾸준히 증가하고 있다. 그래서 조사기관의 물음을 피해가거나, 그럴 수 없다면 아예 상대편이 '듣고 싶어 하는' 대답을 내놓는다. 그럴수록 사회 병리 현상에 대한 '엘리트들'의 환상은 견고해질 것이다. 사회 내부에 깊이 파고든 문제를 정확히 짚어내지 못한 채 자신들의 환상에 맞춰 사회현상을 이해하고 분석하는 셈이다. 극히 소수 사회학자만이 오늘날의 상황을 제대로 통찰하고 있다. 이를테면 로버트 퍼트넘Robert Putnam의 『우리 아이들: 위기에 빠진 아메리칸드림Our Kids: The American Dream in Crisis』이라는 책을 보면 트럼프의 당선이 놀랍게 느껴지지 않을 것이다.[11]

세계의 좌파 시민들이 2016년의 사건을 이해하기까지는 오랜 시간이 필요했다. 영국에서 얼마 전까지 노동당을 지지했던 유권자들은 영국이 유럽연합 회원국으로 머물면 자신들에게도 경제 혜택이 돌아올 것이라고 믿었다. 그러나 그 혜택이 불공정하고 한쪽으로 기운 채 분배될 것이라는 사실은 차마 계산하지 못했다. 따라서 앞으로 유권자들은 현 정권을 향해 자신들의 이해관계를 보호해달라는 요구를 더욱 강력하게 피력할 것이다. 신자유주의의 불공정한 분배로 불안과 불만을 품은 유권자들은 국가가 대외 관계보다 안정된 대내 정치에 집중하고 책무를 다하기를 기대한다. 그렇다고 해서 각국의 여러 지역과 사회집단 속에서 진보 자유주의자들의 여론이 급격히 줄어들지는 않을 것이다. 그러나 이제 상당수 유권자는 '국제 노동자 연대'에 대한 확신이 없다. 과거 노동자 연대는 각자 일터에서 노동자 편에 서고 불의한 고용주에 대해 항의할 의무를 지녔다. 하지만 21세기 노동자들은 무한 경쟁이라는 신자유주의경제 질서에 대항해야 한다. 과연 오늘날 국제 노동자 연대가 이 거대한 흐름을 거스를 수 있을지 의문을 가지는 '평범한' 유권자들이 늘어나고 있다.

통치 공백기

이제 우리는 무엇을 기대할 수 있을까? 클린턴이 몰던 기계는 트럼프에 의해 파괴되었고, 프랑스의 올랑드 대통령, 이탈리아의 렌치 총리 또한 실패한 진보 정치를 보여주었으며, 영국은 브렉시트를 결정했다. 같은 해에 일어난 일련의 사건은 신자유주의가 새로운 위기 단계에 접어들었음을 보여준다. 기존 체제가 '자본주의적 주권국가 체제'로 전환하고 있는 것이다. 지금의 위기 단계는 안토니오 그람시가 언급한 '통치 공백기(인터레그넘Interregnum, 공위空位)' 상태라고 하겠다.[12] 이 공백기가 얼마나 갈지 알 수 없으나, 과거의 낡은 질서는 이미 무너졌고 반면 새로운 질서는 아직 형성되지 않았다. 전 지구 자본주의사회라는 옛 질서는 2016년을 기해 쇄도한 야만스러운 포퓰리즘 물결 속에서 산산 조각이 났다. 이 질서에 속했던 각국 정부는 자본주의의 전 세계 팽창 속에서 국가의 민주주의 가치를 지켜내지 못했고, 결국 기존 민주주의는 후기민주주의로 상쇄되었다. 자본주의 시장의 무한 경쟁 속에서 민주주의적 평등에 대한 갈망이 높아졌으나 정부는 개입과 조율 역할을 끊임없이 유예했다. 이제 막 생성되기 시작한 이 새로운 질서는 어떤 모습일까? 서양 사회는 지금 어떤 '공위' 시기에 놓인 것인가? 우리가 할 수 있는 대답은 아직 없다. 모든 것이 불확실할 뿐이다. 그람시의 말처럼 '다양한 형태의 병리 현상들'이 일어나는 시기라는 것만은 분명하다.

그람시는 통치 공백기를 일컬어 극단적 불확실성의 시기라고 했다. 이 시기에는 기존에 익숙했던 인과관계가 무효화되고 매 순간 예기치 않은 위험하고 공포스러운 일들이 낯익은 환경 속에서 벌어진다. 그동안 우리 사회는 서로 양립할 수 없는 '발전 행렬'이 동시다발로 달리면서 불안정한 상태를 만들었고, 그 과정에서 발생한 '놀라운 결과들'이 사슬처럼 뒤엉켜 '예측할 수 없는 구조'에 이르렀다. 이런 불확실한 구조 때문에 통치 공백기에는 갑작스럽고 의외인 사건이 도처에서 일어난다. 오늘날 사회에 추가된 또 한 가지 '예측 불가능성'은 바로 포퓰리즘 혁명에 떠밀리듯이 생겨난 새로운 정치 엘리트들이다. 신자유주의적 자본주의에 항거하며 등장한 포퓰리스트들은 시선을 국내로 돌려 다시 국민의 목소리를 듣겠다고 나섰다. 민주주의 제도 기능이 세계화에 유리하게 활용되고 난 다음, 제도로서 민주주의 기능이 고갈되자 이후 민주주의는 '아래' 계층의 불만이 쏟아져 나오는 수로로 사용되었다. 시장 개방이라는 합리주의적 압력이 국가 방어선을 계획적으로 무너트리던 시대는 이제 종언을 고했다. 트럼프의 당선 이후 영국에서는 2차 국민투표를 통해 브렉시트 결과를 되돌리자는 주장이 다시 고개를 들기도 했다. 그러나 더 이상 재투표는 없을 거라고 한다(유럽연합은 최종 결정이 내려지기까지 이렇게나 오래 걸린다). 시대의 전환기에서 유권자 역시 달라졌다. 오늘날 유권자는 '신자유주의밖에 대안이 없다!'는 주장만큼이나 '세계화 시대에는 국경 통제가 불가능하다!'라는 주장 또한 받아들이기 어렵다. 오랫동안 책임성Responsibility을 강조해온 정당은 이제 대응성Responsiveness이 가진 의미를 새롭게 익혀야 한다. 변화에 적극 대응하고 반응하는 법을 배우지 않으면 다른 정당에 자리를 내주어야 할 것이다.[13]

영국의 새로운 총리 테리사 메이Theresa May는 취임사에서 '하나의 국가One Nation'라는 표현을 사용했다. 여기에는 여러 정치 지도자들 역시 하나의 영국을 만들기 위해 자신의 몫을 다해야 한다는 주장이 담겨 있었다. 2016년 7월 보수당 경선 출마 연설에서부터 테리사 메이는 영국 국민의 다양한 요구 사항을 듣겠다며 자신의 정치 비전을 피력했다. 그녀가 정치를 시작한 1980년대 이래로 지금처럼 노동당 대표보다 더 국민의 목소리를 듣고자 했던 적은 없다. 불평등에 맞서 싸우고, 소득에 따라 정당하게 세금을 부과하고, 교육제도를 개선하며, 노동자와 고용주가 함께 기업을 경영할 수 있는 노동환경을 마련하고, 해외로 빠져나가는 일자리를 국내로 돌아오게 하며, 무엇보다 이민에 제한을 두어 안정된 영국을 만들겠다는 것이다. 브렉시트는 '공정한 경제를 향한 국민의 염원이 담긴' 결과라고 논평한 테리사 메이는, 결과에 대한 책임은 전적으로 영국 정치권이 짊어져야 한다고 주장했다. 그러면서 메이는 국내 산업의 활성화를 위해, 'G20 국가 중 최저 수준의 법인세를 추진할 것'이라고 밝혔다.[14]

메이의 신보호주의의 목표는 사회민주주의를 지향하는 좌파 정당들에 달갑지 않은 의문을 던진다. 거기다 트럼프가 내걸었던 경제·산업 공약이 이행된다면 이 또한 진보 좌파 정당들에는 문제로 다가올 것이다. 실제로 트럼프의 경제 공약은 샌더스가 내세웠던 것과 상당 부분 겹친다. 트럼프는 오바마 정권의 그림자를 지우기 위한 명목으로 파격적인 경제 공약들을 들고 나왔다. 그는 도로와 항만 등 낡은 기반 시설에 대한 대대적인 투자를 통해 국가 인프라를 새롭게 구축하겠다는 목표를 제시했다. 이는 기존에 공화당이 추구했던 작은 정부 노선과 거리가 있으며, 오히려 국가 개입을 주장하는 케인스주의에 가깝다할 수 있다. 대규모 감세가 이루어지면 국가는 새로운 부채를 떠안아야 한다. 이는 그동안 좌파 정치인과 경제인이 우파 정당의감세 정책을 막아설 때마다 들고 나왔던 논리다. 트럼프가 추진하려는 '헬리콥터 머니Helicopter money(경기 부양을 위해 헬리콥터에서 돈을 뿌리듯이 중앙은행이 돈을 찍어내 직접 시중에 공급하는 양적 완화 정책-옮긴이)' 역시 미국 연방준비은행들에 막대한 이득이 돌아가는 결과를 초래할 것이다.

메이와 트럼프를 필두로 새롭게 접어들고 있는 신보호주의 정치·경제 질서에서 안정된 성장을 확보하기는 어려울 것으로보인다. 신보호주의 정책은 '고용 여건의 개선' '공공, 가계 부채의 경감' 등을 보장하기에는 한계가 있다. 요즘 같은 금융 중심자본주의사회에서는 국제 경제만큼이나 국내 경제 또한 통제하기가 쉽지 않다. 마이너스 금리로 시중은행의 돈이 중앙은행으로 유입되게 하거나, 국가별 중앙은행이 채권을 사들여 '돈 거래량'과 '유동성'을 확대하는 것과 같은 비관습적 금융 정책은 국내 경제의 실질 '성장'을 초래하지 않는다. '전문가들'의 요구에 따라 국가 성장의 보완책으로 등장했던 신자유주의 '구조 개혁'은 시민의 거센 저항에 부딪혔다. 구조 개혁이라는 강요된 세계화는 시민을 경쟁으로 내몰았고, 결과적으로 아무런 혜택을 누리지 못한 시민은 이에 반발할 수밖에 없었다. 이와 더불어 세계 시장이라는 거대 경쟁 구도에서 기존 노동조합은 힘을 잃었고, 국가는 자체 권력을 상당 부분 시장에 넘겨주었다. 그리하여 국가 내부의 경제 불평등은 더욱 심화될 수밖에 없었다. 국가 제도를 통한 경제 재분배는 거의 불가능하다고 할 수 있다. 양적 완화를 위해 실행된 금융 정책들로 시중 통화량은 증가했으나 그로 인해 자본주의는 더욱 통제 불가능한 상황에 이르렀다. 포퓰리즘도 기술 관료주의와 큰 차이는 없는 것이다.

국내 정치 갈등의 한가운데에는 문화 갈등이 크게 자리하고 있다. '포퓰리스트들'은 외국인이나 이민자를 의도적으로 폄하함으로써 자국민의 가치를 높이려는 경향을 보인다. 국적이나 인종이 가지는 문화적 상징성을 자극하여 대중을 끌어들이는 우파 포퓰리스트들에 맞서 좌파 정당은 무엇을 할 수 있을까? 문화 갈등이 깊어지는 상황 속에서 좌파 정당은 과연 시민의 무관심을 깨우고 서로에 대한 문화적 존중을 이끌어낼 수 있을까? 한때 '세계시민'을 주창하며 국경을 넘어 하나로 연대하던 시민사회는 거칠고 험한 말이 오가는 가운데 화해의 길로부터 멀어지고 있다. 만약 메이나 트럼프 같은 포퓰리스트들이 경제정책에 실패한다면, 그들은 다시금 소수자에 대한 이슈를 끌어들여 국면 전환을 시도할지 모른다. 물론 굉장히 교묘한 방법을 사용하여 부지불식간에 대중 틈으로 파고들 것이다. 그때는 의식 있는 시민의 대규모 저항이 이어질 것이다.

당분간 국제 차원에서 일어나는 변화는 그리 역동적이지 않을 것으로 보인다. 국가 보호주의를 자처하는 신흥 정치인들은 오바마나 블레어, 클린턴이나 올랑드와는 다를 것이다. 어쩌면 메르켈은 '서양 자유주의를 지켜내는 마지막 수호자'로 남을지도 모르겠다.[15] 오늘날 세계 정치에서 인권 수호에 대한 열망은 어디에도 없으며, 러시아나 중국뿐 아니라 아프리카나 중동에서도 인권을 요구하는 목소리는 들리지 않는다. '넓은 의미에서' 인도주의적 개입을 지지했던 사람들에게 오늘날의 상황은 적잖이 유감스러울 것이다. 문화적 다양성에 대한 관용이 부족한 러시아에서는 반정부 성향의 활동을 받아들이지 못한다. 러시아의 페미니스트 밴드인 푸시 라이엇이 성당에서 반대 푸틴 시위를 벌이자 정부 당국은 9.11 테러 이후 가장 강경한 반응을 보이며 이들을 제압했다. 유럽연합이 우크라이나 사태 해결에 적극 나서지 않는다고 불만을 표했던("유럽연합은 입 닥쳐야 한다Fuck the EU"라는 발언이 유출되어 논란이 일었다) 빅토리아 눌런드Victoria Nuland 미국 국무부 차관보는 안타깝게도 외무장관에 오르지 못했고, 미국 국무부에서 인권 자문을 담당하던 인재들은 정부를 떠나 학계로 돌아갔다. 내전 중인 우크라이나를 두고 유럽연합과 나토NATO는 회원국으로 가입시키고자 했으며, 러시아는 흑해 함대 기지를 차지하려고 했다. 이러한 국제 논쟁은 일종의 '정권 교체 프로젝트'처럼 치열했으나 이제 이 모든 논란은 옛일이 되었다. 미국은 러시아가 다시 냉전을 유발한다고 여기며 긴장했지만 이 또한 옛이야기가 될 것이다. 최근 미국은 러시아 대신 중국을 겨냥하기 시작했다. 새로 선출된 트럼프 대통령은 국내 경제를 보호한다는 명분으로 중국에 대한 경제 제재를 내비치고 있다. 그러나 중국의 미국 시장 점유율이 낮아진다면 미국은 국고에 있는 채권을 중국에 팔면서 경제를 유지해야 할 것이다.

통치 공백기의 하부 구조에는 제 기능을 하지 못하는 제도와, 사슬처럼 얽힌 무질서한 연관관계들이 자리를 차지하고 있다. 이처럼 혼돈스러운 상황에서는 포퓰리스트들이 국가 권력 기관에 쉽게 파고들며, 이는 사회의 불확실성을 높이는 또 하나의 원인이 된다. 통치 공백기 초기에는 보나파르트Bonapartism식 권위주의·포퓰리즘 정치 질서가 잠시 나타난다. 이 시기에는 무슨 일이 일어날지 누구도 알 수 없다. 그래서 모든 것이 가능하지만, 그렇다고 해서 원치 않는 일들로 귀결되어서는 안 된다. 우리 사회는 이미 신자유주의 혁명을 거치면서 감자 한 자루에 들어가는 감자처럼 되었다. "비슷한 형질의 감자들이 모여 한 자루를 이루었으나 어떤 결합이나 조직을 만들어내지 못했고, 구질서 속에 갇혀 순응하면서 누군가에 의해 대표되어야 하는 거대한 대중이 되고 말았다."[16]

신보호주의는 자본주의의 위기를 끝내지 못한 것이다. 신보호주의는 정치를 다시 경기장으로 끌어들이고, 세계화에서 실패한 뒤 중산층 또는 하층민으로 내려온 이들에게 과거의 상처를 지속적으로 상기시킬 것이다. 좌파인 또는 좌파였던 정치인들은 현재의 자본주의가 앞으로 어떻게 변할지 알지 못한다. 통제가 불가능해진 자본주의가 지금보다 더 질서 있고 덜 위험할지, 아니면 더 위태로운 미래를 초래할지 그들로서는 알 수가 없다. 좌파 정치인들이 다시 자기네 역할을 감당하고자 한다면 '글로벌 거버넌스'의 실패를 발판으로 삼아야 할 것이다. 본질적으로는 동일한 특성을 가지면서도 독자적인 대체 정치체를 모색해야 한다. 새롭게 마련된 정치체에서는 스스로 '지식경제사회'에서 소외되었다고 생각하는 주변인을 아울러야 한다. 소외된 이들이 자신의 현실을 단지 '운명'으로 받아들이며 우파 포퓰리스트들에게 옮겨가는 것을 보고만 있어서는 안 된다. '세계시민주의'는 국경을 넘어 시민사회 공동체를 이루고자 했으나, 신자유주의가 가하는 끝없는 위협 속에서 '서민'은 견뎌내지 못했고 결국 경제·사회 공동체 어디에도 속하지 못하게 되었다. 오늘날 국가는 '자국민에게만' 열려 있고 '타자'는 밀어낸다. 유럽에서는 통합을 강력하게 추진할수록 갈등이 재발했고, 유럽이 추구하던 통합은 미완의 상태로 남겨졌다.

신자유주의 시대를 사는 정치 지도자들이 세계시민주의로 나아가려면, 기존의 좌파 보편주의에 발을 딛되 사회 여러 층위에서 형성되고 있는 추이에 반응함으로써 외연을 확장해야 한다. 국가주의의 주체성을 확립하려는 한 축, 이에 맞서기 위해 '위'에서 형성된 반국가주의 재교육, 그리고 반엘리트 국가주의를 지향하는 '아래'에서의 움직임에 끊임없이 대응하며 좌파 보편주의의 지평을 새롭게 열어야 한다. 한 사회에 경제적·도덕적 문제가 가중되어 해결에 대한 요구가 강렬해지면 그 사회는 결국 전통적인 저항과 반발을 낳게 된다. 국제시장경제를 불확실성 속에 내맡기고 방관한 까닭에, 세계시장에 대한 통제는 기한 없이 늦춰졌고 여전히 통제가 불가능한 상황이 이어지고 있다. 산적한 문제를 풀어내지 못하고 그 시기를 유예한 탓에 오늘날 우리 사회는 거대한 저항에 부딪혔다. 지붕 위에 있는 비둘기(세계 공동체 민주주의)를 잡으려다가 손안에 있는 참새(국가 민주주의)를 놓친 건 아닌지 진지하게 숙고해봐야 할 때다.

제 14 장

친애하는
융커 위원장에게

Dear President Juncker

다비트 판 레이브라우크 David Van Reybrouck

융커 위원장에게.

유럽연합이 머지않아 사라질지 모릅니다. 유럽연합 탈퇴 투표, 포퓰리즘의 부상, 대서양 연안 국가 동맹의 변화, 이웃한 러시아의 새로운 제국주의 야욕, 아랍의 봄 실패, 난민 사태, 테러리즘, 정치제도에 대한 전반적인 신뢰 상실……. 지난 몇 년간 벌어진 이런 모든 사회·정치 사건은 공공 생활을 구성하는 폭넓고 견고한 기반을 빠르게 약화시켰습니다.

과거 50년 동안 유럽연합은 역사적으로 유례없이 규모와 힘을 키우는 궤도를 따라 나아갔습니다. 전후에 두 나라 간 엘리트 기획("프랑스와 독일이 서로 몰래 재무장하지 않도록 두 나라의 철강업을 연계하자.")으로 시작된 조직이 5억 명의 시민을 위한 정치적 의

사결정에서 가장 강력한 요소가 되었습니다. 진정으로, 놀라운 기획이었습니다.

2014년 11월, 당신은 제12대 유럽연합 집행위원회European Commission 위원장으로 선출되었고 더불어 유럽연합 집행위원회는 유럽에서 가장 중요한 행정부로 자리 잡았습니다. 그러나 당신이 마지막 위원장이 될지 모릅니다.

몇 년 전, 브뤼셀을 중심으로 활동하는 예술가이자 내 친구인 토마스 벨린크Thomas Bellinck가 유럽의 꿈을 담은 임시 박물관을 세웠습니다. 에스페란토어로 'Domo de Eŭropa Historio en Ekzilo', 즉 '망명유럽역사관'이었지요. 당신은 가봤습니까? 여기에서는 '제1회 옛 유럽연합 시대의 삶 국제 전시회'를 선보였습니다. 전시회는 '21세기 초반에서 50년이 흐른 미래'를 시간 배경으로 설정해서, 관람객이 유럽연합 붕괴 후 수십 년 동안의 정치 기획 잔재를 둘러보는 가상공간을 만들었습니다. 박물관 자체를 황폐하고 허름하게 꾸며서, 자원 봉사자와 모금원 몇 명이 토요일 오후에 운영하는 작은 시설 같았지요. 칙칙한 전시실들에는 2010년대 신문에서 오려낸 누렇게 변한 기사들과 먼지가 수북이 쌓인 채 죽은 파리들이 드문드문 보이는 진열장이 들어서 있었습니다. 관람객이 처음 감상하는 전시물은 오래 전에 잊힌 유물인 2012년에 유럽연합이 받은 노벨평화상의 빛바랜 복제품이었지요. 실제로 그 자체가 예술 감각이 아주 뛰어나고 세련된 설치미술품인 이 박물관은 브뤼셀, 빈, 아테네, 로테

르담, 비스바덴 등에서 차례로 문을 열었습니다.

융커 위원장님, 유럽연합이 붕괴되었다는 설정으로 열린 이 전시회가 우스운 과장으로 보일지 모르지만 그 예술가는 진심으로 혼신을 다해 작업에 임했습니다. 언젠가는 이 놀라운 프로젝트가 모두 끝날 것입니다. 때로 훌륭한 예술은 선견지명을 발휘하지만, 토마스 벨린크가 거대한 후퇴가 얼마나 빨리 시작될지 내다봤는지는 모르겠습니다. 지나고 나서 보면, 2016년은 티핑 포인트tipping point(어떠한 현상이 서서히 진행되다가 작은 요인으로 한순간 급속하게 폭발하는 단계-옮긴이)에 도달한 순간이었습니다.

브렉시트 투표와 트럼프 당선 이후로 우리는 수천 건의 실시간 분석과 논평을 봤습니다. 정치인과 정당, 심지어 사람의 문제점까지 시시콜콜 보도되었지만 놀랍게도 절차의 문제점은 거의 다뤄지지 않았지요. 현 형태의 선거가 사람들의 집단 의견을 정부에 전달하고 정책으로 전환하기에는 형편없이 구식이지 않는가 하는 물음은 여전히 이단으로 취급받습니다.

거대한 후퇴의 근원이 아주 다양하기 때문에, 필연적으로 아주 다양한 해결책이 필요합니다. 그러나 이 편지에서 나는 대단히 중요하다고 여기는 한 부분에 초점을 맞추려 합니다. 그것은 우리가 민주주의를 실행하는 방식입니다. 나는 민주주의를 실행에 옮길 때 사용하는 실제 절차와 일상 인터페이스interface(사람과 사물 또는 사물과 사물이 서로 소통할 수 있도록 해주는 매개체 또는 규약-옮긴이)에 관심이 있습니다. 확실히 이런 관심은 내 배경과 관계가 있는데, 나는 고고학 전공자입니다. 나는 물질세계의 실질 환경이 단순히 부차적인 문제가 아니라 그 세계를 구성한다고 믿습니다. 하원 의사당이 독일의 폭격으로 파괴된 후 어떤 형태로 재건해야 할지를 놓고 논쟁을 벌일 때 처칠이 이렇게 말했듯이 말입니다. "우리가 건물의 형태를 정하지만 그 후에는 건물이 우리의 형태를 정한다."

일반적으로 사람들이 하고 싶은 말을 마음껏 할 수 있는 수단이 선거와 국민투표입니다. 그런데 이 두 가지가 이용 가능한 최고의 도구일까요? 기표소 휘장 안에서 최선을 다해 사회의 미래를 위한 중요한 결정을 내리라고 요청받은 시민들은 조사하고 살펴볼 의무 또는 먼저 다른 사람과 신중히 의논할 공식 기회가 없을까요? 투표라는 오래된 의식이 집단 의사 결정이라는 면에서 21세기 초반에 우리가 제시할 수 있는 최선책일까요? 이 두 가지가 사람들이 자신의 꿈과 정책 선호를 표현할 수 있는 가장 적절한 수단일까요?

나는 그렇다고 확신하지 못하겠습니다. 그리고 민주적 과정에 시민을 다시 참여시키고 위에서 말한 증상과 문제를 해결할 수 있도록 절차를 개혁해서, 민주주의 운영 방식을 시급히 업데이트해야 한다고 주장하고 싶습니다.

우리는 선거에서 한 표를 행사하는 동시에 향후 몇 년을 위해 투표하는 셈입니다. 선출된 대표에게 권한을 위임하는 이런 제도는 의사소통이 느리고 정보가 제한된 과거에는 필요했겠지만, 오늘날 시민이 서로 상호작용을 하는 방식과는 완전히 동떨어져 있습니다.

선거가 걸핏하면 공약과 후원과 조종의 난장판으로 왜곡되는 마당에, 과연 18세기 후반까지 거슬러 올라가는 제도를 아직까지 고수할 필요가 있을까요? 누군가의 이름 옆 네모 칸에 체크 표시를 하는 것이 진정 정보와 의사소통과 향상된 교육의 시대에 우리가 내놓을 수 있는 최선책일까요? 선거는 정치의 화석 연료입니다. 한때 민주주의에 활력을 불어넣었지만, 이제는 완전히 새로운 각종 위험을 불러일으키고 있지요.

국민투표도 나을 것이 없습니다. 국민투표의 경우에 사람들은 투표 몇 달 전부터 상상할 수 있는 모든 형태의 조작 공세를 받습니다. 그래놓고 사람들이 굳이 생각해야 할 의무가 없는 데도 무슨 생각을 하는지 직접 묻습니다.

국민투표는 지금까지 수십 년 동안 시민과 정치인 사이의 간극을 메우는 유용한 수단이라고 선전되었지요. 전통 대의 민주주의에서 몇 년 동안 넘겨주는 상당한 권력 중 일부를 개인이 국민투표에서 되찾을 수 있다는 주장이 있습니다. 시민은 의사 결정 전체를 위임한 것이 아니라, 두 선거 사이 원하는 시점에 특정 정책의 문제에 대해 의견을 말할 수 있습니다. 그렇지만 최근 국민투표는 통치하는 사람과 통치받는 사람 사이의 틈을 메우는 것이 아니라, 오히려 훨씬 깊은 틈을 새로 만들었습니다. 브렉시트, 유럽연합-우크라이나 협력 협정에 대한 네덜란드 국민투표(우크라이나와 유럽연합이 체결한 협력 협정의 비준 여부를 놓고 네덜란드에서 2016년 4월 실시된 국민투표로, 투표에 참여한 네덜란드 유권자 61퍼센트가 비준에 반대했다-옮긴이), 의회 개혁에 대한 이탈리아 국민투표, 콜롬비아 무장혁명군FARC과 평화 협정 체결에 대한 콜롬비아 국민투표는 모두 한 가지 교훈을 주었습니다. 공공의 협의가 기표소에서 답하는 '예/아니요' 질문으로 축소되면, 국민투표가 국가를 재통합하기는커녕 오히려 더 멀리 갈라놓는다는 것입니다. 나는 유럽연합의 회원 자격 또는 의회 개혁처럼 복잡한 정책 사안이 어떻게 국민투표라는 무딘 도끼질 한 방으로 풀릴 수 있는지 도무지 이해하지 못하겠습니다. 나는 헌법의 심장 수술이 어떻게 능력이 불확실한 시민의 손에 들린 녹슨 도구로 이루어질 수 있는지 도무지 이해하지 못하겠습니다.

국민투표는 상당한 참여가 가능하다는 점이 선거에 비해 확실히 더 낫기는 하지만, 새로운 어려움을 유발합니다. 첫째, 시민이 사안을 잘 알고 있는지 여부를 확인할 방법이 없습니다. 거짓 없는 공정하고 균형 잡힌 홍보(오늘날은 드뭅니다)와 정부가 배포한 객관적이고 사실에 기반을 둔 정보(스위스의 경우)가 존재하더라도, 투표하는 사람이 사안을 제대로 알고 있다는 보장이 없습니다.

둘째, 사람들이 해당 사안에 찬성표를 던진 이유를 알 방법이 없습니다. 국민투표에서는 의도한 질문이 아닌 다른 질문에 대한 답이 자주 반영됩니다. 핵심은 특정한 정책 제안인데, 상당히 많은 유권자가 정부의 통치 행위 전반을 평가할 기회로 여길 수 있지요. 따라서 국민투표는 때로 중간 평가 기능 또는 조기 선거 기능까지 합니다. 데이비드 캐머런David Cameron 영국 총리나 마테오 렌치 이탈리아 총리 같은 정부 수장이 자신의 정치 경력을 국민투표 결과에 노골적으로 연결시킬 때, 상황은 완전히 기이해집니다. 이런 지도자들은 자신들의 인기를 엄청나게 과대평가할 뿐 아니라, 문제를 더욱 헷갈리게 만들어버립니다. 이런 경우 분명히 제기되었지만, 그러나 애초에 투표 안건조차 아닌 질문에 대한 답을 얻을 수 있을 따름입니다.

따라서 선거와 국민투표 둘 다 사람들이 정치적 이상을 표현하기에는 불완전한 수단입니다. 브렉시트와 트럼프는 서양의 모든 민주주의가 가는 위험한 길을 고통스러울 정도로 잘 보여줍니다. 그건 바로 민주주의를 투표로 축소시키는 것입니다.

우리가 민주주의 기술을 업데이트하기를 거부하면, 민주주의 제도를 개선하는 것 자체가 불가능해질 것입니다. 이미 2016년은 1933년 이래 민주주의 역사상 최악의 해가 되었습니다. 도널드 트럼프의 당선은 기이한 사건이 아니라 18세기의 투표 방법과 19세기의 보통선거권, 20세기의 대중매체 발명과 21세기의 소셜미디어 문화가 결합된 민주주의 제도의 아주 논리적인 귀결이었습니다.

미국 독립혁명과 프랑스 혁명 후, 선거제도는 민주주의를 가능하게 하기 위해서가 아니라, 미국 헌법 제정자 중 한 명인

토머스 제퍼슨Thomas Jefferson이 말한 "타고난 귀족natural aristocracy"에게 권한을 주기 위해 도입되었습니다. 권력은 더 이상 작위와 성城과 사냥터를 가진 사람들의 수중에 있을 수 없었으며, 지적 능력과 도덕적 품성이 뛰어난 사람에게 주어져야 했습니다. '엘리트elite'와 '선거elections'라는 단어는 어원상 연결되어 있지요. 그러니까 선거는 새로운 엘리트가 만들어지는 절차인 셈입니다.

프랑스 철학자 베르나르 마냉Bernard Manin은 현대 대의 정치의 귀족적 토대를 설명하는 데 큰 공을 세웠습니다.[1] 본질상 귀족적이었던 투표 제도는, 19세기와 20세기에 투표권을 시민(농부, 공장 노동자, 여성, 청년, 이주민)에게 점차 확대함으로써 민주화되어 갔습니다. 그렇지만 이것은 질적 민주화보다는 양적 민주화에 더 가까운 과정이었습니다. 갈수록 더 많은 사람이 투표는 할 수 있었지만, 대다수 시민이 여전히 발언은 할 수 없었습니다. 주기적으로 투표용지의 네모 칸에 체크하는 것이 대중이 통치자들에게 의견을 표명할 수 있는 방법이었습니다.

20세기에는 신문·라디오·텔레비전 같은 대중매체가 시민과 정치인 사이의 핵심 의사소통 통로였습니다. 그러다 20세기의 마지막 25년간 대중매체가 두드러지게 상업화되면서 공론장의 구조와 속성을 송두리째 바꿔놓았지요. 피라미드 상층(권력자)과 하층(국민) 사이에, 시민사회의 작용보다는 대중매체 시장의 작용에 따라 중간층이 조직된 것입니다.

21세기 초반에 쌍방향식 인터넷의 부상은 새롭고 근본적인 변화를 불러왔습니다. 소셜미디어가 수동적인 정보 소비자를 능동적인 정보 생산자와 배포자로 변화시켰습니다. 정보 민주화는 한때 평등을 향한 경이로운 발걸음으로 알려졌지만, 이제는 과거 생각에 비해 훨씬 덜 평등주의적이고 훨씬 덜 개방적이고 훨씬 덜 민주적이라는 점이 분명해졌지요. 정보는 미국 대기업 두 곳의 비밀 알고리즘을 통해 우리에게 전달됩니다. 페이스북은 우리가 좋아하는 것을 알고 그중 많은 것을 우리에게 제공합니다. 우리는 마음 맞는 '친구들'과 이야기할 수 있는 아늑한 필터 버블로 서서히 떠내려가고 있습니다. 반대쪽 사람들이 감히 우리에게 말을 걸면, 그들이 우리가 신성하게 여기는 것에 대해 화를 내면, 우리는 그들을 '트롤(악플러)'이라고 부릅니다. 우리는 위르겐 하버마스Jürgen Habermas가 말한, 서로 다른 의견을 가진 시민들 사이의 "제한 없는 토론"이라는 이상에서 상당히 멀어졌습니다.

페이스북이 우리 사이에 투명 벽을 높이 쌓는다면, 구글은 벽의 양쪽을 검증되지 않은 콘텐츠로 채웁니다. 구글은 스스로를 정보의 진실성을 중시하는 결정권자가 아니라 인터넷에서 입수 가능한 것을 드러내는 플랫폼으로 여깁니다. 이런 관점에서는 홀로코스트 부정주의(나치의 유대인 대학살을 부인하는 행위-옮긴이)가 열역학 제2법칙만큼이나 타당합니다. 그 결과로 '가짜 뉴스'가 현대 민주주의 생활의 결정적인 특징이 되었습니다. 가짜 뉴스는 여론을 왜곡하고, 거짓 언론Lügenpresse(독일의 극우 집단 페기다와 독일을 위한 대안이 주류 언론을 경멸하여 부르는 말)으로 보일 수밖에 없는 전통 언론에 대한 불신을 조장하기 위해, 고의로 만들어져서 정치 연결망을 통해 유포됩니다.

벽 하나로 두 개의 세계로 나뉘어 있습니다. 반대편에 있는 사람들이 우리에게 이야기를 하려고 하면 그들은 '트롤'이 될 수밖에 없습니다. 우리가 그들에게 이야기를 하려고 하면 우리는 거짓 언론과 같은 편으로 취급받을 수밖에 없습니다. 그리고 우리는 이런 사고방식을 가진 채 신발 끈을 묶고 기표소로 갑니다.

유럽연합이 무너지고 있다는 것이 놀라운가요, 융커 위원 장님?

우리가 어디로 나아가야 하는지 현명한 태도로 신중하게 생각하기 위해 믿을 수 있는 정보에 접근이 가능하려면, 시민들이 서로의 차이에도 불구하고 오프라인과 온라인에서 함께 모일 수 있는 공간이 시급하게 필요합니다. 솔직히 말해 더 이상 이런 공간은 없습니다. 공론장이 극심하게 줄어들고 우리의 민주주의가 이로 인해 고통받고 있습니다. 우리는 완전히 새로운 상황에서 과거 방식을 사용하고 있습니다. 우리는 어수선하고 경적 소리가 요란한 21세기의 꽉 막힌 고속도로를 18세기의 마차를 타고 가는 셈입니다.

우리가 제도 변경을 거부하는 바람에, 서양 민주주의의 특징인 정치 혼란과 불안정을 초래했습니다. 캐머런이 거의 계산을 하지 않았거나 아예 잘못 계산한 선거 계략인 브렉시트는, 유럽연합 잔류 여부를 묻는 국민투표를 개최할지 고심하는 프랑스와 네덜란드를 포함한 많은 나라에서 연쇄반응을 일으킬 것입니다. 유럽연합의 창립 멤버인 이 두 나라가 탈퇴하면 유럽의 꿈, 최근의 평화 구축 노력이 치명타를 맞으리라는 것은 두말할 나위 없습니다.

최근에 수많은 서양 사회가 이른바 '민주주의 피로 증후군'에 시달리고 있습니다. 증상은 국민투표 열병, 당원 감소, 투표율 하락입니다. 또한 정부의 무기력과 정치의 마비, 끈질긴 언론 사찰에 따른 대중의 불신 확산과 포퓰리스트의 급부상도 있지요. '세계가치관조사' 결과는 대단히 암울한 그림을 보여줍니다. 민주주의 체제에서 사는 것이 필수라고 믿는 유럽의 젊은이가 절반도 되지 않았지요.[2] 그렇지만 문제는 민주주의가 아닙니다. 투표가 문제입니다.

융커 위원장님, 이곳은 유럽 대륙이라는 국가입니다. 그런 우리가 지금 무너지고 있습니다. 지난 9월, 당신은 연두교서에서 유럽이 "적어도 부분적으로 존재의 위기에 처해 있다"라고 인정했습니다.[3] 그런데 공식적인 반응이 왜 그토록 변변찮았을까요? 왜 이런 중요한 위기에 대처하려는 일치단결된 노력을 볼 수 없을까요? 왜 유럽연합이 상징하는 가치의 새롭고 과감한 전망의 시작조차 볼 수 없는 걸까요?

나는 늘 유럽연합이 빠른 답보다 느린 절차에 훨씬 능하다는 것을 알고 있습니다. 하나의 나라가 아니라 여러 나라의 복잡한 네트워크인 유럽연합에서는 외교적 합의가 카리스마 넘치는 리더십보다 우세합니다. 그러나 우리는 당신을 뽑았습니다. 2014년 유럽연합 집행위원회 위원장 선거에서 후보 공약과 유로뉴스 방송 토론의 전반적인 내용은 유럽연합의 새로운 변모가 아니었나요? 의회에서 승리한 쪽이 유럽연합 집행위원회를 주재하게 하겠다고 하지 않았나요? 당신이 선거에서 이겼습니다. 이제는 당신이 이끌어야 합니다.

그렇지만 지금까지 유럽연합은 브렉시트에 최악의 반응을 보였습니다. 그저 어깨를 한 번 으쓱하고는 그날의 회의 안건으로 돌아갔습니다. "글쎄요, 탈퇴 운동은 너무 많은 거짓말에 근거하고 있어서, 유럽연합은 자기반성을 할 필요가 전혀 없습니다. 분명히 어떤 연쇄반응도 없을 겁니다."

또한 지금까지 당신은 트럼프의 무지를 탓함으로써 미국 선거에 대해 최악의 반응을 보였지요. "트럼프 씨가 자신이 전혀 모르는 세계의 순방을 끝낼 때까지, 우리는 2년이라는 시간을 허비하게 될 거라 믿습니다." 이 말은 사실입니다. 하지만 수많은 유권자의 분노와 두려움을 심각하게 받아들이기를 거부하는 한편, 트럼프와 나이절 패라지(전 영국독립당 당수-옮긴이)와 보리스 존슨Boris Johnson(전 영국 외교부 장관으로 브렉시트 찬성을 이끌어낸 주역-옮긴이) 같은 사람들을 멍청이와 거짓말쟁이라며 노골적으로 무시하는 태도는 불에 기름을 붓는 격일 뿐입니다. 물론 분노 중 일부는 포퓰리스트의 미사여구에 조작되고 부풀려졌겠지만, 분노는 분명히 존재하며 당신의 온전한 관심을 받을 가치가 있습니다.

민주주의가 트롤과 거짓말쟁이 간의 싸움이 되었다면, 유럽연합은 갈수록 시민과 기업 간의 싸움이 되었습니다. 한때 새로운 무력 분쟁을 피하기 위해 국책 산업들을 하나로 묶는 평화주의 기획이었던 것이, 이제는 민간 기업과 분노한 시민 사이에 갈등을 고조시키는 원천이 되고 있습니다.

지금 유럽은 또다시 둘로 나뉘었고, 독일조차 또다시 둘로 나뉘었습니다. 이번에는 동-서 또는 자본주의-공산주의가 아닙니다. 이제는 정치적으로 대변되고 있다고 느끼는 사람과 그렇지 못하다고 느끼는 사람 사이의 분열입니다. 포퓰리스트 지도자가 나타나기 전까지는 그렇습니다. 그런 사람이 나타나는 순간, 오래도록 쌓인 모든 적개심이 그 새로운 지도자에게서 분출구를 찾습니다.

현 유럽의회European Parliament 의장이자 유럽연합 집행위원회 위원장 선거에 사회민주당 후보로 나왔던 마르틴 슐츠Martin Schulz 는 무모하게도 최근에 "점잖은 사람들의 반란"이 일어나야 한다고 촉구하기까지 했습니다. 이어서 다른 쪽 유럽의 많은 나라들을 "점잖지 못하다"고 비난하며 악마 취급을 했지요. 슐츠의 이런 행태는 힐러리 클린턴이 트럼프를 지지하는 유권자 중 대다수를 "개탄스러운 사람들"이라고 지칭했던 것과 마찬가지로 어리석은 처신이었습니다. 참 이상한 일이었어요. 나는 여전히 사회민주주의란 혜택을 받지 못하는 사람들을 돌보는 쪽이라고 믿고 있었으니까요.

유럽연합 집행위원회 위원장 선거에서 당신의 경쟁자였던 자유민주당 후보 히 버르호프스타트Guy Verhofstadt가 트럼프에 대해 보인 반응은, 유럽 내 민주주의를 확대하는 것이 아니라 방어를 확대해야 한다는 것입니다(버르호프스타트는 최근 트럼프, 푸틴, 이슬람국가를 유럽연합의 3대 위협으로 규정했다-옮긴이). 마치 가장 큰 위험이 유럽 내부에서 나오지 않기라도 한 듯한 자세로 말입니다. 오늘날 유럽연합에 가장 큰 위협은 러시아가 아니라 유럽연합 자체입니다. 하지만 유럽이사회European Council 전 상임 의장인 헤르만 판 롬푀이Herman Van Rompuy는 최근에 이렇게 말했습니다. "사람들이 민주주의의 결함을 이야기하기 시작하면 나는 항상 웃을 수밖에 없어요. 나는 유럽연합이 역할을 더 잘해야 한다고 인정하지만, 유럽연합의 민주주의 자질에는 아무 문제가 없습니다."

융커 위원장님, 이런 우월감은 도대체 어디에서 나오는 건가요? 당신 세대 정치 지도자들의 특징적인 태도인가요? 당신 눈에는 이런 태도가 보이지 않나요? 이데올로기 차이에 상관없이, 당신네 지도자들 모두가 유럽이 얼마나 좋은 곳인지 사람들이 제대로 모른다고 생각하는 듯합니다. 당신들 모두가 만족스러운 표정으로 '지난 70년 동안 평화와 번영'이라는 말을 되풀이합니다. 그러나 이런 주문이 세계화의 폭력과 세계경제체제의 불평등에 부딪친 사람들에게 아직도 설득력이 있을까요? 당신은 이 시대의 폭력을 제대로 알기나 하나요? 농민과 공장 노동자가 세계화 때문에 일자리를 잃고 있고, 얼마 지나지 않아 중산층 근로자가 자동화 때문에 일자리를 잃을 것입니다. 미래는 그 어느 때보다 유럽인들에게 불확실해 보이고, 정치적 희생양들이 쉽게 발견됩니다. 로봇보다는 이슬람교도를 탓하기 일쑤죠.

어째서 유럽 기획의 특정 단계가 끝났는지 당신은 압니까? 과거에 유럽연합이 늘 엘리트 지배 집단 사이에서 나온 합의를 바탕으로 했기 때문입니다. 엘리트 지배 집단은 그 합의를 투표하는 대중에게 강요했지요. 그러나 민주주의는 합의보다 갈등이 더 중요합니다. 그리고 민주주의는 갈등 해결보다 갈등을 안고 살아가는 방법을 배우는 것이 더 중요합니다. 민주주의는 갈등이 폭력으로 바뀌기 전에 대처하려고 시도합니다. 따라서 본질상 민주주의는 갈등의 축제입니다. 그러나 이런 면은 유럽연합 단계에서 거의 보이지 않았습니다. 유럽의 법은 대중이 치열하게 논쟁해서 힘들게 조율한 타협이라기보다는 항상 신사협정에 가까웠지요.

유럽연합이 무너지고 있는 주요 이유는 시민과 브뤼셀(유럽연합 본부 소재지-옮긴이) 사이의 차이에 있습니다. 시민이 그저 대표자를 통해서가 아니라 직접 참여를 통해 유럽에 대한 발언권을 가질 때가 되었습니다. 5년에 한 번씩 투표용지에 체크 표시를 하는 것으로는 부족합니다. 이 모든 상황에 대한 사람들의 조리 정연한 목소리는 어디에서 들려올까요? 유럽 시민들은 미래에 대해 최고의 정보를 얻어서 서로 논쟁해 집단으로 결정을 내릴 기회를 어디에서 얻을까요? 시민들은 각자가 속한 공동체의 운명에 영향을 줄 기회를 어디에서 얻을까요? 분명히 기표소 안은 아닙니다.

우리는 아테네 민주주의의 중심 원칙으로 돌아가야 합니다. 이것은 제비뽑기, 요즘 말로 하면 추첨입니다. 고대 아테네에서는 공공 업무 대다수가 추첨으로 할당되었지요. 베네치아와 피렌체 같은 르네상스 국가들은 아테네와 동일한 원칙을 바탕으로 운영했고 수세기 동안 정치 안정을 유지했습니다. 추첨제에서는 이해하는 사람이 거의 없는 사안을 두고 모든 사람에게 투표하라고 요구하지 않습니다. 대신에 추첨으로 무작위 표본 인물들을 정하고, 그들이 타당한 결정을 내릴 수 있도록 해당 주제에 대해 완전히 이해시킵니다. 해당 주제에 대해 잘 아는 사회의 일부는 해당 주제에 대해 잘 모르는 사회의 전부보다 훨씬 조리 있고 일관성 있게 행동할 수 있습니다.

부디 유럽인들을 진지하게 생각해주기 바랍니다. 그들이 의견을 표명할 수 있게 해주기 바랍니다. 여전히 말하는 것을 허용하지 않을 참이면 그 많은 대중을 뭐 하러 교육시킨단 말입니까? 유럽에서 가장 혁신적인 아일랜드 민주주의를 살펴봅시다. 몇 주 전, 추첨으로 선정한 임의표본인 아일랜드 시민 100명으로 시민의회를 구성했습니다. 아일랜드는 시민을 두려워하는 것이 아니라 시민을 믿는 나라입니다. 향후 1년 동안 시민의회는 낙태, 국민투표, 기후변동을 포함한 다섯 가지 주제를 토론할 것입니다. 이들은 의견을 듣고 싶은 모든 전문가들을 초청할 예정입니다. 이 시민의회는 이런 종류로는 두 번째입니다. 2012년부터 2014년까지 비슷한 절차를 통해 아일랜드 시민에게서 동성 결혼marriage equality을 포함한 다양한 주제에 대한 정책 추천을 받았습니다. 헌법 개정에 대한 이들의 제안은 이후 국민투표에서 통과되었지요. 현대 역사상 최초로 임의표본 시민의 숙고를 거쳐 헌법이 변경된 것입니다. 이것이 바로 21세기에 민주주의를 실행하는 방법입니다.

당신이 이와 유사한 시민의회를 유럽연합에 두자고 촉구하면 어떻게 될까요? 모든 유럽연합 회원국이 4일 동안 100명의 임의표본을 모아놓고 다음과 같은 중요한 질문에 대한 답을 듣는 겁니다. "2020년 전에 유럽연합을 더 민주적으로 바꾸려면 어떻게 해야 할까요?" 포르투갈부터 에스토니아에 이르는 참가국들은 동일한 시간과 자료를 제공받을 것입니다. 이어서 모든 나라가 10가지씩 제안을 구상합니다. 3개월 후, 각 전당대회에서 추첨으로 뽑은 20명의 대표가 브뤼셀에 모여서 미래의 정책을 위한 공통된 25가지 우선 사항을 최종 결정합니다.

국민투표로 이 우선 사항에 대해 대중의 검토를 거칠 수도 있을 겁니다. 그러나 이런 국민투표는 결코 전통적인 '예/아니요' 질문 형태가 아니라, '선다형 국민투표'가 될 것입니다. 투표용지에 25가지 제안을 쭉 나열하고 유권자가 가장 중요하다고 여기는 3가지에 표시하게 합니다. 또는 25가지 제안 모두에 대해 1에서 5까지 점수 중 하나로 평가하게 합니다. 선다형 국민투표는 선거의 가장 좋은 점과 전통 국민투표의 가장 좋은 점을 결합시킵니다. 여기에는 '예/아니요'를 묻는 국민투표처럼 상당한 내용(물론 단순히 이름만 나열된 것이 아닌)이 포함됩니다. 또한 선거처럼 유권자의 선택권이 (단 하나가 아니라) 다양합니다.

유럽연합 정책 입안자들은 두 결과 모두를 얻어 풍부한 영감의 원천으로 활용할 수 있게 됩니다. 다시 말해 선다형 국민투표의 결과, 시민 패널이 선정한 25가지 우선 사항 목록을 확보할 수 있습니다.

추첨으로 뽑은 시민 패널에 모든 사람이 참여하는 선다형 국민투표를 결합하는 것은 민주주의를 향상시키는 좋은 방법입니다. 이 방법은 의사 결정 과정에 시민을 포함시키고, 단순한 직감이 아니라 해당 주제에 정통한 의견으로 판단하고, 사회를 분열시키는 것이 아니라 통합시킵니다.

이것은 진정한 변화를 일으킬 수 있습니다. 시민이 마음껏 의사를 표현하게 해서, 민의를 바탕으로 미래 활동을 위한 정책을 만들 수 있습니다. 당신은 시민들에게 중요한 역할을 맡겨서 그들의 유럽을 만드는 과정에 적극 참여시킬 수도 있을 겁니다. 당신은 '유럽의 단결'을 요구하는 사람들과 '자국의 반환'을 요구하는 사람들 사이에 혁신적인 길을 보여줄 수도 있을 겁니다. 당신은 회원국과 본부 사이에 새로운 원동력을 일으킬 수도 있을 겁니다. 무엇보다 당신은 두 개의 유럽을 온라인상의 신랄한 비난이 아니라 진정한 대화에 참여시킬 수도 있을 겁니다.

융커 위원장님, 당신은 연두교서에서 "향후 12개월은 더 나은 유럽을 만드는 데 결정적인 시기다"라고 옳게 말했습니다. 당신은 "권한을 부여하는 유럽"을 지향하자고 촉구하기까지 했습니다. 안타깝게도 진행된 사업은 유망한 5G 인터넷과 하나의 자원군뿐이었습니다. 5G 인터넷의 도입과 더불어, 우리는 가짜 뉴스가 지배하는 필터 버블에 더욱 빠르게 빠져들 것입니다. 현행 자원입대자로 조직된 군대에서는 독일의 신나치주의자, 시리아 난민, 유행에 밝은 도시인이 서로 어깨를 맞부딪치며 어울려 지낼 일이 없을 것입니다. 당신은 유럽연합이 고군분투하고 있는 이 상황에서 어떻게 이처럼 미약한 해결책을 내놓을 수 있습니까? 오늘날의 도전은 완전히 다른 규모입니다. 공동체의 미래를 다루는 토론에 시민을 참여시킴으로써 특별한 기획에 대한 신뢰를 다시 회복해야 합니다. 민주주의는 국민의 정치, 국민을 위한 정치만이 아니라 국민에 의한 정치기도 합니다. 우리는 채 1년도 되지 않습니다.

제 15 장

포퓰리스트의 유혹

The Populist Temptation

슬라보예 지젝 Slavoj Žižek

오늘날의 사회에 대해 널리 퍼져 있는 잘못된 일반화 두 가지가 있다. 첫 번째 잘못된 일반화는 우리가 보편화된 반유대주의 시대에 살고 있다는 것이다. 파시즘의 군사적 패배와 함께, 한때 유대인이 하던 역할을 이제는 우리 정체성에 위협으로 여겨지는 외국인 집단(오늘날 서양 사회에서 갈수록 더 제2의 '유대인' 취급을 받는 라틴계, 아프리카인, 특히 이슬람교도)이 하고 있다. 두 번째 잘못된 일반화는 베를린 장벽 붕괴가 우리를 위험한 타자와 분리할 목적으로 세워진 새로운 장벽(이스라엘의 요르단강 서안지구 분리 장벽, 미국과 멕시코 사이에 세울 계획인 장벽 등)의 확산으로 이어졌다는 것이다. 사실이긴 하지만, 두 장벽 사이에는 중요한 차이가 있다. 베를린 장벽은 냉전 시대 세계의 분리를 상징했다.

이는 '전체주의' 공산주의 국가들의 국민을 고립시킨 장벽으로 여겨졌지만, 또 한편으로는 자본주의가 유일한 선택 사항이 아니며 그 대안이 (비록 실패했지만) 존재했다는 것을 암시했다. 이와 달리 오늘날 우리 눈앞에서 치솟고 있는 장벽은 베를린 장벽 붕괴(다시 말해 공산주의 체제 붕괴) 자체가 건설을 촉발시킨 장벽이다. 이 장벽은 자본주의와 공산주의 사이의 분리가 아니라 세계 자본주의 체제에 강력히 내재하는 분리를 상징한다. 정반합이라는 헤겔 철학의 멋진 수를 통해 자본주의가 외부의 적을 거꾸러뜨리고 세계를 통합했을 때, 분리는 자체 공간에 귀환했다.

첫 번째 일반화에 대해 말하자면, 정식 파시즘과 오늘날의 반이민주의 포퓰리즘 사이에는 다소 분명한 차이가 있다.[1] 자본주의가 추상의 통치라는 자본주의에 대한 마르크스주의 분석의 기본 전제를 떠올려보자. 자본주의에서 사회관계는 추상에 속속들이 물들어 있고 규제되고 지배된다. 여기에서 말하는 추상은 우리 마음이 수행하는 주관적 추상이 아니라, 사회 현실을 지배하는 '객관적' 추상, 마르크스가 말한 '실제추상Realabstraktion'이다. 이 추상은 자본주의에서 사회 경험의 일부다. 우리는 묘사도 구현도 할 수 없는 불가해한 메커니즘이 규제하는 사회생활을 경험한다. 과거의 주인을 대신해 들어선 자본주의자조차 스스로 통제할 수 없는 힘의 노예가 되어 있다. 오늘날 이데올로기적 '의인법'이 전성기를 누리는 것은 전혀 놀랄 일이 아니다. 시장이 살아 있는 사람처럼 다시 말하기 시작했다. 시장은 선거에서 긴축재정 정책을 지속할 권한을 지닌 정부가 나오지 못할 때 벌어질 일에 대해 '우려'를 표명한다.

'유대인'은 이런 추상을 구현한다. 유대인은 비밀스럽게 줄을 잡아당겨 조종하는 눈에 보이지 않는 주인이다. 유대인은 우리 사회에 완전히 융화되어 있고 우리 중 하나로 가장해 등장한다. 따라서 문제와 과제는 그들을 분명하게 식별하는 것이다(인종의 정체성을 정확하게 측정하려던 나치스의 온갖 터무니없는 시도를 상기시킨다). 이슬람교도 이주자들은 오늘날의 유대인이 아니다. 그들은 눈에 보이지 않는 것이 아니라 너무 잘 보이고, 명백히 우리 사회에 융화되어 있지 않다. 그들이 비밀스럽게 줄을 잡아당겨 조종한다고 주장하는 사람은 아무도 없다. 누군가가 그들의 '유럽 침략'에서 음모를 발견한다면, 그 배후에는 틀림없이 유대인이 있어야만 한다. 최근 슬로베니아 주요 우파 주간지 중 하나에 실린 글에서처럼 말이다. 그 글에 따르면 "조지 소로스George Soros는 우리 시대에 가장 부패하고 위험한 사람"으로서, "흑인과 셈족 무리의 침략에 책임이 있고 따라서 유럽연합의 쇠퇴에 책임이 있다. (……) 전형적인 탈무드 시오니스트인 그는 서양 문명, 국민국가, 유럽의 백인에게 치명적인 적이다." 그의 목표는 "동성애자, 페미니스트, 이슬람교도, 노동 혐오 문화마르크스주의자 같은 사회 주변부 무리로 구성된 무지개 연합"을 만들어 "국민국가를 해체하고 유럽연합을 유럽 합중국이라는 다문화 디스토피아로 바꾸는" 것이다.

그렇다면 어떤 세력이 소로스를 반대하고 있을까? "헝가리의 빅토르 오르반과 러시아의 블라디미르 푸틴은 소로스의 음모를 완벽히 파악하고 소로스 조직들의 활동을 제대로 금지한 명쾌한 정치인들이다." 게다가 이 슬로베니아인 해설가에 따르면, 소로스의 다문화주의 장려에는 모순된 면이 있다.

그는 다문화주의를 오로지 유럽과 미국에서만 장려한다. 반면에 이스라엘의 경우 그는, 내가 보기에는 지극히 당연한 일인데, 단문화주의·잠재적 인종차별주의·장벽 설치에 동의한다. 또한 그는 유럽연합과 미국의 경우와는 달리, 이스라엘에는 국경을 개방하고 '난민들'을 받아들이라고 요구하지 않는다. 탈무드 시오니스트 특유의 위선이다.[2]

놀랄 만큼 인종차별적이고 노골적인 태도는 제외하더라도, 이 글에는 꼭 놓치지 말아야 할 두 가지 특징이 있다. 첫째, 반유대주의와 이슬람 공포증을 합친다. 유럽에 위협적인 존재는 이슬람 난민 무리지만 이 혼란스러운 현상의 배후는 유대인이다. 둘째, 푸틴을 둘러싼 유럽 우익 내부의 갈등에서 분명하게 한쪽 편을 든다. 한편에서 보면 푸틴은 나쁘며 유럽에, 특히 이웃한 후기공산주의 국가들에 위협적인 존재로서 교묘한 책략으로 유럽연합을 약화시키려 한다. 다른 한편에서 보면 푸틴은 서양의 다문화주의와 자유방임의 위험을 알아차렸고 그 위험이 러시아에 넘쳐흐르지 않도록 현명하게 막았다.

이런 배경을 봐야만, 러시아에 대한 트럼프의 일관성 없는 태도를 이해할 수 있다. 강경 노선의 공화당은 오바마를 끊임없이 공격했다. 푸틴에게 너무 관대하고, 러시아의 군사 침략(그루지야, 크림반도 등)을 용인하고, 이에 따라 동유럽에서 서양 연합군을 위험에 빠뜨렸다는 것이다. 반면에 현재 트럼프 지지자들은 러시아에 대한 훨씬 더 관대한 접근법을 공공연히 옹호한다. 근본 문제는 이것이다. 우리는 상반되는 두 이데올로기의 대립, 그러니까 전통주의 대 세속 상대주의의 대립, 서양의 모든 합법성과 '테러와의 전쟁'이 의지하는 또 다른 심각한 이데올로기 대립, 즉 개인 권리를 옹호하는 자유민주주의와 '이슬람 파시즘'으로 주로 구현되는 종교 근본주의 사이의 대립을 어떻게 통합할 것인가? 바로 그 점에서 미국 신보수주의neocon의 모순이 있다. 그들은 내부 정책에서는 자유 세속주의(낙태, 동성 결혼 등)와의 싸움에 특혜를 준다. 이를테면 그들의 투쟁은 '죽음의 문화'에 대항하는 이른바 '삶의 문화'다. 반면에 해외 정치에서는 자유주의 가치관과 정반대인 '죽음의 문화'에 특혜를 준다.

난해하고 흔히 혼란스러운 관점에서, 미국의 신보수주의자는 유럽연합을 적으로 여긴다. 공공 정치 담론에서는 억제되는 이런 인식은 지하에서는 터무니없이 갑절로 폭발한다. 신세계 질서New World Order를 강박적으로 두려워하는 극우 기독교 근본주의의 정치적 시각이 이런 경우다. 오바마가 유럽연합과 몰래 공모하고 있고, 국제군이 미국에 개입해 진정한 애국자 모두를 강제수용소에 보낼 것이다(몇 년 전 라틴계 미국인 부대들이 미국 중서부 평원에서 강제수용소를 짓고 있다는 소문이 있었다) 하는 식이다. 이런 딜레마의 한 해결책은 미국 목사 겸 소설가인 팀 라헤이Tim LaHaye가 여러 작품에서 묘사하는 기독교 근본주의 강경 노선이다. 두 번째 대립보다 첫 번째 대립을 분명히 중시하는 방법이다. 라헤이의 여러 소설 중 하나의 제목인 『유로파 음모The Europa Conspiracy』는 이런 방향을 가리킨다. 미국의 진짜 적은 이슬람 테러리스트가 아니며, 이들은 미국을 약하게 하고 유럽연합의 지배 아래 신세계질서를 확립하려 하는 반기독교 세력인 유럽 세속주의자들에게 비밀스럽게 조종당하는 꼭두각시에 불과하다……. 어떤 면에서는 이런 인식이 옳다. 유럽은 단지 지정학적 세력 단위가 아니라, 궁극적으로 국민국가와 상극인 전 세계를 아우르려는 구상을 품고 있다. 유럽연합의 이런 면은 이른바 유럽의 '약점'을 이해하는 데 열쇠를 제공한다. 유럽 통합과 유럽의 세계에 대한 군사력·정치력 상실 사이에는 놀라운 연관성이 있다. 하지만 유럽연합이 미국의 보호가 필요한, 갈수록 무력해지는 과도기 상태의 연맹이라면 왜 미국은 유럽연합을 불편해할까? 미국이 새로운 유럽연합 조약 비준을 놓고 국민투표를 실시한 아일랜드에서 비준 반대 운동을 펼친 조직을 재정적으로 지원했던 사례를 떠올려보자.

　　이런 소수 관점과 반대로, 모든 종류의 근본주의에서 주요한 적을 찾고, 미국 기독교 근본주의를 개탄스러운 국내판 '이슬람 파시즘'으로 인식하는 우세한 자유민주주의 관점이 있다. 그렇지만 이 관점의 우위가 현재 위협받고 있다. 최근까지만 해도 소셜미디어의 지하 조직에서 퍼진 음모론에 국한된 주변부 의견이던 것이 이제는 공론장에서 지배 관점이 되고 있다. 브렉시트를 지지한 트럼프와 푸틴은 공히 연합한 유럽을 가장 큰 적으로 인식하고 '미국/러시아 우선'을 내세우는 수구 국가주의 계열에 속한다. 그리고 둘 다 우파다. 유럽이 가진 문제는 과거 유산인 보수 포퓰리스트의 맹공격으로 위협받는 상황에 변함없이 충실하다는 것이다. 이런 유산의 결함을 상쇄하기 위해 우선해야 할 일은 트럼프가 성공한 더 깊은 원인을 면밀하게 조사하는 것이다. 트럼프는 두 개의 영혼을 가진 자본주의자의 완벽한 사례다. 이런 자본주의자의 공식은 「시민 케인Citizen Kane」에서 이미 제시되었다. 케인은 소외 계층을 대변하는 신문사에 자금을 댄다는 이유로 거대 금융자본의 대변인인 대처에게 비난받자, 이렇게 말한다.

문제는 당신이 지금 두 사람과 이야기하고 있다는 사실을 모른다는 겁니다. 먼저 찰스 포스터 케인으로서 나는 당신 말에 공감합니다. 찰스 포스터 케인은 메트로폴리탄 운송회사의 주식 8만 2,364주를 소유하고 있지요. 아시겠지만 재산을 어떻게 굴릴지 대충 생각이 있어요. 찰스 포스터 케인은 악당이에요. 신문사를 닫아야 한다고 생각해요. 그러면 찰스의 사퇴를 촉구하는 위원회가 구성되겠죠. 흠, 당신이 그런 위원회를 구성한다면 기부금으로 1,000달러를 낼게요. (……) 또 다른 나는 「인콰이어러Enquirer」지 발행인이에요. 내가 작은 비밀 하나를 알려드리죠. 말하게 되어 나도 기쁘군요. 언론인으로서 내 의무는 이 사회에서 열심히 일하는 착한 사람들이 돈에 미친 약탈자들에게 왕창 사기를 당하지 않도록 감시하는 것이에요. 그들의 이익을 보호하려고 신경 쓰는 사람이 아무도 없으니까요. 또 다른 비밀을 하나 더 알려드리죠, 대처 씨. 나는 그 일을 해야 할 사람이 바로 나라고 생각해요. 아시다시피, 나는 돈과 부동산이 있어요. 내가 아무 혜택을 받지 못하는 이 불우한 사람들의 이익에 신경 쓰지 않으면 다른 누군가가 그 일을 하겠죠. 아마 돈도 재산도 없는 누군가가요. 그렇게 되면 너무 안타깝겠죠.[3]

마지막 문장은 재산을 빼앗긴 사람들을 대변하는 척하는 억만장자인 트럼프의 문제점을 간단명료하게 보여준다. 트럼프의 전략은 재산을 빼앗긴 사람들이 스스로를 변호하지 못하게 막는 것이다……. 따라서 트럼프는 모순과 거리가 멀다. 모순으로 보이는 것이 사실상 트럼프의 계획에서 핵심이다. 이런 모순을 반영한 것이 트럼프의 승리에 대한 두 가지 반응이다. 둘 다 용인될 수 없고 결국 자멸에 이르는 반응이므로 거부해야 한다. 첫 번째 반응은 자신의 이익에 반대되는 투표를 하고 있다는 사실을 모른 채 트럼프의 겉만 그럴싸한 선동에 말려든 서민 유권자들의 어리석음에 대한 오만한 홍미다. 두 번째는 즉각 반격을 가하자는 촉구("철학적인 논의를 하고 있을 시간이 없다. 당장 행동에 나서야 한다……")로, 기이하게도 지식인에 반대하는 트럼프의 태도와 맥을 같이한다. 미국 철학자 주디스 버틀러Judith Butler는, 모든 포퓰리스트 이데올로기에서와 마찬가지로 트럼프는 사람들에게 "생각하지 않는 이유, 생각할 필요가 없는 이유를 주고 있다. 여기에서 말하는 생각이란 대단히 복잡한 국제 세계에 대한 생각이다. 그런데 트럼프는 모든 것을 아주, 아주 단순하게 만들고 있다"⁴라고 명료하게 분석했다(물론 버틀러가 잘 파악하고 있듯이, 힐러리 클린턴은 자신이 정치 현실의 복잡성을 환히 아는 사람이라는 점을 내세웠지만, '복잡성'이 좌파의 요구를 분산시키는 데 사용되었기 때문에 그것은 기만적인 주장이었다).

좌익 자유주의 진영의 도널드 트럼프에 대한 두드러진 반응은, 트럼프나 이주를 반대하는 유럽 포퓰리스트 같은 이들에 의해 이용된 대중의 분노가 '정치 문화의 퇴보'를 불러왔다는 불평이다. 몇 년 전만 해도 공공 영역에서 용인되지 않았을 선동적인 천박함이 이제는 아주 흔한 일이 되어 우리 민주주의에 명백한 위험을 가하고 있다는 것이다. 포퓰리즘 분노의 부상에 대한 좌익의 개탄스러운 또 다른 반응은 "그들을 이길 수 없다면 그들 편에 합류하라!"라는 오랜 교훈의 변형이다. 그리스에서부터 프랑스에 이르기까지, 국가주의의 재발견이라는 새로운 경향이 소수만 남은 '급진 좌익'에서 떠오르고 있다. 이 경향에 깔린 생각은, 우리 주변에 팽배한 대중의 분노 속에서 사람들이 정신을 차리고 자신들의 불만을 분명하게 밝혔으며, 주요 거대 대중매체가 위험한 변화라고 비판한 현상이 사실은 계급투쟁의 귀환이라는 것이다. 좌익의 과제는 자유의 두려움을 극복하고 이 분노를 사실로 인정하면서 거기에 대한 책임을 지고 분노의 방향을 우익 인종차별주의에서 사회·경제 투쟁으로 돌려놓는 것이다. 다시 말해 적은 외국인이 아니라 지배 계층, 금융 과두정치 등이라고 강조하는 것이다. 이런 관점에서 '트럼프'와 '샌더스'라는 이름과 연결된 운동들은 적대적인 반체제 열정을 정치 쪽으로 돌리는 포퓰리즘의 두 가지 형태다(물론 온갖 법률상 허점을 이용하는 억만장자인 트럼프를 '반체제'로 보는 것은 얼토당토않다. 그러나 이것이 애초에 포퓰리즘이 가진 모순이다).

두 관점은 설득력이 있다. 한편으로, 정치에서 예의 바른 태도를 과소평가하면 안 된다. 천박한 연설은 당연히 정치적 방향 상실을 보여준다. 다른 한편으로, 우익 포퓰리스트의 분노가 파시즘의 경우와 마찬가지로 계급투쟁의 왜곡된 형태라는 것은 사실이다. 그러나 두 관점은 근본적으로 결함이 있다. 새로운 포퓰리즘을 비판하는 자유주의자들은, 대중의 분노가 보통 사람들의 원시주의를 드러내는 징후가 아니라, 더 이상 합의를 이끌어내지 못해 이데올로기의 '원시' 기능이 필요해진, 지배 이데올로기인 자유주의 자체의 약점이 드러난 징후라는 사실을 보지 못한다. 좌익 포퓰리즘 옹호자들은 '포퓰리즘'이 우익 파시스트나 좌익이나 그럴싸한 의견을 제공받을 수 있는 중립 형태가 아니라는 사실을 보지 못한다. 포퓰리즘은 형성 단계에서 이미 적을 외부 침입자로 설정해놓기 때문에 내재하는 사회적 적대감을 부정한다.[5] 이런 이유로 포퓰리즘은, 비록 대중 담론의 천박한 붕괴와 꼭 겹치지는 않지만, 천박한 단순화와 공격성의 개인화로 빠져드는 경향이 분명히 있다. 좌익 포퓰리스트는 적의 기본 전제를 너무 빠르게 받아들인다. 보편주의는 끝났다고, 그것은 '뿌리 없는' 세계 자본과 그 금융 전문가의 생명 없는 정치적·문화적 상대에 불과하다고, 기껏해야 사람 중심 세계자본주의를 옹호하는 하버마스식 사회민주주의자의 이데올로기일 뿐이라고 말이다.

이런 국가주의의 재발견에는 분명한 이유가 있다. 우익 국가주의 포퓰리즘이 서유럽에서 노동자계급의 이익을 보호하겠다고 주장하는 가장 강력한 정치 세력인 동시에 적절한 정치 열정을 일으킬 수 있는 가장 강력한 정치 세력으로 부상하고 있기 때문이다. 따라서 쟁점은 이렇다. 왜 좌익이 국가주의 열정의 장을 극우에게 넘겨줘야 하는가, 왜 '국민전선으로부터 조국을 되찾으려고' 하면 안 되는가? 극좌가 이런 국민주의 열정을, 오늘날 세계 사회가 직면한 주요한 현실, 즉 갈수록 규제가 풀리는 뿌리 없는 금융자본에 대항하는 강력한 도구로 동원할 수는 없을까? 이렇게 시야를 넓히면, 국권의 관점에서 브뤼셀의 테크노크라시(기술 관료 체제)를 비판하는 것이 익명의 브뤼셀 테크노크라트(기술 관료)들에 의해 차단당한 사실이, 이는 오늘날 극우의 주요 특징인데, 좌익 애국주의의 이유가 되었음을 알 수 있다. 이를테면 그리스에서 바루파키스Yanis Varoufakis(그리스 재무장관을 지낸 마르크스주의 경제학자-옮긴이)와 라파비차스Costas Lapavitsas(그리스의 유럽연합 탈퇴를 주장한 마르크스주의 경제학자-옮긴이) 사이의 대립이 그렇다. 라파비차스는 바루파키스가 이끄는 유럽민주화운동 Democracy in Europe Movement 2025, DiEM25(범유럽 정당을 지향하는 유럽 좌파 단체 또는 이 단체가 주도하는 사회운동-옮긴이)이 적의 영역을 미리 인정해버리는 생명 없는 범유럽주의라고 조롱했다.

좌익 포퓰리즘의 주요한 이론적 지지자는 벨기에 정치철학자 샹탈 무페Chantal Mouffe[6]다. 우리가 처한 곤경에 대한 무페의 진단에 따르면, 좌익이 패배한 주요 원인은 합리적 논쟁과 생명 없는 보편주의에 대한 비전투적 태도다. 또한 앤서니 기든스, 울리히 벡, 위르겐 하버마스 같은 이름이 대표로 거론되던 과거의 열정 어린 이데올로기 투쟁의 종말에 대한 비전투적 태도다. 이런 후기 정치의 중도 노선은 프랑스의 마린 르펜처럼 이주를 반대하는 우익 포퓰리스트들이 성공적으로 조성한 '우리'와 '그들'을 나누는 호전적인 논리에 제대로 맞서 싸울 수 없다 결국 이런 우익 포퓰리즘과 싸우는 길은 좌익 포퓰리즘에 의지하는 것이다. 더불어 기본 포퓰리스트 태도(우리와 그들을 나누는 호전적 논리, '국민'과 부패한 엘리트를 나누는 호전적 논리)를 유지하면서 좌익의 내용으로 채우는 것이다. 여기에서 '그들'은 불쌍한 난민이나 이주자가 아니라 금융자본과 테크노크라시 국가 관료주의 등이다. 이런 포퓰리즘은 과거 노동자계급의 자본주의 반대를 넘어서서 생태 환경부터 페미니즘, 취업부터 무상 교육과 의료에 이르는 다양한 투쟁을 망라한다. 현재 포데모스가 스페인에서 벌이고 있는 활동이 전형적인 예다. 하지만 생명 없는 보편주의에 대한 호전적인 정치화 방식, 격렬한 대립의 방식이 너무 형식적이지는 않을까? 뒤에 도사리고 있는 중요한 질문, 좌익이 우리와 그들을 나누는 호전적인 논리를 포기한 이유를 무시하고 있는 것은 아닐까?

특정한 정체성에 대한 정치적 계산이 담긴 존중과 다른 사람을 증오하는 반이민주의가 공통으로 가지고 있는 특징은 꼭 살펴봐야 할 중요한 요소다. 그것은 바로 신세계질서라는 익명의 보편주의가 특정한 정체성을 억누를 것이라는 두려움이다. 보수 국가주의자들이 성소수자와 소수민족이 정체성을 원하듯이 자신들도 국가(독일, 프랑스, 영국 등)의 정체성을 원한다고 주장하는 것은, 그야말로 위선에 찬 요구지만 그럼에도 일리가 있다. 그러니 우익과 좌익을 떠나 모든 형태의 정체성 정치에서 벗어나야 한다. 거부해야 할 것은, 이미 기본 단계에 깔려 있는 다양한 지엽적 해방 투쟁(민족, 성, 종교, 법률 등)의 관점이다. 이런 투쟁들은 아르헨티나 정치철학자 에르네스토 라클라우Ernesto Laclau 의 표현을 빌리자면, 항상 깨지기 쉬운 "등가의 사슬"을 그들 사이에 만들어서 점차 연합해야 한다. 보편성은 기나긴 인내 과정을 거쳐서 나와야 하는 것이 아니다. 보편성은 모든 진정한 해방 과정의 출발점, 해방의 동기로서 이미 존재한다.

형태상으로 문제는 두 개의 도끼, 즉 보편성 대 애국성, 자본주의 대 좌익 반자본주의를 어떻게 합칠 것인가 하는 것이다. 가능한 네 가지 조합이 모두 사용되고 있다. 구체적으로 보자면 세계 다문화 자본주의, 좌익 보편주의, 반세계화 좌익 애국주의, 민족적/문화적 지역 '특성'을 지닌 자본주의(중국, 인도 등)이다. 네 번째 조합은 갈수록 강해지고 있으며, 세계 자본주의가 특정한 문화 정체성과 이상적으로 공존할 수 있음을 증명한다. 더불어 우리는 오늘날 관리자와 엘리트 학자라는 보편계급universal class의 헤겔 철학식 역설을 항상 명심해야 한다. 각 공동체(국가)에서 이런 엘리트는 그들의 전체 생활방식에서 다수 집단과 고립된 특정 집단으로 나타난다. 뉴욕의 인문학 교수는 뉴욕 스태튼 아일랜드에 사는 노동자보다 파리나 서울의 인문학 교수와 공통점이 훨씬 많다. 특정 국가의 범위를 넘어서는 보편계급이 내보이는 형태는 자국 내에서 대단히 독특하다. 보편성이 내부로부터 특정한 정체성을 분리시키는 것이다.

우리가 포퓰리스트라는 '무서운 늑대'로부터 진짜 뮤제루 초점을 옮겨야 하는 것은 바로 이 때문이다. '합리적인' 중도 위치의 약점 자체로 말이다. 다수 집단이 '합리적인' 자본주의의 선전에 설득당하지 않으며 포퓰리스트의 반엘리트주의로 기우는 경향이 훨씬 크다는 사실을 하층 계급의 원시주의 사례로 치부하면 안 된다. 포퓰리스트는 이런 합리적 접근법의 불합리성을 잘 감지한다. 그들의 분노가 불투명한 방식으로 삶을 규제하는 정체불명의 기관으로 향하는 것은 너무나 정당하다. 트럼프 현상에서 얻어야 할 교훈이 있다. 진정한 좌익에 가장 큰 위험은, 트럼프로 인해 구체적으로 드러난 '큰 위험'에 맞선답시고 힐러리 클린턴 쪽 자유주의자들과 전략적 제휴를 받아들이는 것이다. 트럼프와 클린턴의 이야기가 계속되기 때문에 이 교훈은 오래도록 영향을 미친다.

이 이야기의 제2회에서, 커플의 이름은 국민전선의 마린 르펜과 공화당의 프랑수아 피용François Fillon으로 바뀐다. 프랑수아 피용이 다가오는 프랑스 대선에서 우파의 후보로 선출되었고 2차 투표는 프랑수아 피용과 마린 르펜 사이의 선택이 될 것이 (거의) 확실하므로 우리의 민주주의는 (지금까지는) 역사상 가장 낮은 바닥으로 떨어졌다(예상과 달리 1차 투표에서 에마뉘엘 마크롱-마린 르펜-프랑수아 피용 순으로 결과가 나왔고, 2차 결선투표에서는 마크롱이 르펜을 물리치고 대통령에 당선되었다-옮긴이). 프랑스 저널리스트 나탈리 누가이레드Natalie Nougayrède는 「가디언The Guardian」 칼럼에서 "프랑수아 피용은 마린 르펜만큼이나 자유주의 가치관에 큰 위협이다"라고 썼다.

피용이 공개적으로 푸틴의 칭찬을 받은 것은 우연이 아니다. 이는 크렘린이 외교 정책에서 프랑스 대통령의 협력을 바랐기 때문만은 아니다. 푸틴이 피용에게서 자신과 동일한 대단히 강경한 보수 이데올로기를 감지했기 때문이기도 하다. 이런 보수 세계관에 따르면, 자유주의의 진보 가치관이 성 정책과 이주의 결과로 서양 사회를 '타락' 상태로 빠뜨렸다. 러시아가 정치 선전에서 유럽을 '게이로파Gayropa'라고 부른 데서도 잘 볼 수 있는 태도다.[7]

힐러리 클린턴과 도널드 트럼프 사이의 차이가 자유주의 기득권과 우익 포퓰리스트 분노 사이의 차이였다면, 마린 르펜과 프랑수아 피용의 경우에는 이 차이가 최소로 줄어들 것이다. 문화 면에서는 두 사람 다 보수주의자지만, 경제 면에서는 피용이 순수 신자유주의자인 반면에 르펜은 노동자의 이익 보호에 훨씬 집중한다. 피용은 오늘날 최악의 조합인 경제 신자유주의와 사회 보수주의의 상징이다. 피용에 대한 유일한 찬성론은 순전히 의례적인 것이다. 피용은 '의례적으로' 통합 유럽과 포퓰리스트 우익으로부터 최소한의 거리를 주장한다.

이런 면에서 피용은 기득권 자체의 내적 타락을 상징한다. 이것이 우리가 오랜 패배와 후퇴의 과정 끝에 결국 처한 상황이다. 맨 먼저 극좌는 새로운 포스트모던 시대와 그 시대의 새로운 '패러다임'과 동떨어져서 희생되어야 했다. 이어서 온건파 사회민주주의 좌익은 새로운 세계 자본주의의 필요성과 동떨어져서 희생되어야 했다. 이제 이 슬픈 이야기의 마지막 시대에 온건파 자유주의 우익은 보수 가치관과 동떨어져서 희생되어야 했다. 우리가, 문명 세계가, 르펜을 패배시키고자 한다면 이 보수 가치 관의 협조가 필요하다. 과거에 우리는 권력을 잡은 나치스가 공산주의자에 이어서 유대인, 온건파 좌익, 자유주의 중도파, 그 다음에 정직한 보수주의자조차 차례로 제거하는 것을 수동적으로 보고 있었다. 지금 그때와 비슷한 상황이 된 것은 순전히 우연이다. 이런 상황에서는 투표권을 포기하고 행사하지 않는 것이 유일하게 적절한 대응이다.

오늘날의 자유주의 좌익과 포퓰리즘 우익은 두려움의 정치에 사로잡혀 있다. 이주자에 대한 두려움, 페미니스트에 대한 두려움, 근본주의 포퓰리스트에 대한 두려움 등 한도 끝도 없다. 이때 가장 먼저 해야 할 일은 두려움에서 '불안'으로 이동하는 것이다. 두려움은 우리가 정체성을 위협한다고 여기는 외부 대상에 대한 감정인 반면에, 불안은 우리가 두려운 외부의 위협으로부터 보호하고 싶은 정체성에 문제가 생겼다고 인식할 때 생기는 감정이다. 두려움은 외부 대상을 몰살시키려드는 반면, 불안을 마주하는 방식은 우리를 변화시킨다. 오래된 것이 죽어가고 새것이 아직 태어나지 않을 때 번창하는 괴물에 대한 발터 벤야민의 다음과 같은 이야기가 생각날 것이다. 질서가 지배할 때 공포와 기형은 정상화된다. 그러나 새로운 상태로 넘어가는 과정에서 오래된 질서가 생명력을 잃고 새로운 질서가 아직 나타나지 않을 때 공포는 뚜렷이 눈에 두드러지고 비정상화된다. 그리고 그런 희망의 순간에 위대한 행동이 가능해진다.

현 상황의 급박함을 핑계로 삼으면 결코 안 된다. 급박하다는 말은 생각을 해야 할 때라는 뜻이다. 여기에서 우리는 망설임 없이 마르크스의 논문으로 눈을 돌려야 한다. 지금까지 우리는 세계를 너무 빠르게 바꾸려고 했다. 이제 세계를 자기비판으로 재해석하고 우리(좌익)의 책임을 검토할 때가 되었다. 우리가 트럼프의 승리라는 마법에 걸린 지금 꼭 해야 할 일은 다음과 같다(트럼프의 승리가 비슷하고 불쾌한 일련의 놀라움들 중 하나라는 것을 잊으면 안 된다). 우리는 패배주의와 맹목적 행동주의를 거부하고 이처럼 자유민주주의 정치의 실패를 불러온 원인을 배우고, 배우고, 또 배워야 한다(레닌이 했을 법한 말이다). 위대한 보수주의자 T. S. 엘리엇T. S. Eliot은 『문화 정의를 위한 메모Notes Towards a Definition of Culture』[8]에서 유일한 선택이 이단과 무종교 중 하나뿐인 순간, 종교의 목숨을 살릴 길이 본체인 송장에서 종파를 분리하는 수술일 뿐인 순간이 있다고 말했다. 이야말로 우리가 지금 해야 하는 일이다. 2016년 미국 대선은 후쿠야마의 꿈을 날려버린 결정타, 자유민주주의의 최종 패배였다. 트럼프를 진정으로 물리치고 자유민주주의에서 구원할 가치가 있는 요소를 구하려면 자유민주주의의 본체인 송장에서 종파를 분리하는 수술을 감행해야 한다. 요컨대 무게중심을 클린턴에서 샌더스로 이동해야 한다. 차기 대선은 트럼프와 샌더스의 싸움이 되어야 한다.

이처럼 새로운 좌익을 위한 프로그램의 요소는 상당히 쉽게 상상할 수 있다. 분명히 세계 자본주의의 '민주주의 결함'에 대한 유일한 대응책은 초국가적 독립체를 통한 방법이었을 것이다. 칸트는 이미 200년 전에 세계 사회의 부상에 기초한 초국가 법질서가 필요하다고 인식하지 않았는가? "한 장소에서 일어난 권리의 침해가 전 세계에서 느껴질 정도로 지구상에 사는 사람들의 크고 작은 공동체가 많이 발전했으므로, 세계시민의 법이라는 발상은 거창하거나 과장된 개념이 아니다."[9] 그렇지만 이는 신세계질서의 '주요 모순'을 상기시킨다. 세계 자본주의경제에 들어맞을 세계 정치 질서를 찾기가 구조적으로 불가능하다는 것이다. 경험적인 제약은 말할 것 없고 구조적인 이유 때문에 세계 민주주의 또는 세계 대표 정부가 존재할 수 없다면 어떻게 해야 할까? 세계 자본주의의 구조적 문제(이율배반)는 그 자본주의에 들어맞는 사회·정치 질서의 불가능성(그리고 동시에 필요성)에 있다. 세계시장 경제는 세계 자유민주주의처럼 세계 선거로 직접 운영될 수 없다. 정치 분야에서는 세계경제의 '억압된' 부분인 오래된 집착, 특정하고 중요한 (민족적·종교적·문화적) 정체성이 돌아온다. 이런 갈등이 오늘날 우리가 처한 곤경을 규정한다. 상품의 세계적인 자유 유통은 사회 영역에서 증가하는 분리를 동반한다. 상품 유통이 갈수록 자유로워지는 반면에, 사람들은 새로운 장벽으로 인해 멀어진다.

트럼프는 클린턴이 지지한 주요 자유무역협정을 취소하겠

다고 약속한다. 좌익의 대안은 새롭고 다른 국제 협정 기획이어야 한다. 은행에 대한 통제권을 확보할 협정, 생태 환경 기준, 노동자의 권리, 의료, 성소수자와 소수민족 보호에 대한 협정 등이 이루어져야 한다. 세계 자본주의의 큰 교훈은 국민국가 홀로 이 일을 할 수 없다는 것이다. 새로운 국제 정치 단체만이 세계 자본에 굴레를 씌울 수 있을 것이다. 한 반공산주의 좌파 노인은 나에게 이런 말을 한 적이 있다. 스탈린의 유일한 장점은 그가 서양 강대국들을 정말로 겁먹게 했다는 것이라고. 트럼프에 대해서도 같은 식으로 말할 할 수 있다. 트럼프의 유일한 장점은 그가 자유주의자들을 정말로 겁먹게 했다는 것이다. 서양 강대국들은 교훈을 얻었고 자체 결점에 자기비판적으로 초점을 맞췄으며 복지국가를 건설했다. 우리의 좌익 자유주의자들도 이와 비슷한 일을 해낼 수 있을까?

트럼프의 승리는 더 급진적인 좌익에게 기회가 있는 완전히 새로운 정치 상황을 만들었다. 이제는 급진 좌익 정치 세력을 결집하는 노력을 부단히 기울여야 할 때다. 마오쩌둥의 말을 인용하자면 "하늘 아래 거대한 무질서가 있으니 더할 나위 없이 좋은 상황이다."

머리말

1. Ulrich Beck, "Kooperieren oder scheitern. Die Existenzkrise der Europäischen Union", *Blätter für deutsche und internationale Politik*, 2, 2011, S.41~53.

2. J. J. Messner, *Fragile State Index 2016*, Washington: The Fund for Peace, 2016, S.7.

3. Zygmunt Bauman, *Die Angst vor den anderen. Ein Essay über Migration und Panikmache*, Berlin: Suhrkamp, 2016.

4. Oliver Nachtwey, *Die Abstiegsgesellschaft. Über das Aufbegehren in der regressiven Moderne*, Berlin: Suhrkamp, 2016.

5. Ralf Dahrendorf, "Anmerkungen zur Globalisierung", Ulrich Beck, *Perspektiven der Weltgesellschaft*, Frankfurt am Main: Suhrkamp, 1998, S.41~54, S.52 f.

6. Richard Rorty, Kapitel 4 "Eine kulturelle Linke", *Stolz auf unser Land. Die amerikanische Linke und der Patriotismus*, Frankfurt am Main: Suhrkamp, 1999, S.43~103, S.81 ff.

7. Wilhelm Heitmeyer, "Autoritärer Kapitalismus, Demokratieentleerung und Rechtspopulismus. Eine Analyse von Entwicklungstendenzen", Dietmar Loch und Wilhelm Heitmeyer, *Schattenseiten der*

Globalisierung. Rechtsradikalismus, Rechtspopulismus und separatistischer Regionalismus in westlichen Demokratien, Frankfurt am Main: Suhrkamp, 1998, S.497~534, S.500.

8. Dani Rodrik, *Grenzen der Globalisierung. Ökonomische Integration und soziale Desintegration*, Frankfurt am Main/New York: Campus, 2000[1997], S.86.

9. Karl Polanyi, *The Great Transformation. Politische und ökonomischer Ursprünge von Gesellschaften und Wirtschaftssystemen*, Frankfurt am Main: Suhrkamp, 1978[1944].

10. Philip G. Cerny, "Globalisierung und die neue Logik kollektiven Handelns", Ulrich Beck, *Politik der Globalisierung*, Frankfurt am Main: Suhrkamp, 1998, S.263~296.

11. Naomi Klein, *No Logo! Der Kampf der Global Players um Marktmacht. ein Spiel mit vielen Verlierern und wenigen Gewinnern*, München: Riemann, 2001; Michael Hardt und Toni Negri, *Empire. Die neue Weltordnung*, Frankfurt am Main/New York: Campus, 2002.

12. Ernst-Wolfang Böckenförde, "Die Entstehung des Staates als Vorgang der Säkularisation", *Staat, Gesellschaft, Freiheit. Studien zur Staatstheorie und zum Verfassungsrecht*, Frankfurt am Main: Suhrkamp, 1977[1967], S.42~64, S.60.

제1장 민주주의의 약화

1. Vladimir Putin, Presidential Address to the Federal Assembly, December 12. 2014; an English translation of the speech is available

at: http://en.kremlin.ru/events/president/news/19825(retrieved November 2016).

2. Albert O. Hirschman, *Exit, Voice, and Loyalty: Responses to Decline in Firms, Organizations, and States*, Cambridge, MA: Harvard University Press, 1970.

제2장 목표와 이름 찾기의 증상들

1. Franz Kafka, "The Departure", *The Collected Short Stories of Franz Kafka*, London: Penguin, 1988, p.449.

2. Umberto Eco, "Migration, Tolerance, and the Intolerable", *Five Moral Pieces*, London: Secker & Warburg, 2001, p.93.

3. "The Changing Racial and Ethnic Makeup of New York City Neighborhoods", available at: http://furmancenter.org/files/sotc/The_Changing_Racial_and_Ethnic_Makeup_of_New_York_City_Neighborhoods_11.pdf#page=3&zoom=auto,-193,797(retrieved November 2016).

4. Eco, "Migration, Tolerance, and the Intolerable", pp.99~100.

5. Ibid, p.100.

6. Ibid, p.101.

7. Zygmunt Bauman, *Retrotopia*, Cambridge: Polity, 2017.

8. Michael Walzer, *Spheres of Justice: A Defence of Pluralism and Equality*, New York: Basic Books, 1983, p.38.

9. "Conferral of the Charlemagne Prize: Address of His Holiness Pope Francis", May 6. 2016; available at: http://w2.vatican.va/

content/francesco/en/speeches/2016/may/documents/papa-francesco_20160506_premio-carlo-magno.html (retrieved November 2016).

제3장 후기신자유주의에서 나타나는 진보 정치와 퇴행 정치

1. Donatella della Porta, *Social Movements in Times of Austerity*, Cambridge: Polity, 2015.
2. Hanspeter Kriesi et al., *West European Politics in the Age of Globalization*, Cambridge: Cambridge University Press, 2008.
3. Manuela Caiani, Donatella della Porta and Claudius Wagemann, *Mobilizing on the Extreme Right. Germany, Italy, and the United States*, Oxford: Oxford University Press, 2012.
4. Karl Polanyi, *The Great Transformation: The Political and Economic Origins of Our Time*, London: Beacon Press, 1957.
5. Della Porta, *Social Movements in Times of Austerity*, loc. cit., p.19.
6. David Harvey, *A Brief History of Neoliberalism*, Oxford: Oxford University Press, 2005.
7. Donatella della Porta, *Can Democracy be Saved?*, Oxford: Polity, 2013; Donatella della Porta, *Social Movements in Times of Austerity*, loc. cit.
8. Della Porta, *Social Movements in Times of Austerity*, loc. cit.
9. Zygmunt Bauman, *Liquid Modernity*, Oxford: Polity, 2000
10. Colin Crouch, *The Strange Non-Death of Neoliberalism*, Oxford: Polity 2012.
11. Donatella della Porta, *Democracy in Social Movements*, London: Palgrave, 2009; idem (ed.), *Another Europe: Conceptions and Practices*

of Democracy in the European Social Forums, London: Routledge, 2009.

12. Donatella della Porta et al., *Late Neoliberalism and its Discontents in the Economic Crisis*, London: Palgrave, forthcoming.

13. Donatella della Porta, *The Global Spreading of Protest*, Amsterdam: Amsterdam University Press, forthcoming; idem, Joseba Fernández, Hara Kouki and Lorenzo Mosca, *Movement Parties Against Austerity*, Cambridge: Polity, forthcoming.

14. Kriesi et al., *West European Politics in the Age of Globalization*, loc. cit., p.8.

15. Ibid.

16. Kenneth Roberts, "Populism and social movements", Donatella della Porta and Mario Diani (eds.), *Oxford Handbook on Social Movements*, Oxford: Oxford University Press, 2015, pp.681~682.

17. Ibid., p.685.

18. Kenneth Roberts, *Changing Course in Latin America: Party Systems in the Neoliberal Era*, Cambridge: Cambridge University Press, 2015.

19. Della Porta, *The Global Spreading of Protest*, loc. cit.

20. Michael Burawoy, "Facing an unequal world", *Current Sociology*, 63/1, 2015, pp.5~34.

제5장 해방의 역설에서 자유주의 엘리트의 종말까지

1. Christophe Ayad, "L'israélisation du monde (occidental)", *Le Monde*, December 1. 2016.

2. Allison Kaplan Sommer, "Jews-only poll highlights Israeli youths' drift to the right", *Haaretz*, April 13. 2016.

3. Michael Walzer, *The Paradox of Liberation. Secular Revolutions and Religious Counterrevolutions*, New Haven/London: Yale University Press, 2015, p.xii.

4. Ibid., p.7.

5. Ibid., p.22.

6. Ibid., p.24.

7. Itamar Rabinovich and Jehuda Reinharz, *Israel in the Middle East. Documents and Readings on Society, Politics, and Foreign Relations Pre-1948 to the Present*, Waltham, MA: Brandeis University Press, 2008, pp.58~59.

8. Jean Birnbaum, *Un silence religieux. La gauche face djihadisme*, Paris: Seuil, 2016.

9. Étienne Balibar, *Saeculum. Culture, religion, idéologie*, Paris: Galilée, 2012.

10. Baruch Kimmerling, *"Inequality and discrimination", The End of Ashkenazi Hegemony*, Jerusalem: Keter, 2001(in Hebrew), pp.21~29.

11. Aziza Khazzoom, "The great chain of Orientalism: Jewish identity, stigma management, and ethnic exclusion in Israel", *American Sociological Review*, 68/4, 2003, pp.481~510; Amnon Raz-Krakotzkin, "The Zionist return to the West and the Mizrahi Jewish perspective", Ivan Davidson Kalmar and Derek J. Penslar ed., *Orientalism and the Jews*, Waltham, MA: Brandeis University Press, 2005, pp.162~181; Ella Shohat, "The invention of the Mizrahim", *Journal of Palestine Studies*, 29/1, autumn, 1999, pp.5~20.

12. Sami Shalom Chetrit, *Intra-Jewish Conflict in Israel: White Jews, Black Jews*, London/New York: Routledge, 2009; Sammy Smooha, "The mass immigrations to Israel: A comparison of the failure of the Mizrahi immigrants of the 1950s with the success of the Russian immigrants of the 1990s", *Journal of Israeli History*, 27/1, 2008, pp.1~27.

13. Yehouda A. Shenhav, *The Arab Jews: A Postcolonial Reading of Nationalism, Religion, and Ethnicity*, Stanford: Stanford University Press, 2006.

14. Yoav Peled, "Towards a redefinition of Jewish nationalism in Israel? The enigma of Shas", *Ethnic and Racial Studies*, 21/4, 1998, pp.703~727.

15. Amnon Raz-Krakotzkin, "A national colonial theology. Religion, orientalism, and the construction of the secular in Zionist discourse", *Tel Aviver Jahrbuch für Deutsche Geschichte*, 31, 2002, pp.312~326; Raz-Krakotzkin, "The Zionist return to the West and the Mizrahi Jewish perspective", op. cit.

16. Shlomo Deshen, "The emergence of the Israeli Sephardi ultra-orthodox movement", *Jewish Social Studies*, 11/2, 2005, pp.77~101.

17. Eitan Schiffman, "The Shas school system in Israel", *Nationalism and Ethnic Politics*, 11/1, 2005, pp.89~124.

18. Ami Pedahzur, "The transformation of Israel's extreme right", *Studies in Conflict and Terrorism*, 24/1, 2001, pp.25~42.

19. Taly Krupkin, "Alt-right leader has no regrets about 'Hail Trump,' but tells Haaretz: Jews have nothing to fear", *Haaretz*, December 3. 2016.

20. Jeremy Sharon, "'Trump's election heralds coming of Messiah', says Deri", *The Jerusalem Post*, November 10. 2016; available online at:

http://www.jpost.com/Israel-News/Trumps-election-heralds-coming-of-Messiah-says-Deri-472282(retrieved December 2016).

21. Nissim Mizrachi, "Sociology in the garden: Beyond the liberal grammar of contemporary sociology", *Israel Studies Review*, 31/1, 2016, pp.36~65.

22. Hanna Ayalon, "Social implications of the expansion and diversification of higher education in Israel", *Israeli Sociology*, 10, 2008(in Hebrew), pp.33~60.

제6장 다수결주의의 미래

1. José Saramago, *Death with Interruptions*, London: Vintage Books, 2008[2005], p.8.

2. Ibid, p.78.

3. Roberto Stefan Foa and Yascha Mounk, "The democratic disconnect", *Journal of Democracy*, 27/3, July, 2016, pp.5~17, p.7.

4. Ibid., p.10.

5. Francis Fukuyama, "The end of history?", *National Interest*, Summer, 1989, pp.3~18.

6. Ken Jowitt, "After Leninism: The new world disorder", *Journal of Democracy*, 2, Winter, 1991, pp.11~20; Ken Jowitt, *The New World Disorder: The Leninist Extinction*, Berkeley: University of California Press, 1992, chapters 7~9.

7. Ibid., p.259.

8. Arjun Appadurai, *Fear of Small Numbers: An Essay on the Geography*

of Anger, Durham: Duke University Press, 2006, p.23.

9. Harry Kreisler, "The Individual, charisma and the Leninist extinction. A conversation with Ken Jowitt", December 7. 1999; "Conversations with History"-Series of the Institute of International Studies, UC Berkeley; available online at: http://globetrotter.berkeley.edu/people/Jowitt/ jowitt-con0.html(retrieved November 2016), p.5.

10. Viktor Orbán, speech at Băile Tuşnad, July 26. 2014; an English translation of the speech is available at: http://budapestbeacon. com/public-policy/full-text-of-viktor-orbans-speech-atbaile-tusnad-tusnadfurdo-of-26-july-2014/10592(retrieved November 2016).

11. Ibid.

12. Karen Stenner, *The Authoritarian Dynamic*, Cambridge/New York: Cambridge UP, 2010.

13. Jonathan Haidt, "When and why nationalism beats globalism", *The American Interest*, 12/1, July 10. 2016; available online at: http://www. the-american-interest.com/2016/07/10/when-and-why-nationalism-beats-globalism/(retrieved November 2016).

14. Gáspár Miklós Tamás, "What is post-fascism?", September 13. 2001; available online at: https://www.opendemocracy.net/people-newright/ article_306.jsp(retrieved November 2016).

15. "History of the World Values Survey Association", available online at: http://www.worldvaluessurvey.org/WVSContents. jsp?CMSID=History(retrieved November 2016).

16. Max Roser, "Happiness and life satisfaction", 2016; available online at: https://ourworldindata.org/happiness-and-life-satisfaction/(retrieved November 2016).

17. Mark Lilla, *The Shipwrecked Mind. On Political Reaction*, New York: New York Review Books, 2016, p.xiv.

18. Mark Lilla, "Republicans for revolution", *The New York Review of Books*, January 12. 2012.

19. Dani Rodrik, The *Globalization Paradox: Democracy and the Future of the World Economy*, New York: W. W. Norton & Company, 2011.

제8장 자유에 대한 두려움 극복하기

1. Michel Foucault, *The Birth of Biopolitics*, Basingstoke: Palgrave Macmillan, 2004, p.226.

2. Joe Twyman, "Trump, Brexit, Front National, AfD: branches of the same tree", November 16. 2016; available online at: https://yougov. co.uk/news/2016/11/16/trump-brexit-front-national-afd-branches-same-tree/(retrieved November 2016).

3. Paul Mason, *Postcapitalism: A Guide to Our Future*, London: Allen Lane, 2015.

4. Erich Fromm, *Escape From Freedom*, New York: Henry Holt, 1994, p.207.

5. Henrik Braconier, Giuseppe Nicoletti and Ben Westmore, "Policy challenges for the next 50 years", OECD Economic Policy Papers 9, 2014; available online at: http://www.oecd.org/economy/Policy-challenges-for-the-next-fifty-years.pdf(retrieved November 2016).

제9장 경멸 시대의 정치학: 계몽주의의 어두운 유산

1. Letter from Sigmund Freud to Frederik van Eeden, December 28. 1914; quoted in Ernest Jones, *The Life and Work of Sigmund Freud, vol. II: Years of Maturity 1901~1919*, New York: Basic Books, 1955, pp.368~369.

2. Robert Musil, "Helpless Europe. A digressive journey", *Precision and Soul. Essays and Addresses*, Chicago/London: The University of Chicago Press, 1990, p.123.

3. Letter from Sigmund Freud to Frederik van Eeden, December 28. 1914, loc. cit.

4. Michael Ignatieff, "Messianic America: Can he explain it?", *The New York Review of Books*, November 19. 2015.

5. Karl Marx, *Capital: A Critique of Political Economy*, vol.I, pt.II, New York: Cosimo, 2007, p.668, fn 2.

6. Thomas Piketty, "We must rethink globalization, or Trumpism will prevail", *The Guardian*, November 16. 2016; available online at: https://www.theguardian.com/commentisfree/2016/nov/16/globalization-trump-inequality-thomas-piketty(retrieved November 2016).

7. Gary Younge, "How Trump took middle America", *The Guardian*; available online at: https://www.theguardian.com/membership/2016/nov/16/how-trump-took-middletown-muncie-election(retrieved November 2016).

8. Mike Davis, "Not a revolution–yet", November 15. 2016; available online at: http://www.versobooks.com/blogs/2948-not-a-revolution-yet(retrieved November 2016).

9. Fyodor Dostoevsky, *Notes From the Underground*, New York: Dover, 1992, p.14.

10. Musil, "Helpless Europe", loc. cit., p.131.

11. Sigmund Freud, *The Future of an Illusion*, London: Penguin, 2004, p.3.

12. Alexis de Tocqueville, *Democracy in America*, book II, chapter I, New York: Vintage, 1945.

13. Alexis de Tocqueville, *Journeys to England and Ireland*, London/New Brunswick: Transaction 2003, p.116.

14. Albert Camus, *The Rebel: An Essay on Man in Revolt*, New York: Vintage Books, 1991, p.17.

15. Stephen Kotkin, *Magnetic Mountain: Stalinism as a Civilization*, Berkeley/Los Angeles: University of California Press, 1997, p.364.

16. Tony Judt(with Timothy Snyder), *Thinking the Twentieth Century*, London: Penguin, 2012, p.386.

17. Leo Damrosch, *Tocqueville's Discovery of America*, New York: Farrar, Straus and Giroux, 2010, p.91.

제10장 담대한 용기

1. Pierre Bourdieu, "Politik denken"[1988], Franz Schultheis und Stephan Egger, *Politik. Schriften zur Politischen Ökonomie 2*, Berlin: Suhrkamp, 2013, S.7~9, S.7.

2. Joan C. Williams, "What so many people don't get about the American working class", *Harvard Business Review*, November 10. 2016; online verfügbar unter: https://hbr.org/2016/11/what-so-many-people-dont-

get-about-the-u-s-working-class(Stand Dezember 2016).

3. Carlos Hanimann, "'Egal was die Linke macht", Interview mit Silja Häusermann, *Die Wochenzeitung*, 47, November 24. 2016; online verfügbar unter: https://www.woz.ch/-74ce(Stand Dezember 2016).

4. Didier Eribon, *Rückkehr nach Reims*, Berlin: Suhrkamp, 2016[2009], p.24.

5. John Harris, "Does the Left have a future?", *The Guardian*, September 6. 2016; online verfügbar unter: https://www.theguardian.com/politics/2016/sep/06/does-the-left-have-a-future(Stand Dezember 2016).

6. Barack Obama, *The Audacity of Hope: Thoughts on Reclaiming the American Dream*, New York: Crown, 2006.

제11장 탈문명화: 서양 사회의 역행에 대한 고찰

1. Leo Löwenthal, *Falsche Propheten. Studien zum Autoritarismus, Schriften 3*, Frankfurt am Main: Suhrkamp, 1990[1949], S.29.

2. Göran Therborn, "An age of progress?", *New Left Review*, II/99, 2016, S.27~38, S.35.

3. Michelle Alexander, *The New Jim Crow. Mass Incarceration in the Age of Colorblindness*, New York: New Press, 2010.

4. Oliver Nachtwey, *Die Abstiegsgesellschaft. Über das Aufbegehren in der regressiven Moderne*, Berlin: Suhrkamp, 2016.

5. Norbert Elias, *Über den Prozess der Zivilisation*, Bd. I: *Wandlungen des Verhaltens in den weltlichen Oberschichten des Abendlandes*, Frankfurt am Main: Suhrkamp, 1976a[1939]; Bd. II: *Wandlungen der*

Gesellschaft–Entwurf einer Theorie der Zivilisation, Frankfurt am Main: Suhrkamp, 1976b[1939].

6. Norbert Elias, *Studien über die Deutschen. Machtkämpfe und Habitusentwicklung im 19. und 20. Jahrhundert*, Frankfurt am Main: Suhrkamp, 1992[1989], S.174 ff.

7. Max Horkheimer und Theodor W. Adorno, *Dialektik der Aufklärug*, Frankfurt am Main: Fischer, 1988[1944].

8. Elias, *Studien über die Deutschen*, a. a. O., S.225.

9. Horkheimer und Adorno, *Dialektik der Aufklärung*, a. a. O., S.1.

10. Ulrich Beck, *Risikogesellschaft. Auf dem Weg in eine andere Moderne*, Frankfurt am Main: Suhrkamp, 1986.

11. Robert Putnam, *Bowling Alone. The Collapse and Revival of American Community*, New York: Simon & Schuster, 2000.

12. Pierre Bourdieu, *Gegenfeuer. Wortmeldungen im Dienste des Widerstandes gegen die neoliberale Invasion*, Konstanz: UVK, 1998.

13. Max Horkheimer, "Zur Kritik der instrumentellen Vernunft", *Gesammelte Schriften*, Bd. 6: *"Zur Kritik der instrumentellen Vernunft" und "Notizen 1949~1969"*, Frankfurt am Main: Fischer Max, 1991[1967], S.19~186.

14. Max Horkheimer, "Autorität und Familie", *Gesammelte Schriften*, Bd. 3: *Schriften 1931~1936*, Frankfurt am Main: Fischer, 1988[1936], S.336~417, S.372.

15. Axel Honneth, "Verwilderung des sozialen Konflikts. Anerkennungskämpfe zu Beginn des 21. Jahrhunderts", Ophelia Axel, Stephan Lindemann et al., *Strukturwandel der Anerkennung. Paradoxien sozialer Integration in der Gegenwart*, Frankfurt am Main:

Campus 2013[2011], S.17~39.

16. Elias, *Studien über die Deutschen*, a. a. O., S.225.

17. Elias, *Studien über die Deutschen*, a. a. O., S.462 ff.

18. Branko Milanovic, *Die ungleiche Welt. Migration, das Eine Prozent und die Zukunft der Mittelschicht*, Berlin: Suhrkamp, 2016.

19. Elias, *Studien über die Deutschen*, a. a. O., S.243.

20. Norbert Elias und John L. Scotson, *Etablierte und Außenseiter*, Frankfurt am Main: Suhrkamp, 1993[1965].

21. Elias, *Studien über die Deutschen*, a. a. O., S.463.

22. Sighard Neckel und Ferdinand Sutterlüty, "Negative Klassifikationen. Konflikte umd die symbolische Ordnung sozialer Ungleichheit", Wilhelm Heitmeyer und Peter Imbusch, *Integrationspotenziale einer modernen Gesellschaft. Analysen zu gesellschaftlicher Integration und Desintegration*, Wiesbaden: VS, 2005, S.409~428.

23. Theodor W. Adorno, *Studien zum autoritären Charakter*, Frankfurt am Main: Suhrkamp, 1995[1950].

24. Oliver Decker, Johannes Kiess und Elmar Brähler, *Die stabilisierte Mitte. Rechtsextreme Einstellung in Deutschland 2014*, Leipzig: Kompetenzzentrum für Rechtsextremismus-und Demokratieforschung der Universität Leipzig, 2014; online verfügbar unter: http://research. uni-leipzig.de/kredo/Mitte_Leipzig_Internet.pdf(Stand Dezember 2016).

25. Elias, *Studien über die Deutschen*, a. a. O., S.414.

26. Norbert Elias, *Die Gesellschaft der Individuen*, Frankfurt am Main: Suhrkamp, 1991[1987].

주

377

제12장 세계 경제 위기에서 후기자본주의 반대 운동까지

1. R. Castel, *La montée des incertitudes. Travail, protections, statut de l'individu*, Seuil, 2009.

2. D. Harvey, *A Brief History of Neoliberalism*, Oxford University Press, 2007.

3. K. Polanyi, *The Great Transformation. The Political and Economic Origins of Our Times*, Beacon Press, 2001.

4. J. Petras, *The Left Strikes Back: Class And Conflict In The Age Of Neoliberalism*, Perseus, 1999.

5. A. Giddens, *Modernity and Self-identity*, Stanford University Press, 1991; R. Inglehart and Ch. Welzel, *Modernization, Cultural Change, and Democracy*, Cambridge University Press, 2005.

6. O. Jones, "There is a model for the new politics we need. It's in Spain", *The Guardian*, 22/06/2016.

7. Pew Research Global, "Emerging and Developing Economies Much More Optimistic than Rich Countries about the Future", 08/09/2014; Fundación BBVA, "Values and Worldviews", 05/04/2013.

8. R. Sennett, *The Corrosion of Character: The Personal Consequences of Work in the New Capitalism*, Norton, 1998; Ch. Lasch, *The Minimal Self: Psychic Survival in Troubled Times*, Norton, 1984.

9. A. O. Hirschman, *The Passions and the Interests: Political Arguments For Capitalism Before Its Triumph*, Princeton University Press, 1977.

10. P. Gowan, *The Globalization Gamble: The Dollar-Wall Street Regime and its Consequences*, Verso, 1999.

11. R. H. Tawney, *Equality*, Harper, 1931.

거
대
한
후
퇴

378

제13장 강요된 후퇴: 신자유주의적 자본주의 종말의 서막

1. Wolfgang Streeck, *Gekaufte Zeit: Die vertagte Krise des demokratischen Kapitalismus*, Berlin: Suhrkamp, 2013.

2. Wolfgang Streeck, "Industrielle Beziehungen in einer internationalisierten Wirtschaft", Ulrich Beck (Hg.), *Poltik der Globalisierung*, Frankfurt am Main: Suhrkamp, 1998, S.169~202.

3. Peter Mair und Richard S. Katz, "Changing models of party organization and party democracy. The emergence of the cartel party", *Party Politics*, 1/1, 1995, S.5~28.

4. Streeck, *Gekaufte Zeit*, a. a. O.

5. Oliver Nachtwey, *Die Abstiegsgesellschaft. Über das Aufbegehren in der regressiven Moderne*, Berlin: Suhrkamp, 2016.

6. Colin Crouch, *Postdemokratie*, Frankfurt am Main: Suhrkamp, 2008.

7. David A. Stockman, *The Triumph of Politics: How the Reagan Revolution Failed*, New York: Harper and Row, 1986.

8. Henry Mance, "Britain has had enough of experts, says Gove", *Financial Times*, Juni 3. 2016; online verfügbar unter: https://www.ft.com/content/3be49734-29cb-11e6-83e4-abc22d5d108c(Stand November 2016).

9. Ève Chiapello und Luk Boltanski, *Der neue Geist des Kapitalismus*, Konstanz: UVK, 2003.

10. Ernesto Laclau, *On Populist Reason*, London: Verso 2005; Chantal Mouffe, *Agonistik. Die Welt politisch denken*, Berlin: Suhrkamp, 2014.

11. Robert D. Putnam, *Our Kids: The American Dream in Crisis*, New York u. a.: Simon and Schuster, 2015.

12. Wolfgang Streeck, *How Will Capitalism End?*, London und New York: Verso, 2016, S.35~46.

13. Peter Mair, "Representative versus responsible government", MPIfG Working Paper Nr.09/8, September 2009; online verfügbar unter: http://www.mpifg.de/pu/workpap/wp09-8.pdf(Stand November 2016).

14. N. N., "May will niedrigste Unternehmenssteuern der G20", *Frankfurter Allgemeine Zeitung*, November 21. 2016; online verfügbar unter: http://www.faz.net/aktuell/wirtschaft/wirtschaftspolitik/theresa-may-will-niedrigste-unternehmenssteuern-der-g20-14537468.html(Stand November 2016).

15. Alison Smale und Steven Erlanger, "As Obama exits world stage, Angela Merkel may be the liberal West's last defender", *The New York Times*, November 12. 2016; online verfügbar unter: http://www.nytimes.com/2016/11/13/world/europe/germany-merkel-trump-election.html(Stand November 2016).

16. Karl Marx, *Der achtzehnte Brumaire des Louis Napoleon*, Karl Marx und Friedrich Engels, *Werke*, Bd. 8, Institut für Marxismus-Leninismus beim ZK der SED, Berlin: Dietz, 1960[1852; 1869].

제14장 친애하는 융커 위원장에게

1. Bernard Manin, *Kritik der repräsentativen Demokratie*, Berlin: Matthes & Seitz, 2007.

2. Roberto Stefan Foa and Yascha Mounk, "The democratic discontent", *Journal of Democracy*, 27/3, July 2016, pp.5~18, p.7; online

available at: http://www.journalofdemocracy.org/sites/default/files/ Foa%26Mounk-27-3.pdf(retrieved December 2016).

3. Jean-Claude Juncker, "State of the Union Address 2016: Towards a better Europe–a Europe that protects, empowers and defends", September 14. 2016; online available at: http://europa.eu/rapid/press-release_SPEECH-16-3043_en.htm(retrieved December 2016).

제15장 포퓰리스트의 유혹

1. Alenka Zupančič, "AIMO"(in Slovene), *Mladina*, winter, 2016/2017.

2. Bernard Brščič, "George Soros is one of the most depraved and dangerous people of our time"(in Slovene), *Demokracija*, August 25. 2016, p.15.

3. http://www.dailyscript.com/scripts/citizenkane.html.

4. Scott MacLeod, "Global Trouble. American philosopher Judith Butler discusses American vulgarity, Middle East upheaval, and other forms of the global crisis", *The Cairo Review of Global Affairs*, fall, 2016; available online at https://www.thecairoreview.com/q-a/global-trouble/(retrieved December 2016).

5. Slavoj Žižek, *In Defense of Lost Causes*, Chapter VI, London: Verso Books, 2009.

6. Chantal Mouffe, "Pour un populisme de gauche", *Le Monde*, April 21. 2016, p.22.

7. Natalie Nougayrède, "François Fillon is as big a threat to liberal values as Marine Le Pen", *The Guardian*, November 28. 2016; available

online at: https://www.theguardian.com/commentisfree/2016/nov/28/
francois-fillon-threat-liberal-values-marine-le-pen-france(retrieved
December 2016).

8. T. S. Eliot, *Notes Towards the Definition of Culture*, London: Faber &
   Faber, 1973.

9. Immanuel Kant, *Perpetual Peace*, Lewis White Beck (ed.), Indianapolis:
   Bobbs-Merril, 1957, p.23.

거
대
한
후
퇴

박지영(스페인어)

덕성여자대학교 스페인어과를 졸업하고, 한국외국어대학교 통역번역대학원에서 번역을 전공했다. 외교통상부 및 코스타리카 대사관에서 애널리스트 및 외사 경찰로 근무하였다. 옮긴 책으로는 『아인슈타인, 비밀의 공식』 『아내는 부재중』 『그 따위 자전거는 필요 없어!』 『비밀의 만찬 1, 2』 『최후의 만찬 1, 2』 등이 있다.

박효은(프랑스어)

덕성여자대학교에서 불어불문학과 미술사학을 전공하고, 이화여자대학교 통역번역대학원에서 한불번역학 석사 학위를 받았다. 옮긴 책으로는 『행복한 사람들은 무엇이 다른가』 『어린왕자』 『좁은문』 『별』(공역) 등이 있다.

신승미(영어)

조선대학교 국어국문학과를 졸업하고, 6년 동안 잡지 기자로 근무하였다. 옮긴 책으로는 『몽키 마인드』 『한 장의 지식: 심리학』 『나는 나부터 사랑하기로 했다』 『커런시 워』 『퍼펙트 이노베이션』 『혼자 사는 즐거움』 등이 있다

장윤경(독일어)

숙명여자대학교에서 정치외교학과 독어독문학을 전공하였다. 졸업 후 독일로 건너가, 프랑크푸르트대학교와 다름슈타트대학교에서 공동으로 국제관계학 석사 학위를 취득했다. 옮긴 책으로는 『세상에서 가장 기발한 우연학 입문』이 있다.

거대한 후퇴

불신과 공포, 분노와 적개심에 사로잡힌 시대의 길찾기

펴낸날	초판 1쇄 2017년 6월 30일
	초판 3쇄 2021년 6월 4일

지은이	지그문트 바우만·슬라보예 지젝·아르준 아파두라이 외
옮긴이	박지영·박효은·신승미·장윤경
펴낸이	심만수
펴낸곳	(주)살림출판사
출판등록	1989년 11월 1일 제9-210호

주소	경기도 파주시 광인사길 30
전화	031-955-1350 팩스 031-624-1356
홈페이지	http://www.sallimbooks.com
이메일	book@sallimbooks.com

ISBN	978-89-522-3602-9 03300

※ 값은 뒤표지에 있습니다.
※ 잘못 만들어진 책은 구입하신 서점에서 바꾸어 드립니다.

이 도서의 국립중앙도서관 출판시도서목록(CIP)은 서지정보유통지원시스템 홈페이지
(http://seoji.nl.go.kr)와 국가자료공동목록시스템(http://www.nl.go.kr/kolisnet)에서
이용하실 수 있습니다.(CIP제어번호: CIP2017014260)